ESPERANZA, EL PERFUME DEL CORAZÓN

12 sermones sobre esperanza y fe

ESPERANZA, EL PERFUME DEL CORAZÓN

Spurgeon

CHARLES .H.

hagnos

C. H. Spurgeon
Título original:
Twelve sermons on hope
©2021 Edición hispánica por
Editora Hagnos Ltda.

1ª edición: febrero de 2021

TRADUCCIÓN
Javier Humberto Martinez

REVISIÓN
Claudia Sarmiento
Beatriz Rodriguez

CUBIERTA
Douglas Lucas (layout)
Editorial Hagnos (adaptación)

DIAGRAMACIÓN
Sonia Peticov

EDITOR
Aldo Menezes

COORDINADOR DE PRODUCCIÓN
Mauro Terrengui

IMPRESIÓN Y ACABADO
Imprensa da Fé

Las opiniones, las interpretaciones y los conceptos expresados en esta publicación son responsabilidad del autor y no reflejan necesariamente el punto de vista de Hagnos.

Todos los derechos de esta edición reservados para:
EDITORA HAGNOS LTDA.
Av. Jacinto Júlio, 27
04815-160 — São Paulo, SP
Tel.: (11) 5668-5668

Correo electrónico: hagnos@hagnos.com.br
Página web: www.hagnos.com.br

Datos Internacionales de Catalogación en la Publicación (CIP)
Angélica Ilacqua CRB-8/7057

Spurgeon, C. H. (Charles Haddon), 1834-1892.

Esperanza, el perfume del corazón: 12 sermones sobre esperanza y fe / Charles Haddon Spurgeon; [traducción de Javier Humberto Martinez]. — São Paulo: Hagnos, 2021.

ISBN 978-65-86048-68-1

Título original: Twelve sermons on hope

1. Esperanza — Aspectos religiosos — Cristianismo   2. Esperanza — Sermones   3. Fe   I. Título   II. Martinez, Javier Humberto

20-1512   CDD 234.25

Índices para catálogo sistemático:
1. Esperanza — Sermones

Editorial asociada con:

Sumario

La esperanza en la felicidad futura 7
"Infelices de nosotros, ¡oh tierra!, si tú fueras todo
y no hubiera nada más" 25
Recuerdo — el siervo de la esperanza 43
El juglar de la esperanza 61
Esperanza en los casos que no tienen solución 77
El perfume del corazón 93
El ancla 111
La esperanza reservada en el cielo 131
Los tres cuáles 149
Salvados en la esperanza 167
Los cordones y las cuerdas de las carrozas 185
El pentecostés personal y la gloriosa esperanza 203

La esperanza en la felicidad futura

Sermón predicado en la noche del 20 mayo de 1855, por el reverendo C. H. Spurgeon, en Exeter Hall Strand, Londres, Inglaterra.

En cuanto a mí, veré tu rostro en justicia;
Estaré satisfecho cuando despierte a tu semejanza
(Sal 17.15).

Sería difícil decir a quién debe más el evangelio, si a sus amigos o a sus enemigos. Es verdad que, con ayuda de Dios, sus amigos hicieron mucho por él; lo predicaron en tierras extranjeras, enfrentaron la muerte, desdeñaron los terrores de la sepultura, arriesgaron todo por Cristo y glorificaron la doctrina en la que creían; sin embargo, los enemigos de Cristo, involuntariamente, no hicieron poco, porque al perseguir a los siervos de Cristo los dispersaron fuera de sus países, de manera que fueron a todas partes predicando la Palabra. Sí, cuando el evangelio fue pisoteado, tal como cierta hierba medicinal, crecía aún más; y, si nos referimos a las páginas de las Sagradas Escrituras, ¡cuántas porciones preciosas de estas debemos (bajo el control de Dios) a los enemigos de la cruz de Cristo! Jesucristo no hubiera predicado muchos de sus sermones si sus enemigos no lo hubieran compelido a responderles; si ellos no hubieran levantado objeciones, tal vez no habríamos oído las dulces frases con las que les respondía. Lo mismo ocurre con el libro de los Salmos: si David no hubiera sido dolorosamente tentado por sus enemigos, si estos no hubieran arrojado sus flechas contra él, si no hubieran intentado difamarlo y destruir su reputación, si no lo hubieran afligido profundamente, si no lo hubieran hecho clamar en angustia, hubiéramos perdido muchas de aquellas declaraciones que resultan de la prueba que aquí encontramos, una gran parte de los cánticos que él escribió después de su liberación, y muchas de aquellas gloriosas declaraciones de su confianza en el Dios infalible. Todo esto lo hubiéramos perdido si él no hubiera sido exprimido por la mano de hierro de la aflicción. Si no fuera por sus enemigos, David no hubiera escrito sus salmos; pero, cuando era cazado como una perdiz en las montañas, cuando era llevado delante de los perros del cazador como un tímido cabrito montés, esperó por un momento, se bañó en los ríos de Siloé y, jadeando un poco en la cima, respiró el aire del cielo, se levantó y descansó sus miembros agotados. Fue entonces cuando dio la honra a Dios y gritó en voz alta a Aquel poderoso Jehová que le daría la victoria. Esta frase sigue a una descripción de los principales problemas que los impíos traen al justo, en los cuales se consuela en la esperanza de la felicidad futura. *En cuanto a mí* — dice el patriarca, levantando los ojos al cielo. "En cuanto a mí" — dice el otrora niño pastor y que luego usaría la corona real. "En cuanto a mí, veré tu rostro en justicia; Estaré satisfecho cuando despierte a tu semejanza".

Cuando examinamos ese pasaje esta noche, notaremos en primer lugar, *su espíritu*; en segundo lugar, *su importancia*, y después, en tercer lugar, cerraremos hablando sobre el *contraste que posee implícitamente*.

I. Primero, entonces, el ESPÍRITU DE ESTA DECLARACIÓN, porque siempre me gusta ver el sentido en el que alguien escribe, o el sentido en el cual alguien predica; de hecho, en esto hay mucho más que en las palabras que usa.

Ahora, ¿cuál crees que fue el espíritu de estas palabras? "En cuanto a mí, veré tu rostro en justicia; Estaré satisfecho cuando despierte a tu semejanza".

Primero, muestran el espíritu de un hombre *totalmente libre de envidia*. Observemos que el salmista viene hablando de los hombres mundanos.

"De los hombres con tu mano, ¡oh Jehová!, De los hombres mundanos, cuya porción la tienen en esta vida, Y cuyo vientre está lleno de tu tesoro. Sacian a sus hijos, Y aún sobra para sus pequeñuelos". Pero, David no los envidia.

"Adelante" — dice él — "hombre rico, con toda tu riqueza". "Adelante, hombre orgulloso, con todo tu orgullo, adelante. Ustedes, hombres felices, con abundancia de hijos; yo no los envidio; mi parte, sin embargo, es diferente: puedo verte sin codiciar tus bienes; puedo cumplir el mandamiento "no codiciarás", porque en sus posesiones no hay nada que valga mi amor; no le doy valor a sus tesoros terrenales, no envidio sus colinas de polvo, porque mi Redentor es mío". Este hombre está por encima de la envidia porque siente que esa alegría no sería alegría para él — que esa porción no encajaría con su disposición. Por eso, él voltea sus ojos al cielo y dice: "En cuanto a mí, veré tu rostro en justicia".

¡Oh, Amados!, es una alegría estar libre de la envidia. La envidia es una maldición que dañó la creación; incluso el mismo jardín del Edén fue desfigurado, y hubiera sido más justo si el viento de la envidia no hubiera soplado allí; la envidia manchó el oro; la envidia oscureció la plata; y si la envidia soplara sobre el sol caliente lo apagaría; si dirigiera su mirada maliciosa hacia la luna, esta se tornaría en sangre y las estrellas correrían espantadas.

La envidia es maldecida por el cielo; sí, es la hija primogénita de Satanás — el más vil de los males. Dé riquezas a alguien, pero deje que sienta envidia, y allí estará el gusano en la raíz del árbol justo; permítale ser feliz, pero, si esa persona envidia la parte del otro, el que había sido feliz entrará en un tormento debido a que lo suyo no es tan grande como lo que posee el otro. Pero líbreme de la envidia, permítame estar satisfecho con lo que Dios me dio; permítame decir: "Tú puedes tener lo que es tuyo, no voy a envidiarte, estoy satisfecho con lo mío"; Sí, concédame tal amor hacia mis semejantes de forma que pueda regocijarme con su alegría, y, cuanto más tengan ellos, más feliz estaré con eso. Mi luz no brillará con menos intensidad por el hecho de que ellos brillen más. Puedo regocijarme en su prosperidad. Entonces soy feliz, pues todo lo que me rodea tiende a hacerme feliz, cuando puedo alegrarme por las alegrías de los demás y hacer de su felicidad mi propia alegría. ¡Envidia! ¡Oh! ¡que Dios nos libre de ella! Pero ¿cómo podemos libranos de la envidia creyendo que tenemos algo que no está en la tierra, sino en el cielo? Podemos orar por todas las cosas del mundo y decir: "En cuanto a mí, veré tu rostro en justicia; Estaré satisfecho..." ¡y punto! De forma que no podemos envidiar a los demás, porque su parte no se adaptaría a nuestro gusto particular. ¿El buey envidia al león? No, porque no puede alimentarse del cadáver. ¿La paloma sufre porque el cuervo se regocija en la carne? No, porque vive de otro tipo de alimento ¿El águila envidia el pequeño nido del chochín? ¡No! De la misma forma, el cristiano se elevará como el águila, abriendo sus largas alas; volará en su inmensidad entre las estrellas, donde Dios hace su nido, y dirá: "Yo, por mi parte, habitaré aquí; miro los lugares que esta tierra contiene; no envidio su grandeza, ni a sus poderosos emperadores; no deseo su fama, ni sus poderosos guerreros ; no pido tu riqueza, Creso, ni suplico tu poder, César; yo, por mi parte, tengo algo más; ¡mi porción es el Señor!" En el texto se respira el espíritu de un hombre libre de envidia. ¡Que Dios nos conceda eso!

Entonces, en segundo lugar, se puede ver que hay un hombre en el aire que está *mirando hacia el futuro*. Porque él dice: "En cuanto a mí, veré...". No tiene nada que ver con el presente. No dice: "Pero yo hago, o yo soy, etc."; sino: "En cuanto a mí, veré tu rostro en justicia; Estaré satisfecho cuando despierte a tu semejanza". El salmista ve más allá de la tumba, mira hacia el otro mundo; ve más allá del estrecho lecho de muerte en el que ha de dormir y dice: "*cuando despierte*". ¡Cuán feliz es el hombre que tiene sus ojos en el futuro! Incluso en las cosas materiales, estimamos al hombre que mira más allá del presente, contrariamente a los que gastan todo el dinero que ganan, haciéndolo pedazos. Aquel que vive en el presente es un tonto; pero el sabio se alegra en mirar hacia las cosas futuras. Cuando Milton escribió su libro, tal vez sabía que alcanzaría un poco de fama en vida, pero dijo: "Seré honrado cuando mi cabeza descanse en la sepultura". Por lo tanto, que otras dignidades se alegren de permanecer hasta que el tiempo haya quebrado la vasija de barro y hecho arder la lámpara;

en cuanto a la honra, dijeron: "dejaremos eso para el futuro porque la fama que llega tarde muchas veces es más duradera", y ellos vivieron de lo "que vendrá" y se alimentaron del futuro. "Me regocijaré, en breve", así dice el cristiano. No pido fama real ahora; estoy preparado para esperar. Estoy interesado en el regreso, no quiero un estado lamentable ahora. Pasará un tiempo para que consiga mis dominios en la tierra, esos dominios amplios y hermosos que Dios ha provisto para aquellos que lo aman. Estaré contento con cruzar los brazos y sentarme en la cabaña, porque tendré una mansión de Dios, "una casa no hecha de manos, eterna, en los cielos". ¿Alguno de ustedes sabe lo que es vivir del futuro, darse banquetes con algunos de los frutos del árbol de la vida que caen del cielo, vivir de la expectativa del maná que cae en el desierto y beber del néctar que brota del trono de Dios? ¿Has estado en el grandioso Niágara de la esperanza, y bebido el rocío con arrebatadora delicia, porque el propio rocío del cielo es gloria para el alma? ¿Alguna vez has vivido en el futuro y has dicho: pero, ¿yo tendré...? Porque esta es la mayor motivación que puede animar a una persona. Asumo que fue eso lo que llevo a Lutero a que se atreviera a presentarse delante de una gran audiencia de reyes y señores, al punto que llego a decir: "¡confirmo la verdad que escribí, y la sostengo hasta la muerte; ¡que Dios me ayude!" Creo que él debe haber dicho: "estaré satisfecho, no lo estoy ahora, pero luego lo estaré". Por eso mismo el misionero corre el riesgo del mar tormentoso, pisa la playa salvaje, entra en regiones inhóspitas y arriesga la vida, porque sabe que existe un pago que vendrá pronto. A veces, riendo, digo a mis amigos, cuando recibo un favor de ellos, que no puedo retribuirles, pero que los entrego a mi Maestro en el cielo, para que ellos tengan retribución cuando despierten a su semejanza. Hay muchas cosas por las que nunca debemos tener la esperanza de ser recompensados aquí, pero que serán recordadas delante del trono en la otra vida, no porque sea una deuda, sino por gracia. Como un pobre pastor del que oí hablar, que, yendo a una humilde iglesia a predicar, se encontró con un sacerdote que tenía un puesto mucho más importante. El sacerdote preguntó al hombre pobre qué esperaba recibir por su predicación. "Bien", dijo él, "espero tener una corona". "¡Ah!", dijo el sacerdote "no tengo la costumbre de predicar por menos de una guinea"[1]. "¡Ah!", dijo el otro: "Yo estoy obligado a contentarme con una corona y, aún más, no recibo la corona ahora, sino que debo esperar a recibirla en el futuro". ¡El sacerdote apenas sospechaba que el hombre se refería a "la corona que no perece"! ¡Cristiano, vive en el futuro!; no busques nada aquí, mas espera brillar cuando vuelvas a la semejanza de Jesús, con Él, para ser admirado y arrodillarte delante de su rostro en adoración. El salmista tenía sus ojos en el futuro.

Y nuevamente, en este punto, se puede ver que David, cuando escribió esto, estaba *lleno de fe*. El texto está perfumado con confianza. "En cuanto a mí", dice David, no tal vez; "veré tu rostro en justicia"; "Estaré satisfecho cuando despierte a tu semejanza". Si alguien dijera eso ahora se le llamaría fanático, y además sería considerado presuntuoso que alguien dijera: "contemplaré tu rostro y me satisfaré"; y creo que ahora existen muchos en este mundo que piensan que es casi imposible que alguien pueda decir con certeza: "Yo sé, estoy en lo cierto, estoy seguro". Pero, amados, no existen uno o dos, existen millares y millares del pueblo de Dios viviendo en este mundo que pueden decirlo con una confianza firme, sin dudarlo más que de su propia existencia. "En cuanto a mí, veré tu rostro en justicia; Estaré satisfecho cuando despierte a tu semejanza". Es posible, aunque tal vez no sea muy fácil, alcanzar la posición elevada y eminente en la que podemos decir: "Ya no espero, pues lo sé; ya no confío, pues estoy seguro; tengo una confianza feliz, tengo certeza, estoy en lo cierto, pues Dios se me ha manifestado tanto, que ahora no hay más un 'si' o un 'tal vez', sino un 'es'. Estaré satisfecho cuando despierte a tu semejanza". ¿Cuántos de estos hay aquí? ¡Oh, si tú estás hablando así, debes esperar problemas, pues Dios nunca concede una fe fuerte sin una prueba ardiente! Él nunca da a alguien el poder de decir "es", sin probarlo. Nunca construirá un navío fuerte, sin someterlo a fuertes tempestades. Nunca hará un poderoso guerrero, sin la intención de probar sus habilidades en batalla. Las espadas de Dios deben ser usadas; las espadas celestiales de Toledo deben ser heridas contra

---

[1] Cerca de una libra esterlina.

la armadura del maligno y no se quebrarán, porque están hechas del verdadero metal de Jerusalén, que nunca se romperá. ¡Oh, qué felicidad tener la fe para decir: "tendré"! Algunos de ustedes pensarán que es imposible, lo sé; pero es un don de Dios. Y quien lo pida lo tendrá, y el mayor de los pecadores presente ahora en este lugar será capaz de decir mucho antes de morir: *"veré tu rostro en justicia"*. Pienso que veo al cristiano anciano. Fue muy pobre. Está en un altillo donde las estrellas se vislumbran entre las tejas. Ahí está su cama. Sus ropas están rasgadas y andrajosas. En la chimenea hay algunos troncos; son los últimos que posee. Está sentado en su silla; su mano paralizada tiembla y se tambalea, y él, evidentemente, está en el fin de su vida. Su última comida la hizo ayer en la mañana, y tú lo ves: pobre, flaco, débil, ¿quién desearía su suerte? Pero pregúntele: "Buen anciano, ¿cambiaría su altillo por el palacio de César?", "cristiano anciano, ¿entregaría sus trapos por riqueza, dejando de amar a su Dios?" ¡Observe como la indignación trasforma inmediatamente sus ojos en llamas! Él responde: "En cuanto mí, dentro de algunos días más, contemplaré su rostro en justicia; estaré satisfecho en breve; aquí nunca me quedaré. El sufrimiento ha sido mi destino y la prueba mi bocado, pero tengo una casa no hecha por manos humanas, eterna en el cielo". Gran oferta, oferta justa; ofrézcale las manos llenas de oro para que renuncie a Cristo. "¿Renunciar a Cristo?" Él dirá: "¡No! ¡Nunca!"

"Mientras mi fe se mantenga segura, no envidio el oro vil."

¡Oh, cuán glorioso es estar lleno de fe y tener confianza al punto de decir: "En cuanto a mí, veré tu rostro en justicia; ¡Estaré satisfecho cuando despierte a tu semejanza!".

Así es el espíritu de David. Es algo que debe ser copiado y eminentemente deseado.

II. Ahora, en segundo lugar, EL TEMA DEL PASAJE. Aquí vamos a bucear en sus profundidades, con la ayuda de Dios; pues sin el Espíritu de Dios siento que soy completamente incapaz de hablarles. No tengo los dones y talentos que califican a los hombres para hablar; necesito de la inspiración de lo alto, de otra forma permanezco como los otros hombres y no tengo nada que decir. Que me sea concedido, porque sin ello soy mudo. En cuanto al tema de este versículo, creo que contiene una bendición doble. La primera es una contemplación — "En cuanto a mí, veré tu rostro en justicia" — y la siguiente, una satisfacción — "Estaré satisfecho cuando despierte a tu semejanza".

Comencemos, entonces, con la primera bendición. David esperaba *ver el rostro de Dios*. ¡Qué visión sería esa, mis hermanos! ¿Ustedes han visto la mano de Dios? Yo la he visto cuando a veces la coloca en el cielo y lo oscurece con nubes. A veces veo la mano de Dios cuando los carros de la noche se arrastran por las sombras de la oscuridad. He visto su mano cuando, al lanzar los rayos, el relámpago divide las nubes y rasga los cielos. Tal vez ustedes la hayan visto de una manera suave cuando derrama el agua y envía sus olas a lo largo de la costa, y después la hace descender a los ríos. Ustedes la han visto en el océano tempestuoso, en el cielo decorado de estrellas, en la tierra repleta de flores; y no existe un alma viva que pueda conocer todas las maravillas de la mano de Dios. Su creación es tan maravillosa que llevaría más de una vida entenderla. Ve hasta sus profundidades; permite que sus diminutas partes atraigan tu atención. Toma un telescopio e intenta ver los mundos remotos y toda la obra de la mano de Dios — ¿contemplas toda su mano? No, es una millonésima parte de toda la estructura. Aquella mano poderosa en la que los planetas son guiados por el sol, en la que los planetas giran en orbitas majestuosas; esa mano poderosa que ocupa todo el espacio y sustenta a todos los seres — ¿Quién puede ver esa mano poderosa? Ahora, si esa es su mano, ¿cómo debe ser su rostro? Tal vez, ustedes hayan oído alguna vez la voz de Dios y se hayan estremecido; yo mismo la oí, impresionado, y así mismo, con maravillosa alegría la oí, como si fuera el ruido de muchas aguas y de grandes truenos. ¿Nunca oíste cuando la tierra temblaba y el mismísimo firmamento paraba su música, cuando Dios hablaba con su maravillosa y grave voz? Y hay una maravillosa alegría instintiva de amor que penetra mi alma siempre que oigo un trueno. Es mi Padre hablando, y mi corazón salta para oírlo. Pero la voz más fuerte de Dios nunca ha sido escuchada. Fue solo un susurro cuando el trueno sonó. Pero, si esa es su voz, ¿cómo debe ser contemplar su rostro? David dice: "veré tu rostro". Se dice que el templo de Diana era tan espléndidamente decorado con oro, tan brillante y centelleante, que el portero siempre decía a quién entraba: "cuidado con sus ojos, cuidado con sus ojos; usted podría quedar ciego si no se cuida los ojos". Pero ¡oh, esa visión de gloria! ¡qué gran aspecto! ¡la visión de Dios! Verlo cara a cara, entrar en el cielo y ver a los justos brillando como las estrellas en el firmamento; pero, mejor que todo, ¡echar un vistazo al trono eterno! ¡Ah, Él está sentado allí! Sería una blasfemia intentar describirlo. ¡Cuán infinitamente cortas se quedan mis palabras para describir tan sublime asunto! Pero ¡contemplar el rostro de Dios! ¡Ustedes que se sumergen en el mar más profundo de la Divinidad, y se han perdido en su inmensidad, pueden contar un poco de eso! ¡Ustedes pueden contar un poco de eso!

Ustedes, poderosos, que vivieron en el cielo esos mil años, tal vez lo sepan, pero no pueden contar como es ver su rostro. Necesitamos, cada uno de nosotros, ir allí; debemos estar vestidos de inmortalidad. Necesitamos subir encima del cielo y bañarnos en el río de la vida: debemos sobrepasar los relámpagos y elevarnos encima de las estrellas para saber lo que es ver el rostro de Dios. Las palabras no lo pueden definir. Entonces, no lo haré. La esperanza del salmista era que él podría ver el rostro de Dios.

Pero había una dulzura peculiar mezclada con esa alegría porque él sabía que contemplaría el rostro de Dios *por la justicia*. "En cuanto a mí, veré tu rostro en justicia". ¿No vi el rostro de mi Padre aquí abajo? Sí, lo vi, a través de unos lentes borrosos. Pero ¿el cristiano a veces no lo ve, cuando en sus momentos celestiales la tierra se va y su mente es despojada de importancia? Existen algunos momentos en los que el materialismo vulgar desaparece y el fuego etéreo interior brilla tanto que casi toca el fuego del cielo. Hay momentos en que, en algún punto retirado, calmado y libre de todo pensamiento mundano, nos quitamos los zapatos de los pies, porque el suelo en el que estamos es un lugar sagrado; ¡y hablamos con Dios! Así como Enoc habló con Él, el cristiano mantiene una comunión íntima con el Padre. Él oyó sus susurros de amor; y expuso su corazón, derramó sus penas y gemidos delante de Él. Pero, después de todo, sintió que ya no vería su rostro en justicia. Había mucho pecado oscureciendo los ojos, tanta locura, tanta fragilidad, que no podríamos tener una perspectiva clara de nuestro Jesús. Sin embargo, el salmista dice: "En cuanto a mí, veré tu rostro en justicia". Cuando ese día bendito llegue, veré a mi salvador *por mi justicia*. El cristiano en el cielo no tendrá una mancha en sus vestidos; serán blanco puro; sí, en la tierra él es:

"Puro por medio de la sangre de Jesús, y blanco como los ángeles."

Pero en el cielo esa blancura será más evidente. Ahora es, a veces, ennegrecida por la tierra y cubierta con polvo de este mundo carnal; no obstante, en el cielo será barrida, sus alas serán lavadas y hechas limpias; entonces, verá el rostro de Dios en justicia. ¡Mi Dios, yo creo que estaré delante de tu rostro tan puro como Él mismo es, porque tendré la justicia de Jesucristo; estará sobre mí la justicia de Dios! "Veré tu rostro en justicia". ¡Oh, cristiano!, ¿no puedes disfrutar de eso? Aunque yo no pueda hablar acerca de esto, ¿no puedes meditar al respecto? Contemplar su rostro eternamente; ¡encenderse en esa visión! Es verdad que tú no puedes entenderlo, pero puedes suponer el significado. ¡Contemplar su rostro en justicia!

La segunda bendición, acerca de la cual seré breve, es la *satisfacción*. Él se satisfará, dice el salmista, cuando despierte a su semejanza. ¡Satisfacción! Esta será otra alegría para el cristiano cuando entre en el cielo. Aquí nunca estamos completamente satisfechos. Es verdad que el cristiano está satisfecho consigo mismo; tiene aquello en que hay una fuente de comodidad y puede disfrutar de una firme satisfacción. Al entrar al cielo, creo que la *imaginación* del creyente será plenamente satisfecha. Todo lo que siempre pensó, verá; toda idea santa será concretada; toda poderosa concepción se hará realidad; toda gloriosa imaginación se transformará en algo tangible, que puede ser visto. Su imaginación no será capaz de pensar en algo mejor que el cielo; y, lo mismo pasará durante la toda la eternidad, no será capaz de concebir nada que ofusque el brillo de aquella ciudad gloriosa. Su imaginación será satisfecha; entonces, su *intelecto* estará satisfecho.

> "Entonces yo veré, y oiré, y sabré,
> lo que aquí deseé y anhelé."

¿Quién está satisfecho con este conocimiento aquí? ¿No existen secretos que queremos saber — las profundidades de los misterios de la naturaleza en que nos encontramos? Pero en aquel glorioso estado conoceremos mucho más de lo que queremos saber. La memoria estará satisfecha. Vamos a mirar hacia el panorama de los años pasados y nos alegraremos con lo que pasamos, hicimos o sufrimos en la tierra.

> "Allí, en un monte verde y florido,
> mi alma cansada se sentará,
> y con alegría arrebatadora contará
> la lucha de mis pies adoloridos."

La *esperanza* será satisfecha, si es que la hay en el cielo. Esperemos una eternidad futura y creemos en esta. Pero estaremos satisfechos continuamente con respecto a nuestras esperanzas; y todo nuestro ser estará tan satisfecho que no habrá ni una sola cosa de todo lo que Dios hace que desearemos que cambie; sí, tal vez digo algo con lo que no estés de acuerdo — pero el justo en el cielo estará muy satisfecho con la condenación de los perdidos. Yo acostumbraba a pensar que, si pudiera ver a los perdidos en el infierno, ciertamente debería llorar por ellos. Si pudiera oír sus horribles gemidos, ver sus terribles contorciones, seguramente sentiría pena por ellos. Pero no existe ese sentimiento en el cielo. El creyente estará tan satisfecho allí con toda la voluntad de Dios que se olvidará de los perdidos, en la idea de que Dios hace lo mejor, de que la perdición de ellos fue por su propia culpa, y que Él es infinitamente justo. Si mis padres me pudieran ver en el infierno, no derramarían una lagrima por mí, aunque estuvieran en el cielo, pues podrían decir: "Es justo, Dios poderoso, y tu justicia debe ser enaltecida, así como tu misericordia"; más allá de eso, sentirán que Dios está tan por encima de sus criaturas que se contentarán con verlas aplastadas, si eso aumentara la gloria de

Dios. ¡Oh, en el cielo creo que pensaremos correctamente con relación a los hombres! Aquí los hombres nos parecen gran cosa, pero en el cielo parecerán nada más que insectos rastreros que son barridos por el arador de un campo para la cosecha; no parecerán más que un puñado minúsculo de polvo, o como un nido de avispas que deberían ser exterminadas por el daño que causan. Ellos parecerán diminutos cuando nos sentemos en la altura con Dios y miremos hacia abajo a la tierra, como saltamontes, y contemos las islas como cosas muy pequeñas. Quedaremos satisfechos con todo; no habrá una sola cosa de la cual nos quejemos. "Yo *estaré* satisfecho".

Pero ¿cuándo? "En cuanto a mí, veré tu rostro en justicia; Estaré satisfecho cuando despierte a tu semejanza". Pero no antes de eso. Bien, ahora hay una dificultad. Ustedes saben que existen algunos en el cielo que todavía no han despertado a la semejanza de Dios. De hecho, ninguno de ellos lo ha hecho aún. Ellos nunca dormirán en lo que se refiere a su alma; el despertar se refiere a su cuerpo, y aún no han despertado — continúan dormidos. ¡Oh tierra, tú eres la cama de los muertos poderosos! Un enorme cementerio. Los justos aún duermen; y deberán estar satisfechos la mañana de la resurrección, cuando despierten. "Pero", tú dices, "¿ellos no están satisfechos ahora? ¿están afligidos en el cielo?" ¡NO! ¡No lo están! Existe únicamente una insatisfacción que puede entrar en el cielo — la insatisfacción que tienen los bienaventurados debido a que su cuerpo no está con ellos. Permítanme usar una ilustración que, de alguna forma, explica lo que quiero decir. Si un conquistador romano estaba en una guerra y obtenía grandes victorias, lo más probable era que volviera con sus soldados, y entrara en su casa y se divirtiera el día siguiente, cuando entrara a la ciudad de nuevo victorioso. Ahora, los santos, por así decirlo, si puedo usar esta frase, entran el cielo sin su cuerpo; pero, en el último día, cuando su cuerpo se despierte, entrarán en sus carros triunfantes. Y, pienso que veo aquella gran procesión, cuando Jesucristo, en primer lugar, con muchas coronas en la cabeza, con su cuerpo glorioso va a liderar el camino. Veo a mi Salvador entrando primero. Detrás de Él vienen los santos, todos aplaudiendo, tocando sus arpas doradas y entrando triunfantes. Y, cuando entran por las puertas del cielo y estas se abran para que el Rey de gloria entre, los ángeles se amontonarán en las ventanas y en los techos de las casas, como los habitantes en el triunfo romano para verlos pasar por las calles, arrojando rosas y lirios celestiales sobre ellos y gritando: "¡Aleluya! ¡Aleluya! ¡Aleluya! ¡El Señor Dios Omnipotente reina! *Yo estaré satisfecho* en aquel glorioso día, cuando todos sus ángeles vean el triunfo y cuando todo su pueblo sea victorioso con Él.

Una idea no debe ser olvidada: el salmista dice que debemos despertarnos *a la semejanza de Dios.* Esto debe referirse al alma, pues el espíritu del justo será semejante a Dios en cuanto a su felicidad, santidad, pureza, infalibilidad, eternidad y libertad del dolor; pero especialmente, creo, que se relaciona con el cuerpo porque habla de despertar. El cuerpo debe ser a semejanza de Cristo. ¡Qué pensamiento! Es — e infelizmente tuve muchos de esos esta noche — un pensamiento demasiado pesado para las palabras, debo despertar a la semejanza de Cristo. No sé cómo es Cristo y apenas me lo puedo imaginar. A veces me gusta sentarme y verlo en el crucifijo. No me importa lo que digan los hombres — sé que a veces saqué provecho de una imagen de mi salvador crucificado y lo miré con su corona de espinas, su costado perforado, sus manos y sus pies sangrando y todas aquellas gotas de sangre brotando de Él; pero no puedo imaginarlo en el cielo, tan brillante, tan glorioso; el Dios que brilla a través del hombre; sus ojos son como lámparas de fuego; su lengua como espada de doble filo; su cabeza cubierta de cabellos blancos como la nieve, porque es el Anciano de días; Él reúne las nubes a su alrededor como un cinturón. Y, cuando habla, ¡es como el sonido de muchas aguas! Leí los relatos del libro de Apocalipsis, pero no puedo decir quién es Él. Son frases bíblicas y no puedo comprender su significado. Pero, sea lo que signifiquen, sé que voy a despertar a la semejanza de Cristo. ¡Oh, qué cambio será cuando algunos de nosotros lleguemos al cielo! Hay un hombre que cayó en batalla con la palabra de la salvación en los labios; sus piernas fueron arrancadas, y su cuerpo fue marcado por golpes de sable; él se despierta en el cielo y descubre que no tiene un cuerpo roto, mutilado, cortado y herido, sino que él es a la semejanza de Cristo. Hay una madre de familia que vaciló durante años en su camino cansado; el tiempo dejó rastros profundos en su rostro; abatido y deformado, su cuerpo es colocado en la tumba. Pero ¡oh, anciana!, usted despertará joven y bella. Otro rostro fue deformado en su vida, pero, al despertar, lo hará a la semejanza de Cristo. Cualquiera que haya sido la forma de nuestro rostro, cualquiera que haya sido nuestro contorno, el bello no será más bello en el cielo que los que fueron deformados. Los que brillan en la tierra, inigualables, entre los más justos, que cautivaron a los hombres con su mirada, no serán más brillantes en el cielo que aquellos que ahora pasan y son ignorados, pues todos ellos serán como Cristo.

III. Ahora, para terminar, aquí ESTÁ IMPLÍCITO UN CONTRASTE VERTIGINOSO. Todos dormiremos. Algunos años más, ¿y dónde estará este grupo? Jerjes lloró porque en poco tiempo todo su ejército no existiría más. Podría parar por aquí y ponerme a llorar porque dentro de unos pocos años otras personas estarán en este lugar y dirán: "¿Los padres, donde están ellos?" ¡Buen Dios! ¿No es esto verdad? ¿No es una realidad? ¿Todo debe ser barrido? ¿Es una gran visión que se deshace? Oh, sí. Esta visión luego desaparecerá, y tú y yo desapareceremos con ella. Somos apenas una demostración. Esta vida es simplemente un palco en el que los hombres actúan; entonces vamos detrás de las cortinas, donde tiramos nuestras máscaras y conversamos con Dios. En el momento en el que comenzamos a vivir, comenzamos a morir. El árbol que ha estado creciendo será aserrado para hacer su ataúd. El pasto está listo para todos ustedes. Pero esa escena en breve debe aparecer nuevamente. Un sueño corto, una siesta rápida, y esta visión vendrá nuevamente. Todos nosotros vamos a despertar y mientras estemos aquí, estaremos juntos, tal vez más densamente presionados. Pero permaneceremos en el mismo nivel — los ricos y los pobres, el predicador y el oyente. Habrá solamente una distinción: el justo y el impío. Inicialmente vamos a estar juntos. Me imagino la escena. El mar está hirviendo; lo cielos se rasgan en dos; las nubes toman la forma de una carruaje y Jesús está montado en él, con alas de fuego, y viene cabalgando a través del cielo. Su trono está establecido, y Él está sentado allí. Con un movimiento de cabeza, Él silencia el mundo entero. Levanta los dedos, abre los grandes libros del destino y el libro donde están escritos los actos del tiempo. Con los dedos saluda a las huestes de arriba. "Dividan", dice Él, "dividan el universo". Más rápido de lo que se puede pensar, toda la tierra será dividida. ¿Dónde estaré cuándo eso ocurra? Parece que los veo a todos divididos; y los justos están a la derecha. Volviéndose hacia ellos, con voz más suave que la música, dice: "¡Vengan! Ustedes que están viniendo — ¡continúen! ¡vengan! — Vivir ha sido el trabajo de su vida, por eso continúen. Vengan y den el último paso. Vengan, ustedes, benditos de mi Padre, reciban el reino preparado para ustedes antes de la fundación del mundo". Y ahora los impíos quedan solos y, volteándose hacia ellos, les dirá: "¡Apártense! Ustedes han estado alejándose toda la vida. Todas sus actividades fueron para alejarse de mí". Él continúa: "Aléjense de mí, no amo sus caminos. ¡Ustedes estuvieron alejándose, continúen, den el último paso!" Ellos no se atreven a moverse. Permanecen parados. El Salvador se volverá el vengador. Las manos que antes ofrecieron misericordia ahora blanden una espada de justicia; los labios que proferían gentilezas ahora truenan. Y, con un objetivo mortal, Él levanta la espada y la blande contra ellos. Ellos huyen como el ciervo delante del león y entran en las mandíbulas del pozo profundo.

Pero nunca, espero, dejaré de predicarles diciéndoles lo que deben hacer para ser salvos. Esta mañana predico para el impío, para el peor de los pecadores, y muchos llorarán — espero que muchos se hayan derretido — cuando hable de la gran misericordia de Dios. No hablaré sobre eso esta noche. A veces debemos seguir una línea diferente, dirigidos, confío, por el Espíritu de Dios. Pero ¡Oh, ustedes que están sedientos con una pesada carga, perdidos y arruinados, la misericordia les habla una vez más! He aquí el camino de la salvación. "El que creyere y fuere bautizado, será salvo". "¿Y qué es creer?", preguntará alguno. "¿Es decir: 'Yo sé que Cristo murió en la cruz por mí?'" ¡No! Eso no es creer; es una parte, pero no lo es todo. Todo arminiano cree que es así; y todo hombre en el mundo afirma que sustenta esa doctrina, entendiendo que Cristo murió por todos. Consecuentemente, eso no es fe. Más bien, la fe es esto: lanzarse (entregarse) a Cristo. Como dijo alguien, de forma muy curiosa, al ser indagado sobre qué había hecho para ser salvo: "Yo me lancé a Jesús, y ahí me quedé. Me entregué por completo a la promesa, y ahí permanezco". Y a cada *pecador* arrepentido Jesús le dice: "Yo puedo salvar al peor de ustedes". Lánzate por completo a la promesa y di: "Entonces, Señor, Tú eres capaz de salvarme". Dios dice: "Venid luego, dice Jehová, y estemos a cuenta: si vuestros pecados fueren como la grana, como la nieve serán emblanquecidos; si fueren rojos como el carmesí, vendrán a ser como blanca lana". Lánzate a Él, y serás salvo. "¡Ah!", dice alguien, "temo no ser alguien del pueblo de Dios; no puedo leer mi nombre en el libro de la vida". Es algo bueno que no puedas hacerlo, pues, si la Biblia contuviera el nombre de todos, sería un libro muy grande; y, si tu nombre fuera John Smith, y vieras ese nombre en la Biblia, si no creyeras la promesa de Dios, seguramente creerías que se trata de otro John Smith. Supongamos que el emperador de Rusia emitiera un decreto a todos los refugiados polacos para que volvieran a su propio país. Tú ves a un alegre refugiado polaco mirando los carteles colgados en la pared y diciendo: "Bien, voy a volver a mi país". Pero alguien le dice: "No está escrito Walewski". "Sí", le respondería el refugiado, "pero dice los refugiados polacos; polaco es mi nombre de pila, y refugiado es mi sobrenombre, por lo que es para mí". De la misma forma, aunque no se diga su nombre en las Escrituras, el texto dice: "pecador perdido". Pecador es su nombre de pila, y perdido es su apellido; por lo tanto, ¿por qué no venir? El texto dice "pecador perdido" — ¿no es eso suficiente? "Palabra fiel y digna de ser recibida por todos: que Cristo Jesús vino al mundo para salvar a los pecadores, de los cuales yo soy el primero". "Sí, pero", dice otra persona, "tengo miedo de no ser elegido". Oh, queridos, no se preocupen por eso. Si tú crees en Cristo, *estás* elegido. Quien se coloca en la misericordia de Jesús es elegido, porque nunca hubiera hecho eso si no lo fuera. Quien busca a Cristo y procura la misericordia a través de su sangre es elegido, y después verá que lo es. Pero no esperes entender la elección antes de haber entendido el arrepentimiento. La elección es una facultad para la cual ustedes, pequeños, no estarán preparados hasta que hayan frecuentado la escuela del arrepentimiento. No comiences a leer tu libro al revés, ni digas amén antes de haber dicho el "Padre nuestro". Comienza con el "Padre nuestro" y entonces continúa con el "Tuyo es el reino, el poder y la gloria", pero comienza con "el reino", y tendrás muchos problemas para volver al "Padre nuestro". Necesitamos comenzar con fe. Precisamos comenzar con:

"No tengo nada en mis manos."

Así como Dios hizo el mundo de la nada, Él siempre hace sus criaturas de la nada, y quien no tiene absolutamente nada esta noche hallará gracia y misericordia si la busca.

Permítanme concluir contándoles lo que oí con relación a una pobre mujer que se convirtió y vio la vida solo con pasar por una calle y oír el canto de un niño que decía:

"Yo no soy nada, pero Jesús es todo en todo."

Ese es un cántico bendito; ve a casa y cántalo; y quien pueda comprender correctamente esas palabras, aunque se sienta sin Jesús, pero teniendo todo en Cristo, no está lejos del reino de los cielos; está allá por la fe y allá disfrutará cuando se convierta a la semejanza de Dios.

"Infelices de nosotros, ¡oh tierra!, si tú fueras todo y no hubiera nada más"

Sermón predicado en la mañana de domingo, 27 marzo de 1864, por el reverendo C. H. Spurgeon, en el Tabernáculo Metropolitano de Newington.

> *Si en esta vida solamente esperamos en Cristo, somos los más dignos de conmiseración de todos los hombres* (1Cor 15.19).

Comprenderás que el apóstol está argumentando con las personas declaradamente cristianas, que dudaban de la resurrección de los muertos. No está diciendo que todos los hombres son ahora dignos de compasión si no hubiera esperanza de cara al futuro, porque tal afirmación no sería verídica. Existen muchos que no piensan en la otra vida, que están muy felices en sus caminos, se divierten y están bastante conformes con su estilo de vida. Pero (Pablo) se dirige hacia el pueblo cristiano: — "Si *nosotros,* que tenemos confianza en Cristo, somos llevados a dudar de la doctrina de un estado futuro de resurrección, entonces todos *nosotros* somos los más dignos de compasión". El argumento de Pablo no tiene nada que ver con algunos de ustedes que no son cristianos; no tiene nada que ver con aquellos que nunca fueron arrojados del estado natural al estado de gracia; esto concierne solamente a los seguidores del Salvador que están realmente vivos y son conocidos por eso, por tener *esperanza en Cristo* — esperanza en su sangre para perdón, en su justicia para justificación, en su poder para ayuda, en su resurrección para gloria eterna. "Si nosotros, que tenemos esperanza en Cristo, tenemos esa esperanza solamente para esta vida, entonces somos los más dignos de compasión entre todos los hombres". ¿Comprendes el argumento? El apóstol está apelando a la conciencia de los corintios. Ellos, como cristianos, tenían verdaderos placeres, "pero", les dice Pablo, "ustedes no podrían tener esos placeres si no tuvieran la esperanza de la otra vida; pues sin esa esperanza, si ustedes pudieran ahora permanecer en el cristianismo y tener los mismos sentimientos que tienen ahora y actuar igual, se convertirían en hombres dignos de mayor compasión; por lo tanto, para justificar su propia felicidad y la lógica que la justifica, ustedes deben admitir la resurrección; no hay otra forma de explicar la paz alegre que el cristiano posee". Nuestras riquezas están más allá del mar; nuestra ciudad de firmes fundamentos está al otro lado del río: brillos de gloria del mundo espiritual animan nuestros corazones y nos impulsan hacia delante; pero, si no fuera por eso, nuestras alegrías languidecerían y morirían.

Vamos a intentar trabajar con el texto de esta mañana de la siguiente forma. Primero: *No somos los más dignos de compasión de todos los hombres;* pero, en segundo lugar, *sin la esperanza de la otra vida nosotros lo seríamos* — eso estamos preparados para confesar — porque, en tercer lugar, *nuestra principal alegría está en la esperanza de una vida futura;* y entonces, en cuarto lugar, *el futuro influencia el presente,* de forma que, en último lugar, *podemos juzgar hoy como será nuestro futuro.*

I. En primer lugar, NO SOMOS, ENTRE TODOS LOS HOMBRES, LOS MÁS DIGNOS DE COMPASIÓN. ¿Quién se atreve a decir que los somos? Quien afirma que el cristianismo hace a los hombres dignos de compasión es, él mismo, desconocedor por completo del cristianismo y nunca ha compartido sus alegres influencias. Sería algo muy extraño, de hecho, si nos hiciera miserables, *¡Mira a* *que posición nos exalta*! Nos hace hijos de Dios. ¿Piensas que Dios da toda la felicidad a sus enemigos y reserva todo el sufrimiento para sus hijos? ¿Estarán sus enemigos contentos y alegres y sus propios hijos tristes y miserables? ¿Los besos son para el impío y las malas caras para nosotros? ¿Estamos condenados a colgar nuestras arpas y solamente cantar canciones melancólicas, mientras que los hijos de Satanás ríen de alegría en su corazón? Nosotros somos herederos de Dios y coherederos con Jesucristo. ¿El pecador, que no tiene parte en la suerte de Cristo, se llamará feliz, y debemos lamentar como si fuéramos mendigos sin un centavo? No, nosotros siempre nos regocijaremos en el Señor y nos gloriaremos en nuestra herencia, "Pues no habéis recibido el espíritu de esclavitud para estar otra vez en temor, sino que habéis recibido el espíritu de adopción, por el cual clamamos: ¡Abba, Padre!" La vara del castigo debe reposar sobre nosotros en la medida justa, pero opera para nosotros los confortables frutos de justicia; por tanto, con la ayuda del Consolador divino, nos regocijaremos en el Señor en todo momento. Estamos, mis hermanos, casados con Cristo; ¿nuestro gran Novio permitirá que su esposa permanezca en sufrimiento? Nuestro corazón está unido a Él. Somos miembros de su cuerpo, de su carne, de sus huesos y, aunque ahora podamos sufrir, así como nuestra cabeza alguna vez sufrió, aún somos bendecidos con bendiciones celestiales. ¿Reinará nuestra cabeza en el cielo mientras nosotros vivimos un infierno en la tierra? Dios prometió: el alegre triunfo de nuestra exaltada Cabeza en cierta medida compartido por nosotros, incluso en este valle de lágrimas. Tenemos la garantía de nuestra herencia en los consuelos del Espíritu, que no son pocos ni pequeños. ¡Imagina a un cristiano! Es un rey. ¿Será un rey o el más deprimente de los hombres? Es un sacerdote delante de Dios. ¿No ofrecería incienso suave de alegría consagrada y gracia reconocida? Somos compañeros adecuados para los ángeles: Él nos reunió para hacernos partícipes de la herencia de los santos en luz, ¿Y no tendremos días como los del cielo en la tierra? Canaán es nuestra desde Dan hasta Beerseba, ¿y no comeremos de la viña de Escol de este lado del Jordán? ¿No probaremos los higos, las granadas y la leche y miel que brotan? ¿No existe el maná en el desierto?

¿No hay rayos de luz para anunciarnos nuestro eterno nacer del sol? Herederos de la alegría para siempre, ¿no tenemos anticipación de nuestra porción? Digo nuevamente: sería lo más extraño del mundo si los cristianos fueran más infelices que otros hombres, y no más felices. ¡Piensa nuevamente *en lo que Dios hace por ellos!* El cristiano sabe que sus pecados están perdonados; no hay en el libro de Dios ni un solo pecado registrado. "Si vuestros pecados fueren como la grana, como la nieve serán emblanquecidos; si fueren rojos como el carmesí, vendrán a ser como blanca lana". Más allá de eso, el creyente es considerado por Dios como si hubiera obedecido perfectamente la ley, porque la justicia de Cristo le es imputada, y está vestido de aquel lino blanco que es la justicia de los santos. ¿Puede el hombre a quien Dios acepta sentirse miserable? ¿Y puede el ofensor perdonado ser menos feliz que el hombre sobre el que permanece la ira de Dios? ¿Puede Dios concebir algo así? Además, hermanos, fuimos hechos templos del Espíritu Santo, ¿puede el templo del Espíritu Santo ser un lugar oscuro, doloroso, un lugar de gritos, lamentos y lloros como los bosques druidas de la antigüedad? Tal no es nuestro Dios. Nuestro Dios es un Dios de amor, y su verdadera naturaleza es hacer felices a sus criaturas. Y nosotros, sus criaturas creadas dos veces, partícipes de la naturaleza divina, habiendo escapado de la corrupción que hay en el mundo a través de la lujuria, ¿debemos asumir que somos obligados por un decreto severo a lamentar todos nuestros días? ¡Ah, si ustedes conocieran los privilegios del cristiano, si comprendieran que el secreto del Señor está abierto para él, que las llagas de Cristo son su refugio, que la carne y la sangre de Cristo son su alimento, que Cristo mismo es su dulce compañía y su amigo permanente! ¡Ah, si ustedes supieran esto, jamás tendrían sueños tontos de que los cristianos son una raza infeliz! "Bienaventurado tú, oh Israel. ¿Quién como tú, Pueblo salvo por Jehová, Escudo de tu socorro, Y espada de tu triunfo?" ¿Quién puede ser comparado al hombre que está *saciado de favores y tiene abundancia de bendición del Señor?* Bien podría el malvado profeta de Petor exclamar: "Muera yo la muerte de los rectos, Y mi postrimería sea como la suya".

Vamos a avanzar un poco más. No solo diremos que por la naturaleza de esta posición y privilegios el cristiano debería ser feliz, sino que declaramos que lo es, y que entre todos los hombres no existe alguien que disfrute de eso, de una *constante paz de espíritu,* como los creyentes en Cristo. Nuestra alegría puede no ser como la del pecador, ruidosa y escandalosa. Ustedes saben que Salomón dijo: "La risa del necio es como el estrépito de los espinos debajo de la olla" — una llama muy grande y ruidosa. Después, solo queda un puñado de cenizas, y todo se acaba. ¿Quién tiene el lamento, quién tiene sus ojos rojos? Los que se detienen en el vino — hombres fuertes para mezclar bebidas fuertes. El cristiano, verdaderamente, no conoce el entusiasmo de la olla, del instrumento sonoro y de la danza, ni lo desea conocer; él está contento de poseer el calmado reposo de su alma. No teme las malas noticias, pues su corazón está firme, confiado en el Señor. No se perturba con algún miedo repentino; sabe que "a los que aman a Dios, todas las cosas les ayudan a bien, esto es, a los que conforme a su propósito son llamados". Tiene el hábito de, sea cual sea la sociedad en la que viva, también elevar su corazón a Dios y, por lo tanto, puede decir como el salmista: "Pronto está mi corazón, oh Dios, mi corazón está dispuesto; Cantaré, y trovaré salmos".

> "Él espera secretamente en su Dios;
> Su Dios ve en secreto;
> Aunque toda la tierra esté en armas en el exterior,
> Él está en paz celestial.
> Sus deleites surgen de cosas que no se ven.
> Más allá de este mundo y este tiempo,
> Donde no han estado ni el ojo ni el oído,
> Ni los pensamientos de los pecadores llegan.
> Él no quiere que la pompa ni el trono real
> Levanten su imagen aquí:
> Contento y satisfecho de vivir como un desconocido,
> Hasta que su imagen se parezca a la de Cristo."

"Hay un río cuyas aguas alegran la ciudad de Dios", los fieles beben de ese río y no tienen sed de las delicias carnales. Se deleitan en pastos verdes y son llevados a aguas tranquilas. Ahora esta firme y duradera alegría y esta paz mental colocan al cristiano en lo alto, por encima de los otros, y puedo decir con coraje que no existe persona en el mundo que se compare al cristiano en lo que a felicidad se refiere. Pero no pienses que nuestra alegría nunca sobrepasa esa calma establecida; porque déjame decir, y hablo por experiencia, nosotros tenemos momentos de *placer arrebatador* y felicidad desbordante. Se piensa que ninguna música puede igualar la melodía del suave himno de la alegría de nuestro corazón. El pecador vaciaría todos los tesoros de la tierra de su alegría para comprar un único centavo de nuestro placer. No pienses que Pablo fue el único hombre que pudo decir: "si en el cuerpo, no lo sé; si fuera del cuerpo, no lo sé"; Dios lo sabe, porque esos éxtasis son normales en los creyentes; y en sus días soleados, cuando su incredulidad es sacudida y la fe es fortalecida, ellos casi andarán por los caminos dorados, pudiendo decir: si no encontramos la puerta de perlas, estuvimos justo al lado; y, si todavía no llegamos a la asamblea general y a la Iglesia del primogénito, cuyo nombre está escrito en el cielo, si no nos unimos a la gran congregación de los perfectos en el verdadero cuerpo, aun así —

> "Incluso ahora, por la fe, juntamos las manos
> Con aquellos que fueron antes
> Y saludamos las fajas manchadas de sangre
> En la playa eterna."

Yo no cambiaría ni cinco minutos de la excesiva alegría que mi alma siente, por millares de años de la mejor alegría que los hijos de este mundo me pudieran dar. ¡Oh, amigos, existe una felicidad que puede hacer al ojo brillar y al corazón acelerarse, y hacer que todo el ser esté lleno de velocidad como los carruajes de Aminadab! Hay arrebatos y altos éxtasis en los que, en los días de fiesta que el Señor designó para su pueblo, los santos tienen permiso para regocijarse. No puedo dejar de recordarles que el cristiano es el más feliz de los hombres por la simple razón de que "su alegría no depende de las circunstancias". Hemos visto a los hombres más felices en las más lamentables condiciones. El señor Renwick, el último de los mártires escoceses, dijo un poco antes de morir: "Los enemigos se consideran satisfechos por haberme llevado a vagar en los pantanos y sobre las montañas, pero incluso en la tormenta de estas últimas noches no logro expresar los dulces momentos que experimenté al no tener cobijas más que la negra manta de la noche. Sí, en el silencio de las horas, mi mente fue llevada a admirar el profundo e inexpresable océano de la alegría en la que toda la familia del cielo nada. Cada estrella me llevó a indagar lo que debe ser la estrella de Jacob y de quien todas las estrellas obtienen su brillo". Aquí está un mártir de Dios expulsado de su casa, de su hogar confortable y, aun así, está teniendo los más dulces momentos sobre el velo de la noche oscura que los reyes nunca conocen bajo sus cortinas de seda. Un ministro de Cristo, al visitar a un hombre pobre, muy pobre, dio esta descripción: lo encontré solo. Su esposa había salido a buscar la ayuda de algún vecino. Me asusté al ver al hombre pálido y marchito: la imagen viva de la muerte, con la cadera presa por un mecanismo de cuerdas y cintas atadas al techo. Completamente incapaz de mover sus manos y sus pies, llevaba más de cuatro años completamente incapacitado de usar sus miembros, sufriendo dolor extremo con hinchazón en todas las articulaciones. Me acerqué a él apenado y le dije: "¿estás solo, amigo mío, en esta situación deplorable?" Él respondió con una voz suave — sus labios eran la única parte del cuerpo que parecía que podía mover — "No señor, no estoy solo" — y luego observé cuál era el origen de su consolación. Justo al frente, sobre una almohada, estaba la Biblia que su esposa había dejado abierta en algún Salmo escogido de David para que él pudiera leer cuando ella estaba afuera, porque él no conseguía pasar las páginas. Le pregunté cuánto dinero tenía para vivir y descubrí que era una cantidad miserable, apenas suficiente para mantener juntos su cuerpo y alma. "Pero", dijo el hombre, "nunca he querido nada, porque el Señor dice: 'su pan les será dado, y su agua les será segura", y yo confío en Él, y nada desearé mientras Dios sea fiel a su promesa". "Yo le pregunté", dijo el ministro, "si no se lamentaba con frecuencia debido al sufrimiento tan agudo durante tantos años". "Señor", respondió él, "inicialmente me lamenté, pero no durante los últimos tres años, bendito sea Dios por eso, porque sé en quién he creído y, a pesar de sentir mi propia debilidad e indignidad cada vez más, todavía estoy seguro de que Él nunca me dejará ni me abandonará; y de forma tan graciosa Él me reconforta que, cuando mis labios están cerrados con trismo[1] y no puedo decir ni una palabra durante horas, Él me posibilita cantar sus alabanzas más suavemente en mi corazón". Ahí estaba un hombre a quien el sol de toda comodidad terrenal ya se le había puesto, todavía el sol celeste brillaba en su rostro y estaba más calmado y feliz en profunda pobreza y angustia de lo que todos ustedes o yo estuvimos en la salud y en la fuerza de nuestra juventud. John Howard pasó su tiempo visitando las cárceles y yendo de una celda a otra; le preguntaron cómo podía encontrar cualquier motivo de felicidad cuando vivía en miserables pueblos rusos, o morando en incomodidad en hospitales o cárceles. La respuesta del señor Howard fue muy bonita. "Yo espero", dijo él. "Tengo fuentes de alegría que no dependen del lugar en el que habito. Una mente correctamente cultivada, bajo el poder de la gracia divina y el ejercicio de una disposición benevolente proporciona un motivo de satisfacción que no debe ser afectado por *este* o *aquel lugar*". Todo cristiano le dará el testimonio de que encuentra que sus momentos tristes son sus momentos felices — sus pérdidas serán sus ganancias, sus enfermedades significan la promoción de la salud de su alma. Nuestro verano no depende del sol, ni nuestra marea alta depende de la luna. Podemos regocijarnos en la misma muerte. Miramos hacia el frente, hacia la hora feliz cuando cerraremos los ojos en el sonido apacible de la muerte, creyendo que nuestro día final será nuestro mejor día. Incluso, atravesar el río Jordán no es más que una tarea fácil, porque lo oiremos decir: "No temas, porque yo te redimí; te puse nombre, mío eres tú. Cuando pases por las aguas, yo estaré contigo; y si por los ríos, no te anegarán". Atrevámonos a decir, entonces, con coraje, que *no* somos los más dignos de compasión de los hombres: no cambiaríamos de lugar con hombres no convertidos y todas sus riquezas, pompas y honras lanzadas en la balanza.

---

[1] Rigidez espasmódica de los músculos de la mandíbula inferior que cierra firmemente la boca.

"Vamos, ustedes que se vanaglorian de todas sus llenuras,
Y digan cuánto brillan estas,
Sus brillantes montes de polvo les pertenecen,
Y mío es mi Redentor".

II. Esto nos lleva al segundo punto — SIN LA ESPERANZA DE LA OTRA VIDA, VAMOS A ADMITIR, SERÍAMOS LOS MÁS DIGNOS DE COMPASIÓN ENTRE TODOS LOS HOMBRES.

Esto fue especialmente verdad entre los apóstoles. Ellos fueron rechazados por sus compatriotas; perdieron todas las comodidades que tenían inicialmente; perdieron la vida en trabajo pesado y estuvieron expuestos diariamente a una muerte violenta. Todos ellos sufrieron la sentencia del martirio, con la excepción de Juan, que parece haber sido preservado no *del* martirio, sino *en* el martirio. Ellos fueron realmente los doce hombres más infelices, excepto por la esperanza del mundo venidero, que los hacía los hombres más felices de todos. Pero esta es la verdad, queridos amigos, no solo de los cristianos perseguidos, despreciados y pobres, sino de todos los creyentes. Estamos preparados para confirmar que, quitada de nosotros la esperanza del mundo futuro, seríamos más miserables que los hombres sin religión. La razón es muy clara si piensas que el cristiano *renunció a las fuentes comunes y habituales de alegría de las que los otros hombres beben*. Necesitamos tener algunos placeres: es imposible para el hombre vivir en este mundo sin ellos, y puedo decir confiadamente que nunca insté a ninguno de ustedes para que hicieran lo que los vuelve infelices. Necesitamos tener algún placer. Pues bien, hay un vaso lleno de agua fangosa que los camellos han pisado, ¿debo beberla? Veo también una corriente ondulante de agua clara, pura como el cristal y fría como la nieve del Líbano, y digo: No, no voy a beber esa agua sucia y fangosa; la dejará para los animales; yo voy a beber del líquido limpio. Pero, si estuviera equivocado, si no hubiera un río más allá, si hubiera sido apenas un *espejismo* engañoso, si hubiera sido engañado, entonces estaría en peor condición de los que se contentaron con el agua fangosa pues ellos tienen por lo menos un poco de refrigerio, y yo no tendría nada. Este es exactamente el caso del cristiano. Pasa de los placeres del pecado y de las diversiones de los hombres carnales, porque dice: "no me interesan, no encuentro placer en eso, mi felicidad fluye del río que brota del trono de Dios y corre hacia mí a través de Jesucristo — voy a beber de este". Pero, si no hubiera después, si fuera probado que es un engaño, entonces seríamos los más miserables que los descuidados y libertinos.

Nuevamente, el hombre cristiano *comprende la vanidad de todas las alegrías terrenales.* Al mirar la pompa, comprendemos que se trata de algo vacío. Andamos por el mundo, no con el desdén de Diógenes, el filósofo cínico, sino con algo más de sabiduría, consideramos las cosas simples en las que los hombres se regocijan, y decimos como Salomón: *¡Qué gran vanidad! ¡qué gran vanidad!* ¡Todo es vanidad! ¿Por qué decimos esto? ¿Por qué? Porque escogimos las cosas eternas en las cuales no hay vanidad y que satisfacen el alma. Pero, mis hermanos, sería conocimiento más infeliz que un hombre podría adquirir, saber que este mundo es ilusorio, si no hubiera otro mundo en abundancia para compensar todos nuestros males. Hay un pobre loco en Bedlam que hizo una corona de plata, la colocó en su cabeza, llamándose rey, estableciendo su trono imaginario, piensa que es el rey de todas las naciones y es perfectamente feliz en su sueño. ¿Crees que debería desilusionarlo? No, la verdad, si pudiera, no debería hacerlo. Si la ilusión hace al hombre feliz, déjelo contentarse en ello; pero, queridos amigos, ustedes y yo *fuimos* iluminados; nuestro sueño de felicidad perfecta bajo los cielos se fue para siempre; ¿y si no hubiera un mundo futuro? Sería algo muy triste para nosotros haber sido despertados del sueño, a menos que esa cosa mejor que escogimos, esa buena parte que no será retirada de nosotros, se muestre real y verdadera, como de hecho creemos que es.

Además, el cristiano es alguien que tiene *altas expectativas, nobles y grandes,* y es algo muy triste para nosotros si nuestras expectativas no se realizaran, porque eso nos convertiría en los hombres más miserables. He conocido hombres pobres a la espera de una herencia. Ellos tenían derecho de esperarla, y la esperaron; esperaron y soportaron la pobreza; y el pariente murió y no les dejó nada; su pobreza pareció después un bulto más pesado que antes. Es algo triste para alguien tener grandes ideas y deseos y no poder satisfacerlos. Creo que la pobreza es soportada infinitamente mejor por personas que siempre fueron pobres, que por aquellos que fueron ricos y descendieron a la penuria, porque extrañan lo que los otros nunca tuvieron, y lo que originalmente sería considerado como lujo por los pobres, ellos lo consideran necesario para su existencia. El cristiano aprende a pensar en la eternidad, en Dios, en Cristo, en la comunión con Jesús y, si en realidad todo era falso, soñó la más magnifica de todas las visiones mortales. Verdaderamente, si alguien pudiera probar que era una visión, lo mejor que podría hacer sería sentarse y llorar para siempre al pensar que no era verdad, pues el sueño es tan espléndido, la imagen del mundo futuro es tan linda, que se puede decir que, entonces, no hay nada por lo que valga la pena vivir, mis hermanos, y de hecho seríamos miserables frustrados, los más miserables entre todos los hombres.

El cristiano también *aprendió a ver todo lo que hay aquí en la tierra como algo fugaz* y debo confesar que ese sentimiento crece conmigo todos los días. Apenas veo a mis amigos como vivos. Ando como si estuviera en una tierra de sombras y no encuentro nada dorado a mi alrededor. La flecha obvia del gran rey esqueleto está, a mi parecer, visiblemente estampada en todas partes. Voy al cementerio con frecuencia, y con aquellos que menos espero llevar allí, que parece ser más un mundo de muertos que de vivos. Bien, esto es algo muy triste — un estado miserable de la mente para cualquier persona, si no hay un mundo futuro. Si no hay resurrección de los muertos, entonces el cristiano está comprometido con un estado de la mente, el más deplorable y mezquino. ¡Pero, oh mis hermanos, sí hay un mundo futuro, como la fe nos asegura que existe! ¡Cuán jubiloso es estar lejos del mundo y estar preparado para partir de aquí! Estar con Cristo es mejor que quedarse en este valle de lágrimas.

"Están rotas las cuerdas que me atan a la tierra.
Están rotas por su mano.

>   Delante de su cruz me veo
>   En la tierra un extraño.
>   Mi corazón está con Él en su trono,
>   Y no puedo esperar;
>   cada momento escuchando la voz:
>   Date prisa y ven'".

¿No deseo ardientemente estar en mi dulce país con mi Señor justo para verlo cara a cara? Pero, si no fuera así y no hubiera resurrección de los muertos, "somos los más dignos de conmiseración de todos los hombres".

III. NUESTRA PRINCIPAL ALEGRÍA EN EL MUNDO FUTURO. Pensemos en el mundo futuro, mis hermanos, y dejen que su alegría ascienda en llamas de deleite, pues el cielo les ofrece todo lo que puedan desear. Muchos de ustedes están cansados de trabajar; tan cansados, tal vez, que difícilmente pueden disfrutar del culto de la mañana por causa de las horas tardías en las que tuvieron que trabajar anoche. ¡Ah, existe una tierra de *descanso* — de perfecto descanso, donde el sudor ya no rocía la frente del trabajador, y la fatiga está desterrada para siempre! Para aquellos que están cansados y fatigados, la palabra "descanso" está completa en los cielos. ¡Oh, verdad feliz, queda un descanso para el pueblo de Dios! Ellos "descansarán de sus trabajos, porque sus obras con ellos siguen". Otros de ustedes están siempre en el campo de batalla; son tan tentados interiormente, y tan molestados por enemigos externos, que tienen poca o ninguna paz. Yo sé dónde está su esperanza. Está en la *victoria,* cuando la bandera sea levantada y la espada blandida, ustedes oirán al Capitán decir: "Está bien, siervo bueno y fiel; peleaste la buena batalla, terminaste la carrera. Recibe la corona de la vida, que no perece". Muchos de ustedes se debaten con muchos problemas; van de cuidado en cuidado, de pérdida en pérdida: les parece que todas las olas de Dios pasaron sobre ustedes; pero luego llegarán a la tierra de *felicidad* donde bañarán su alma cansada en mares de descanso celestial. En breve tú no serás pobre, no tendrás chozas, ni trapos, ni hambre. *En la casa de mi Padre muchas moradas hay,* y tú habitarás, satisfecho con el favor y lleno de todas las bendiciones. Tuviste pérdida tras pérdida, tu esposa fue llevada a la tumba, tus hijos la siguieron, padre y madre se fueron, y tú tienes pocos para amar aquí; pero irás a la tierra donde los sepulcros son cosas desconocidas, donde el sudor no se verá y el sonido de la pica y la pala no se oirá; irás a la casa de tu Padre en la tierra del *inmortal,* en el país de la vida futura, en el hogar de los benditos, en la habitación del Dios Altísimo, en la Jerusalén de arriba, madre de todos nosotros. ¿No es esta su mayor alegría, que usted no estará aquí para siempre, que no habitará eternamente en este desierto, sino que luego heredará Canaán? Para todo el pueblo de Dios el peor dolor es el pecado. A mí no me importaría ningún sufrimiento si pudiera vivir sin pecar. ¡Oh, si yo me librara de los apetitos de la carne y de los deseos que continuamente se pierden, me conformaría con estar en un calabozo y pudrirme allí si así pudiera quedar libre de la corrupción del pecado! Bien, hermanos, en breve alcanzaremos la *perfección.* El cuerpo de muerte morirá con este cuerpo. No hay tentación en el cielo, pues el perro del infierno nunca puede atravesar el río de la muerte; allá no hay corrupción porque ellos lavarán sus vestidos y los harán blancos en la sangre del Cordero; de ninguna manera entrará en el reino ninguna cosa que lo contamine. Pensaba, mientras oía el cántico de los glorificados esta mañana, capturando desde el cielo el sonido de esa música que es como las muchas aguas y el gran trueno, mientras oía la armonía de aquellas notas dulces como arpistas tocando sus instrumentos, que mi alma desea extender sus alas y volar directo hacia el mundo de la alegría de más allá. Sé que es así también para ustedes, mis hermanos en la tribulación en Cristo — mientras se secan el sudor de la frente, ¿no es esto acogedor — que existe un descanso para el pueblo de Dios?. Cuando te enfrentas con la tentación y sufres por la causa de Cristo, ¿no es esto un consuelo: "Si sufrimos, también reinaremos con él"? Al ser calumniados y despreciados por los hombres, ¿no es esta la esperanza: "Él se acordará de mí cuando venga en su reino; me sentaré en su trono, así como Él venció y se sentó en el trono de su Padre"? ¡Oh, sí, esta es la música que los cristianos bailan;

este es el vino que les alegra el corazón; este es el banquete en el cual ellos se deleitan! No hay otra tierra diferente y mejor, y nosotros, a pesar de dormir con los tontos del valle, en nuestra carne veremos a Dios, cuando nuestro Redentor esté en los últimos días sobre la tierra. Creo que sabes lo que quiero decir — *no* somos los más dignos de compasión entre todos los hombres debido a la esperanza futura que debemos tener, pues nuestra esperanza en Cristo para el futuro es la base de nuestra alegría.

IV. Ahora, queridos amigos, esto me lleva a una observación práctica, en cuarto lugar, que es: CONSECUENTEMENTE, EL FUTURO INFLUYE EN EL PRESENTE. Algún tiempo atrás, tuve una conversación con un hombre muy importante, cuya fama es conocida por todos ustedes, pero cuyo nombre no tengo la intención de revelar, que fue un creyente profeso, pero ahora está lleno de escepticismo. En medio de nuestra discusión, él me dijo: "Qué tonto eres, tú y todos los predicadores. Ustedes les dicen a las personas que piensen en el mundo futuro, ¡cuando la mejor cosa que pueden hacer es comportarse lo mejor que logren en este mundo!" Admití la verdad en su observación; sería bastante imprudente hacer que las personas sean negligentes en el presente, pues es de gran importancia; pero continúe mostrándole que el mejor método de hacer que las personas atiendan al presente es impresionándolas con los motivos altos y nobles acerca del futuro. La potente fuerza del mundo futuro nos suministra a través del Espíritu Santo la fuerza para el adecuado cumplimiento de las obligaciones de esta vida. Aquí está un hombre que tiene una máquina para fabricar herramientas. Él quiere la fuerza del vapor para hacer funcionar una máquina. Un ingeniero coloca un motor a vapor en un cobertizo a una distancia considerable. "Bien", dice el otro, "yo te pedí que trajeras el motor a vapor aquí para operar mi maquina". "Exactamente" dice él, "fue lo que hice. Coloqué el motor de vapor aquí, necesitas solamente conectarlo con una correa, y tu máquina irá tan rápido como quieras; no es necesario colocar la caldera y el fuego y la máquina cerca del trabajo, debajo de su nariz: solo conecta los dos, y uno operará el otro". Así mismo Dios se agradó en hacer de nuestra esperanza una gran máquina por medio de la cual el cristiano puede operar la maquina común de la vida diaria, porque la correa de fe liga ambas cosas y hace que todas las cosas de la vida común giren con rapidez y regularidad. Es absurdo hablar contra la predicación acerca del futuro como si fuera a hacer que las personas sean negligentes con relación al presente. Es como si alguien dijera: "Mira, quita la luna y apaga el sol. ¿Cuál es su utilidad — si no están en este mundo?". Exactamente, pero quita la luna y habrás acabado con las mareas, y el mar estará estancado, llegando a ser un lago podrido. Después acaba con el sol — que no está en el mundo — quítalo, y la luz, o el calor y la vida, todo se acabará. Lo que el sol y la luna son para este mundo natural, es la esperanza del futuro para el cristiano en este mundo. Es su luz — observa todas las cosas bajo esa luz y las ve verdaderamente. Es su calor; le da celo y energía; es su verdadera vida: su cristianismo, su virtud expiraría si no fuera por la esperanza del mundo futuro. ¿Ustedes creen, mis hermanos, que los apóstoles y los mártires hubieran sacrificado sus vidas por la verdad si no hubieran buscado un futuro? En el calor del entusiasmo, los soldados pueden morir por la honra, pero morir torturados y burlados a sangre fría exige una esperanza en algo que va más allá de la tumba. ¿Trabajarían los pobres año tras año, negándose a sacrificar su conciencia por un pago? ¿La chica se negaría a volverse esclava de la lujuria si no viera algo más brillante de lo que la tierra le podría mostrar como recompensa por su pecado? Oh, mis hermanos, la cosa más práctica del mundo es la esperanza en el mundo futuro; y ustedes ven que el texto lo enseña, pues es exactamente eso lo que nos impide ser dignos de compasión; y librar a alguien de ser digno de compasión, permítanme decirlo, es hacer una gran cosa por él, pues un cristiano digno de compasión — ¿cuál es su utilidad? Guárdalo en un armario; cuídalo en un hospital, pues no tiene utilidad en el campo de trabajo. Construye un convento, pon allí todos los cristianos dignos de compasión y déjalos meditar sobre la misericordia hasta que aprendan a sonreír, pues realmente no hay otra utilidad para ellos en el mundo. Pero, quien tiene una esperanza del mundo futuro, viene a ser un trabajador fuerte, pues "el gozo del Señor es nuestra fortaleza". Tal persona enfrenta la tentación poderosamente, porque la esperanza del mundo futuro repele los dardos inflamados del enemigo. Puede trabajar sin recompensa en el presente, porque busca una recompensa en el mundo futuro. Puede reprender con más seguridad, puede darse el lujo de morir calumniado porque sabe que Dios vengará a sus propios elegidos que claman de día y de noche por Él. Por el Espíritu Santo, la esperanza de otro mundo es la fuerza más poderosa para la producción de la virtud; es la fuente de alegría; es el mismo canal de la utilidad. Es para el cristiano lo que el alimento es para la fuerza vital de la estructura animal. Será dicho de cualquiera de nosotros que estamos soñando con el futuro y olvidando el presente, pero que el futuro santifique el presente para usos más elevados. Me temo que nuestros hermanos proféticos se equivocan aquí. Ellos están continuamente leyendo respecto a las ultimas cosas, sobre las setenta semanas de Daniel y varios otros misterios. Me gustaría que ellos comenzaran a trabajar en vez de especular tanto, o que especularan aún más si pudieran, pero que volvieran sus profecías en algo práctico. Las especulaciones proféticas frecuentemente mantienen a las personas lejos de la tarea urgente y, en especial, de luchar sinceramente por la fe una vez entregada a los santos; pero la esperanza de un mundo futuro es, pienso yo, el mejor poder práctico que el cristiano puede tener.

V. Y ahora, para concluir, eso nos permitirá ver con mucha claridad CUÁL SERÁ NUESTRO FUTURO. Hay algunas personas aquí para las cuales mi texto no tiene nada que decir. Supón que, de no haber vida futura, ¿ellos serían más dignos de compasión? Ah, no; ellos serían más felices. Si alguien pudiera probarles que la muerte es un sueño eterno, sería probablemente el mayor consuelo que ellos recibirían. Si se pudiera mostrar que, tan pronto las personas mueren, se pudren en la tumba y ahí está su fin — si algunos de ustedes pudieran ir a la cama por la noche cómodamente, si sus conciencias no los perturbara, si no fueran incomodados por ninguno de aquellos terribles miedos que ahora los asombra. Mira, entonces esto prueba que no eres cristiano; eso prueba, tan claro como dos más dos es cuatro, que no eres un creyente en Cristo; porque, si lo fueras, la supresión del futuro te haría miserable. Como creer en un estado futuro no te inclina a ser feliz, eso prueba que no eres un creyente en Cristo. Bien, ¿entonces que tengo para decirles? Solamente esto: — que, en el mundo por venir, "tú serás el más miserable de los hombres". "¿Qué será de ti?" Dijo una vez un infiel a un cristiano, suponiendo que no habrá cielo. "Bien", dijo él, "me gusta tener dos cuerdas en mi arco. Si no hay una vida futura, estoy tan bien como tú; y si hubiera, estoy infinitamente mejor. Pero ¿dónde estás tú? ¿dónde estás?" Porque, entonces, debemos leer este texto en el futuro — "si en esta vida hubiera realmente esperanza de una vida futura, entonces tú serás en la próxima vida, entre todos los hombres, el más digno de compasión" — ¿Ves dónde estarás? Tu alma estará delante del gran juez; recibirás tu condena, y entonces comenzará tu infierno. Sonará la trompeta; cielos y tierra estarán atónitos; las tumbas se abrirán; aquella loza de mármol se elevará, y tú te levantarás exactamente en la carne y en la sangre en las cuales pecaste, y estarás allí en medio de la multitud aterrorizada, todos reunidos para su condenación. Llegará el juez. El gran juicio comenzará. Allá, en el gran trono blanco, estará sentado el Salvador que una vez dijo: "Venid a mí todos los que estáis trabajados y cargados, y yo os haré descansar", pero en ese momento estará sentado como juez y extenderá con manos severas el libro terrible. Página tras página dará la señal: "Apartaos de mí, malditos, al fuego eterno", y los ángeles amarrarán la cizaña en manojos para quemarlos. Allá estarás tú, conoces tu sentencia; ya comienzas a sentirla. Clamarás a los majestuosos Alpes que caigan sobre ti y te escondan. "Oh montañas, ¿pueden hallar en sus entrañas rocosas alguna caverna donde pueda esconderme de la cara de Aquel que está sentado en su trono?" En terrible silencio las montañas rechazarán tu petición, y las rocas rehusarán tu clamor. Te sumergirías en el mar, pero este sería sorbido por las lenguas de fuego; harías tu cama en el infierno si pudieras así escapar de esos ojos terribles, pero no podrás; entonces llegará tu turno, y la página será pasada a la que registra tu historia, el Salvador leerá con una voz de trueno y con ojos de relámpago. Leerá y, cuando te llame con su mano, se irá toda esperanza. Sabrás entonces lo que es ser el *más miserable de todos los hombres.* Tuviste tu placer, tuviste tu momento frívolo, tuviste tus momentos de alegría. Menospreciante a Cristo y no volteaste a su reprensión; no quisiste que reinara sobre ti. Viviste como su adversario; moriste sin reconciliarte. Y, ahora, ¿dónde estás? ¿qué harás? En el nombre de mi Señor y Maestro te ruego: ve a Cristo en busca de refugio. Quien cree en Él será salvo. Cree y confía. Cualquiera en esta mañana puede, por la fe, lanzarse a Cristo, y no deberá tener miedo de vivir, ni miedo de morir. No serás digno de compasión aquí; serás tres veces bendecido en el futuro, si confías en mi Señor.

"Vengan, almas culpables, y huyan
Hacia Cristo, y curen sus heridas;
Este es el día del evangelio bienvenido
En el cual la gracia libre es abundante."

¡Oh, que ustedes sean sabios y consideren su último final! ¡Oh, que ustedes reflexionen que esta vida no pasa de ser un cierto período de tiempo, y que la vida futura dura para siempre! No, yo les pido, no huyan de la eternidad; no jueguen con cosas tan solemnes como estas, mas preocúpense seriamente con su vida eterna. Miren hacia el Salvador sangrando; ¡vean sus cinco heridas y su rostro cubierto de sudor sangriento! Confíen en Él, crean en Él, y ustedes serán salvos. En el momento en el que cada uno de ustedes confía en Él, sus pecados se habrán ido. Su justicia es tuya; eres salvo en ese momento exacto, y serás salvo cuando Él venga en su reino para resucitar a los muertos de sus sepulturas. ¡Oh, qué el Señor nos lleve a todos a descansar en Jesús, ahora y eternamente, amén!

Recuerdo — el siervo de la esperanza

Sermón predicado en la mañana de domingo, 15 de octubre de 1865, por el reverendo C. H. Spurgeon, en el Tabernáculo Metropolitano de Newington.

> *Esto recapacitaré en mi corazón,*
> *por lo tanto esperaré* (Lm 3:21).

El recuerdo es muchas veces el siervo del desánimo. Mentes desesperadas traen a su memoria cada presagio sombrío del pasado y todo camino sombrío del presente. La memoria es como una sierva, vestida con una bolsa, presentando a su maestro una taza con una mezcla de hiel y ajenjo. Como Mercurio, se apura, con el talón alado, a reunir varas nuevas con las que azotar el corazón sangrante. Sin embargo, no hay necesidad de eso. La sensatez transformará la memoria en un ángel de consuelo. El mismo recuerdo que puede traer en su mano izquierda muchos presagios tristes y sombríos, puede ser entrenado para cargar en su mano derecha muchas señales esperanzadoras. No necesita usar una corona de hierro; puede rodear su frente con un hilo de oro, lleno todo de estrellas. Cuando Cristiano, de acuerdo con Bunyan, fue encarcelado en el Castillo de la Duda, la memoria formaba el garrote con el cual el famoso gigante espantaba terriblemente a sus prisioneros. Ellos se acordaban de cómo habían dejado el camino correcto, cómo habían sido advertidos a no hacerlo, y cómo, en rebeldía contra sí mismos, vagaban por el camino de la pradera. Recordaban todos sus delitos, pecados, malos pensamientos y palabras infelices, y todo eso formaba numerosos nudos en el garrote, causando tristes contusiones y heridas en los pobres enfermos. Pero, cierta noche, de acuerdo con Bunyan, estos mismos recuerdos que los habían castigado, ayudaron a liberarlos; porque susurró algo en el oído de Cristiano, el cual gritó como alguien medio espantado: "Qué tonto soy al estar en un calabozo hediondo, cuando puedo caminar hacia la libertad teniendo conmigo una llave llamada promesa, que abrirá, estoy convencido, el Castillo de la Duda". Así, él llevó la mano al bolso y, con mucha alegría, tomó la llave y la colocó en la cerradura. Y, aunque la cerradura de la gran puerta de hierro, como dice Bunyan, era extremadamente difícil, la llave abrió esa puerta, así como todas las demás. De esta manera, por este bendito acto de recuerdo, los pobres Cristiano y Esperanza fueron liberados.

Observe que el texto registra un acto de memoria por parte de Jeremías: "Pero algo más me viene a la memoria, lo cual me llena de esperanza"[1]. En el versículo anterior, nos dice que el recuerdo lo había llevado a la desesperación: "Lo tendré aún en memoria, porque mi alma está abatida dentro de mí". Él ahora nos dice que ese mismo recuerdo le ha dado vida y consuelo una vez más: "Pero algo más me viene a la memoria, lo cual me llena de esperanza". Establecemos, entonces, como principio general, que, si entrenamos un poco más nuestras memorias, podríamos, en nuestra angustia más profunda y sombría, frotar un fósforo que instantáneamente encendería la lámpara del consuelo. Dios no necesita crear algo nuevo para restaurar la alegría de los creyentes; si ellos barrieran en espíritu de oración las cenizas del pasado, encontrarían la luz para el presente; si ellos se voltearan hacia el libro de la verdad y hacia el trono de la gracia, su vela luego brillaría como antes.

Voy a aplicar este principio general a los casos de tres personas.

I. Antes que nada, EL CREYENTE QUE ESTÁ EN PROFUNDA DIFICULTAD. Esta no es una posición inusual para un heredero

---

[1] Lamentaciones 3.21, según la NVI (International Bible Society, *Nueva Versión Internacional.* East Brunswick, NJ: Sociedad Bíblica Internacional, 1979).

de gloria. El cristiano raramente se siente cómodo; el creyente en Jesucristo heredará el reino a través de mucha tribulación. Si tú gentilmente vuelves al capítulo que contiene nuestro texto, observarás una lista de asuntos que la memoria trae a la mente del profeta Jeremías y le brindan consuelo. Primero está el hecho de que, "a pesar de que nuestra aflicción presente es profunda, es por la misericordia del Señor que no somos consumidos". Este es, ciertamente, un comienzo humilde. El consuelo no es muy grande, pero, cuando un hombre muy débil está en la base de la pirámide y necesita escalarla, no debe dar un gran paso inicialmente, dale solo un poco de empuje para que suba por primera vez y, cuando esté más fuerte, será capaz de dar un paso mayor. Ahora considera, hijo de la tristeza, en qué lugar podrías estar. Mira ahora, a través de los portales sombríos de la tumba, hacia el reino de la oscuridad, que es semejante al valle de sombra de muerte, lleno de confusión y sin ningún orden. ¿Puedes discernir el sonido apresurado de un lado a otro de las huestes de espíritus culpables y atormentados? ¿Puedes oír sus dolorosos lamentos y el terrible rechinar de sus dientes? ¿Pueden tus oídos soportar el tintineo de sus cadenas, o pueden tus ojos ver la furia de las llamas? Estarán allí por siempre, para siempre, ¡para siempre alejados de la presencia de Dios y echados con los demonios y la desesperación! Ellos están en llamas de miseria tan terribles que el sueño de un maníaco desesperado no puede hacer idea de su aflicción. Dios los expulsó y pronunció su maldición sobre ellos asignándolos a la oscuridad eterna. Esta debe haber sido la suerte de ellos. Compara tu presente posición con la de ellos y tendrás más motivos para cantar que lamentar. ¿Por qué una persona debería lamentarse? ¿Has visto alguna vez esas sucias mazmorras de Venecia, que están debajo de la marca de agua del canal, donde, después de pasar por pasajes estrechos, oscuros y sofocantes, puedes infiltrarte en pequeñas celdas en las que un hombre apenas puede estar de pie, donde no ha entrado un rayo de luz solar desde que se pusieron los cimientos del palacio — frío, sucio y negro con humedad y moho, el nido en forma de fiebre y la morada de la muerte? Aún esos lugares son un lujo para ser habitados comparados con el fuego eterno del infierno. Sería un exceso de lujo para los espíritus perdidos si pudieran echarse allí con musgo creciendo en sus parpados, en el silencio solitario si acaso ellos pudieran escapar por un corto período de tiempo de una conciencia culpable y de la ira de Dios. Amigo, tú no estás en esas mazmorras, ni andas en el infierno; por lo tanto, anímate y di: "Por la misericordia de Jehová no hemos sido consumidos, porque nunca decayeron sus misericordias". Puede ser de poco consuelo, pero, entonces, si esa llama da un poco de calor, podrá llevar a algo mejor. Cuando enciendes el fuego de tu casa, frente al cual esperas sentarte cómodo, no esperas encender primero los pedazos de carbón, sino que enciendes primero un poco de combustible más leve, y luego el material más sólido produce un gran brillo; así esta idea, que puede parecer tan pequeña, puede ser la que encienda un fuego celestial de comodidad para ti que ahora estás temblando en tu dolor.

Algo mejor nos aguarda, pues Jeremías nos recuerda la existencia de algunas misericordias, que, de alguna forma, todavía continúan. *Nunca decayeron sus misericordias. Nuevas son cada mañana; grande es tu fidelidad.* Eres muy pobre y quieres riqueza. Eso es muy difícil, pero tienes buena salud. Ve al hospital, y pide permiso para presenciar el trabajo en el quirófano; siéntate a un lado y escucha las historias de dolor y fatiga. Ciertamente dejarás el hospital sintiendo algo como: "agradezco a Dios porque yo, con toda mi pobreza, no tengo dolencia por la que quejarme y, por tanto, voy a cantar las misericordias de las que disfruto". ¿Estás enfermo y arrastras el cuerpo cansado esta mañana? Entonces te invito a acompañarme por aquellos oscuros sótanos miserables donde la pobreza avanza en la despiadada y miserable oscuridad en el corazón de esta gran ciudad. Y, si reconoces la comida sucia, escasa para revitalizar, y la miserable pila de paja, su único descanso, escaparás de la cueva sucia de penuria inmunda y dirás: "soportaré mi enfermedad, pues es mejor que la suciedad, el hambre y la desnudez". Tu situación puede ser infeliz, sin embargo, existen otros en una condición peor. Siempre que abras los ojos y escojas hacerlo, verás la causa de gratitud por el hecho de no estar en la miseria más profunda. Hay una pequeña historia conmovedora de una pobre mujer con dos hijos que no tenían una cama donde descansar, y casi ninguna ropa que vestir. En la dureza del invierno, ellos casi quedaron congelados, y la madre sacó una puerta del sótano y la colocó al frente de la esquina donde estaban agachados para que un poco de la corriente de aire y frío se mantuviera lejos de ellos. Uno de los hijos le susurró a la madre cuando ella se quejó de cuan mala era su situación: "Mamá, ¿qué hacen los niños pequeños cuando no tienen una puerta del sótano para poner delante de ellos?" Ahí mismo, se puede ver un corazón encontrando un motivo de gratitud. Y nosotros, si fuéramos llevados a nuestro peor extremo, también vamos a honrar y agradecer a Dios, pues su compasión no falla, sino que se renueva cada mañana. De nuevo, esto no es un paso muy grande, pero ahora está un poco más delante que otros, y el más débil puede alcanzarlo fácilmente.

El capítulo nos ofrece una tercera fuente de consuelo. "Mi porción es Jehová, dijo mi alma; por tanto, en él esperaré". Tú perdiste mucho, cristiano, pero no perdiste tu herencia. Tu Dios es tu todo, por lo tanto, si perdieras todo menos a Dios, entonces te queda todo, pues Dios es todo. El texto no dice que Dios es parte de nuestra herencia, sino toda la herencia de nuestro espíritu; en Él tenemos todas las riquezas de nuestro corazón concentradas. ¿Cómo podemos lamentarnos sabiendo que nuestro Padre vive? ¿Cómo podemos ser robados si nuestra riqueza está en el cielo? Es de día, y el sol está brillando intensamente, y yo tengo una vela encendida, pero algunas se apagaron. ¿Voy a sentarme a llorar por mis velas que se apagaron? No, no mientras el sol brille. Si Dios es mi herencia, si perdiera un poco de comodidad terrenal, no me quejaré, porque la comodidad celestial permanece. Uno de nuestros reyes de temperamento arrogante, tuvo una desavenencia con los habitantes de Londres y pensó en asustarlos con una terrible amenaza que intimidaba los espíritus de los burgueses altivos, pues, si ellos no se interesaban con lo que pretendía, removería su corte de Westminster. Entonces el valiente prefecto de Londres preguntó si su majestad pretendía llevarse el Támesis, porque, mientras el río permaneciera allí, su majestad podría llevarse a sí mismo donde quisiera. De la misma forma, el mundo nos alerta: "no puedes aguantar, no puedes alegrarte: ese problema y esa advertencia sucederá". Y nosotros responderemos que, mientras ustedes no puedan llevarse a nuestro Señor, no nos vamos a quejar. "Filósofos", dice el sabio, "pueden bailar sin música"; y en verdad los creyentes en Dios pueden regocijarse aun cuando las comodidades exteriores le falten. Quien bebe de la botella como hijo de la esclava puede reclamar por sed; pero quien mora en un pozo, vive como Isaac, el hijo según la promesa, nunca conocerá la falta. Dios nos concederá gracia, entonces, para alegrarnos en nuestra más profunda angustia, porque el Señor es nuestra posesión segura, nuestra herencia perpetua de alegría. Hemos dado un paso de esperanza, pero existen otros pasos que debemos dar.

El profeta no recuerda entonces otro canal de consolación, saber que Dios es siempre bueno con todos los que los busca. "Bueno es Jehová a los que en él esperan, al alma que le busca". Nunca golpeemos tan fuerte, pero si podemos mantener la postura celestial de la oración, ten la seguridad de que pasarás de los golpes a los besos. Cuando un mendigo quiere una limosna y está muy necesitado, si ve a otro mendigo en la puerta de un gran hombre y observa que toca, cuando la puerta se abre y el hombre es libremente recibido y generosamente asistido, el que observa también la toca con osadía. Alma mía, ¿estás tristes y abatida esta mañana? El Señor es bueno para quien lo busca. Millares han venido a su puerta, y ninguno tuvo motivo para quejarse de una fría recepción, pues en cada caso Él llenó a los hambrientos con cosas buenas. Por tanto, alma mía, ve con coraje y golpea, pues Él da con liberalidad y no reprende. En todos los estados de duda o de dificultad, la oración es una fuente disponible. Bunyan nos cuenta que, cuando la ciudad de Mansoul fue sitiada, era un invierno duro y las entradas estaban muy mal, pero aun así la oración podría viajar con ellos; y me aventuraré a decir que, si todas las entradas terrenales estuvieran tan destruidas que no pudieran ser transitadas, y si Mansoul fuera tan cercada que no hubiera una brecha por la cual pudieran romper el camino para llegar al rey, aun así, la entrada superior siempre estaría abierta. Ningún enemigo puede obstruirla; ningún navío puede bloquear el camino entre nuestra alma y el refugio del propiciatorio. El barco de la oración puede navegar a través de todas las tentaciones, dudas y temores derecho hacia el trono de Dios; y, aunque pueda estar preso de la pena, gemidos y suspiros, volverá cargado con las riquezas de las bendiciones. Entonces hay esperanza, cristiano, pues tienes permiso para orar.

"El propiciatorio ahora está abierto,
Vamos allí a refugiar nuestra alma."

Estamos entrando en aguas más profundas de felicidad; vamos a dar otro paso y, esta vez, ganar más consuelo, partiendo del hecho de que es bueno ser afligido. "Bueno le es al hombre llevar el yugo desde su juventud". Un niño necesita ser persuadido para tomar su remedio. Puede estar muy enfermo, y la madre puede asegurar que el remedio lo curará; pero el niño dice: "No, es muy amargo; no puedo tomarlo". Pero los mayores no necesitan ser persuadidos de esa forma. Lo amargo no es nada para ellos; ellos piensan en la salud que el remedio traerá y tratarán de tomar un sorbo, sin contenerse. Pero, si fuéramos niños y no recordáramos la bendición que la aflicción produce, podríamos llorar y murmurar, sin embargo, si fuéramos hombres de Jesucristo, y hubiéramos aprendido que "a los que aman a Dios, todas las cosas les ayudan a bien", tomaremos el cáliz con alegría y disposición, bendiciendo a Dios por eso. ¿Por qué debería temer descender al pozo de las aflicciones si Él me llevará a la mina de oro de la experiencia espiritual? ¿Por qué debería llorar convulsivamente si el sol de mi prosperidad se pone, si en la oscuridad de mi adversidad seré más capaz de contar las estrellas de promesas con las cuales mi Dios fiel tiene el placer de adornar el cielo? Vete, oh sol, porque en tu ausencia veremos diez millares de soles; y, cuando tu ofuscante luz se haya ido, veremos mundos en la oscuridad que nos estaban ocultos por tu luz. Muchas promesas son escritas con tinta invisible, las cuales no se pueden leer hasta que el fuego de la aflicción las revele. "Bueno me es haber sido humillado, Para que aprenda tus estatutos". Amados, Israel entró pobre en Egipto, pero salió de allá con joyas de plata y oro. Ellos trabajaron, es verdad, en los hornos de ladrillos y sufrieron amarga esclavitud, pero lo superaron todo; salieron enriquecidos por todas sus tribulaciones. Cierto niño tenía un pequeño jardín en el cual plantó muchas flores, que con todo nunca crecían. Él las organizó tierna y cuidadosamente, pero no germinaron. El niño plantó semillas y brotaron, pero luego se marchitaron. Por eso fue al jardinero de su padre, que, al observar el jardín le dijo: "Voy a hacer un bello jardín donde pueda crecer lo que tú quieras". El jardinero tomó una pica y cuando el niño vio, temió por su pequeño jardín. Él golpeo la herramienta contra el suelo y comenzó a hacer temblar el suelo porque había chocado con una piedra enorme que estaba debajo de casi todo el pequeño terreno. Todas las pequeñas flores fueron sacadas de sus lugares, y el jardín quedó inútil durante una temporada. El niño lloró mucho. Él le dijo que ahora haría un jardín mejor, y lo hizo, porque, al remover aquella piedra que impedía que todas las plantas echaran sus raíces, luego él rellenó el terreno de flores que vivieron y florecieron. De la misma manera el Señor vio, sacó toda la tierra de tu presente cómodo para liberarte de la piedra grande que estaba en el fondo de toda tu prosperidad espiritual y no dejaba florecer tu alma. No llores como el niño, pero alégrate por los bendecidos resultados y agradece la mano sensible de tu Padre.

Otro paso más, y ciertamente tenemos buenos motivos para alegrarnos. El capítulo nos recuerda que esas aflicciones no duran para siempre. Al producir sus resultados adecuados, serán removidas, "porque el Señor no desecha para siempre". ¿Quién te dice que la noche no llevará al día? ¿Quién te dijo que el mar retrocederá hasta no quedar nada más que una extensa franja de lodo y arena? ¿Quién te dijo que el invierno continuaría de helada en helada, de nieve, hielo y granizo, hacia nieve más profunda y tempestades ahora más pesadas? ¿Quién te dijo eso, pregunto? ¿No sabías que después de la noche viene el día, que la inundación viene después de la sequía, que la primavera y el verano suceden después del invierno? ¡Entonces espera! Espera siempre, porque Dios nunca falla. ¿No sabías que Dios te ama en medio de todo esto? Las montañas, cuando se ocultan en la oscuridad, son tan reales como en el día, el amor de Dios es tan real para ti ahora como en los momentos brillantes. Ningún padre castiga siempre; él odia la corrección tanto como tú; a él solo le importa usarla para producir el bien duradero. Subirás por la escalera de Jacob con los ángeles y contemplarás a Aquel que está sentado en su trono — el Dios del pacto. Te olvidarás, entre los esplendores de la eternidad, de las pruebas del tiempo, o solo las recordarás para bendecir a Dios que te hizo atravesarlas y, por ellas, forjó en ti su bien. ¡Ven, canta en tu cama! ¡Alégrate en medio de las llamas! ¡Haz al desierto florecer como la rosa! Haz que el desierto toque con exultante alegría, porque estas leves aflicciones luego terminarán, y entonces "para siempre con el Señor" tu felicidad nunca disminuirá.

Por lo tanto, queridos amigos, cuando el Espíritu Santo lo pone a su servicio, el recuerdo, como Coleridge lo llama, "el manantial de alegría", puede ser gobernante entre los consoladores terrenales.

II. Por un breve momento, hablaremos con el CRISTIANO QUE DUDA, QUE PIERDE LAS EVIDENCIAS DE SU SALVACIÓN. Es nuestro hábito en el ministerio evitar extremos tanto como sea posible y mantener el sendero de la verdad. Creemos en la doctrina de la predestinación, creemos en la doctrina del libre albedrío y andamos por el estrecho sendero entre esas montañas. Y de igual forma nos posicionamos en otras verdades. Conocemos algunos que piensan que la duda no es pecado: lamentamos ese pensamiento. Sabemos de otros que creen que las dudas son imposibles donde haya alguna fe, y no podemos estar de acuerdo con ellos. Oímos hablar de personas ridiculizando ese himno tan dulce y admirable que dice:

"Es algo que deseo saber."

No nos atrevemos a ridiculizarlo, pues muchas veces tuvimos que cantarlo — nos gustaría que no fuera así, pero nos vemos obligados a confesar que las dudas nos incomodarán. La verdadera posición con relación a las dudas y los temores del creyente es sólo esta — que son pecaminosas y no deben ser cultivadas, sino evitadas; sin embargo, más o menos, la mayoría de los cristianos las sufren, lo cual no es prueba de que no tengan fe, porque el mejor de los cristianos está sujeto a temores y dudas. A ti, que estas luchando con un pensamiento ansioso, es a quien me dirijo.

Permíteme *recordarte en primer lugar los asuntos del pasado.* ¿Debo hacer una pausa y dejar que hables con tu corazón? ¿Recuerdas el primer momento y lugar en que Jesús se encontró contigo? Tal vez no lo recuerdes. Bien, ¿Recuerdas los momentos felices cuando Él te llevó a la casa del banquete? ¿No consigues recordar sus liberaciones graciosas? Fui humillado y Él me ayudó. Él ha sido *mi auxilio.* Cuando estabas en aquellas circunstancias pasadas, pensaste en problemas avasalladores. ¿Pasaste por eso, y no pudiste hallar consuelo? En el sur de África, el mar era generalmente turbulento cuando los frágiles barcos portugueses navegaban hacia el sur, de forma que lo llamaron Cabo de las Tormentas; pero después el cabo fue surcado por los más valientes y lo llamaron Cabo de la Esperanza. En tu experiencia, has tenido muchos cabos de la tormenta, pero has resistido todas ellas, ahora permite que sean un cabo de esperanza para ti. Recuerda: "Porque has sido mi socorro, Y así en la sombra de tus alas me regocijaré. Di con David: ¿Por qué te abates, oh alma mía, Y te turbas dentro de mí? Espera en Dios; porque aún he de alabarle". ¿No me acuerdo hoy de algunos montes de Mizar, en los que mi alma tuvo una dulce comunión con Dios, de tal forma que pensaba que estaba en el cielo? ¿Acaso no me puedo acordar de los momentos de terrible agonía del alma, cuando en un instante mi espíritu saltó hacia las más elevadas alturas de éxtasis al mencionar el nombre de mi Salvador? ¿No hubo momentos en la mesa del Señor, en oración solitaria y al oír su Palabra, en los que pude decir:

> "Mi alma estaría dispuesta
> en un cuadro como este,
> Sentado y cantando
> hasta el final la felicidad eterna"?

Bien, permíteme recordar eso y tener esperanza, pues

> "Jesús brilló una vez en mí.
> Entonces por Jesús siempre llegó a ser mío."

Él nunca amó y después odió; su voluntad nunca cambia. No es posible que alguien que dijo: "*Yo te grabé en la palma de mis manos*", pueda olvidarse o rechazar a aquellos que una vez fueron queridos para Él.

Puede ser, no obstante, que ese no sea el mejor consuelo para algunos de ustedes. Recuerden, les suplico, que *otros encontraron al Señor verdadero para ellos.* Ellos clamaron a Dios, y Él los libró. ¿No te acuerdas de tu madre? Ella está ahora en el cielo, y tú, hijo, estás trabajando y debatiéndote aquí abajo. ¿No recuerdas lo que te dijo antes de morir? Ella te dijo que Dios fue fiel y verdadero con ella. Ella quedó viuda, y tú en esa época solo eras un niño, ella te contó que Dios le había provisto para los dos y para el resto de la familia necesitada, en respuesta a sus pedidos. ¿Crees en el testimonio de tu madre y no vas a descansar en la fe de tu madre y en el Dios de tu madre? Hay canas aquí, si fuera el momento propicio, que te darían testimonio, una experiencia de cincuenta y sesenta años, en los que ellos anduvieron delante del Señor en la tierra de los vivos, y no podrían apuntar ningún hecho y decir: "Dios ha sido infiel" o "aquí el me dejó en un momento difícil". Yo, que también soy joven y pasé por muchas y dolorosas tribulaciones, puedo decir eso y debo hacerlo pues, si no hablara, la madera de esta casa podría gritar contra mi silencio ingrato; Él es un Dios fiel y se acuerda de sus siervos y no los deja en la hora de la angustia. Oyendo nuestro testimonio, ¿no puedes decir las palabras del texto: "Esto recapacitaré en mi corazón, por lo tanto esperaré"?

Recuerda nuevamente, y tal vez eso pueda ser de consuelo para ti, que, aunque ahora piensas que no eres hijo de Dios, todavía, *si miras hacia ti mismo, veras débiles trazos de la mano del Espíritu Santo.* El cuadro completo de Cristo no está allá, pero ¿no puedes ver el rastro, el contorno, las marcas de carbón? "¿Qué quieres decir?", preguntarás. ¿No quieres ser cristiano? ¿No ansías a Dios? ¿No puedes decir como el salmista, "Mi alma tiene sed de ti, mi carne te anhela"? ¿Por el Dios vivo? Oh, siempre tuve que consolarme con esto; al no poder ver ni una gracia cristiana irradiando en mi espíritu, tuve que decir: "Sé que nunca estaré satisfecho hasta que esté como mi Señor". Una cosa sé. Yo era ciego, más ahora veo — veo lo suficiente, por lo menos, para conocer mis propios defectos, vacíos y miserias; y tengo suficiente vida espiritual para sentir que quiero más y no puedo estar satisfecho al menos que tenga más. Bien, ahora, donde Dios, el Espíritu Santo, hizo todo lo que hizo, hará más. Donde comenzó la buena obra, somos informados que Él la continuará y la perfeccionará hasta el día de nuestro Señor Jesucristo. Recuerda eso, y podrás tener esperanza.

Pero te recordaría que *hay una promesa en este libro que describe exactamente y encaja en tu caso.* Un joven había heredado de su padre todas sus propiedades, pero un adversario cuestionó su derecho. El caso fue llevado al tribunal, y el joven, aunque estaba seguro de su derecho legal a la totalidad de la herencia, no consiguió probarlo. Su abogado le dijo que se exigían más evidencias de las que podía conseguir. Él no sabía cómo obtener esas evidencias. Reviso un baúl antiguo donde su padre acostumbraba a guardar sus papeles y, cuando los estaba revisando, encontró un antiguo pergamino. Abrió el papel con gran ansiedad, y ahí estaba — exactamente lo que él quería — el testamento de su padre, el cual mencionaba que la propiedad era enteramente para él. Con aquel documento en las manos, se dirigió con coraje al tribunal. Ahora, cuando estamos en duda, es bueno voltear a ver ese bello Libro y leerlo hasta que podamos decir: "Eso es — esa promesa fue hecha para mí". Tal vez el texto sea: "Los afligidos y menesterosos buscan las aguas... yo Jehová los oiré, yo el Dios de Israel no los desampararé. O: el que tiene sed, venga; y el que quiera, tome del agua de la vida gratuitamente". Te pido que escudriñes el Libro antiguo; y tú, pobre dudoso, cristiano desesperado, en breve tropezarás en algún pergamino precioso, por así decirlo, donde Dios, el Espíritu Santo, te confiere el título de derecho de inmortalidad y vida.

Si esos recuerdos no son suficientes, tengo uno más. Mírame y abre tus oídos para descubrir qué cosa nueva te contaré. No, no te voy a contar algo nuevo, pero es la mejor cosa que se haya dicho desde el cielo: *Jesucristo vino al mundo para salvar pecadores.* Has oído eso miles de veces — y es la mejor música que hayas oído. Si no soy un santo, soy un pecador; si no puedo ir al trono de gracia como hijo, iré como un pecador. Cierto rey tenía la costumbre de recibir a todos los mendigos de la ciudad en determinadas ocasiones. A su alrededor, sentaba a sus cortesanos, todos vestidos con ropas de ricos; y los mendigos se sentaban a la misma mesa con sus trapos de pobreza. Cierto día, uno de los cortesanos había dañado su ropa de seda y por eso no se había atrevido a colocársela. Así, pensó: "No puedo ir a la fiesta del rey hoy, porque mi túnica esta fea". Él se puso a llorar, hasta que un pensamiento se le ocurrió. "Hoy, cuando el rey realice su banquete, algunos irán como cortesanos bien arreglados y felices, pero otros irán vestidos de trapos y serán bien recibidos. Bien, con tal que pueda ver la cara del rey y sentarme en su mesa, voy a entrar entre los mendigos". Así, sin lamentase por haber perdido sus vestidos de seda, se cubrió con los trapos de un mendigo y vio el rostro del rey de la misma forma que si estuviera usando su fina ropa de lino. Mi alma ha hecho eso muchas veces y espero que tú hagas lo mismo; si no puedes ir a Dios como santo, ve como pecador; tan pronto vayas recibirás alegría y paz. En un lamentable accidente ocurrido en el norte, cuando un considerable número de mineros estaba en las profundidades de una de las minas de carbón, el techo se desplomó y el pozo de acceso fue completamente bloqueado. Los que estaban dentro se sentaron en la oscuridad, cantaron y oraron. Ellos se reunieron en un punto donde las ultimas reservas de aire podían ser respiradas. Allí permanecieron después de que la luz se apagó, porque el aire no podía mantener la llama de la linterna. Estaban en total oscuridad, pero uno de ellos dijo haber oído que existía una conexión entre aquel pozo y uno más antiguo que había sido usado unos años antes. Era un pasaje estrecho por el cual un hombre podía pasar a rastras, echado en el suelo. Los mineros fueron a confirmar la información: el pasaje era muy largo, pero ellos se arrastraron por este y, finalmente, salieron hacia la luz del otro pozo y salvaron sus vidas. Si mi camino actual hacia Cristo fue bloqueado, si no puedo subir derecho por el pozo y ver la luz de mi Padre allá en la cima, hay un camino antiguo por el cual transitan los pecadores, por el cual transitan los ladrones y las prostitutas — ven tú también. Voy a arrastrarme humildemente pegado al suelo — hasta ver a mi Padre y decir: "Padre no soy digno de ser llamado tu hijo. Hazme como uno de tus jornaleros, con tal de habitar en tu casa". En la peor situación, todavía puedes buscar a Dios como pecador. Recuerda eso, y podrás tener esperanza.

III. Necesito dedicar algunas palabras a los PECADORES. En esta congregación siempre tenemos a alguien que está buscando al Señor — ¡Quisiera Dios que hubiera muchos más! Sería una predicación gloriosa si todos lo estuvieran buscado o lo hubieran encontrado. Si no fuera por la multitud variada de los que ni buscan ni han encontrado, nuestro trabajo de hecho sería fácil. Algunos de ustedes están buscando a Dios hoy y siguen desconfiados de no poder ser salvos. Voy a traerles algunas palabras para recordarles algunas verdades comunes que nos pueden dar esperanza.

Antes que nada, algunos de ustedes están preocupados con la *doctrina de la elección,* y en esta mañana no puedo explicársela. Creo en esa doctrina y la recibo con alegría, y ustedes pueden estar seguros, por más que los incomode, de que es verdadera. Aunque no te guste, es verdadera, y recuerda que no se trata de una cuestión de opinión de si te gusta o no te gusta, si lo piensas o no lo piensas; ve la Biblia y encontrarás que es verdadera. Óyeme. Tienes la idea de que algunas personas serán enviadas al infierno, única y solamente porque es la voluntad de Dios que sean enviadas allá. Deshazte de esa idea, porque es muy mala y no está en las Escrituras. No puede haber un infierno con la conciencia de un hombre que sabe que es miserable solamente porque Dios deseaba que lo fuera, pues la propia esencia del infierno es el pecado y la conciencia de que fue cometido voluntariamente. No podría existir la llama del infierno si no hubiera esa convicción en las personas que lo sufren: "Yo conocía mi responsabilidad, pero no la cumplí — pequé voluntariamente contra Dios y estoy aquí, no por causa de algo que Él haya hecho o no, sino por causa de mi propio pecado". Si te deshaces de ese pensamiento sombrío puedes estar en la entrada del consuelo. Recuerda nuevamente, sea cual sea la doctrina de la elección, existe una invitación gratis hecha a los pecadores necesitados: "el que tiene sed, venga; y el que quiera, tome del agua de la vida gratuitamente". Ahora puedes decir: "No consigo conciliar las dos cosas". Existen muchas otras cosas que tú no puedes conciliar.

Dios sabe dónde las dos cosas convergen, aunque tú no lo sepas, y espero que no pretendas ser un filósofo para ser salvo, porque es probable que, mientras intentas ser sabio, permaneciendo persistentemente en una torpe práctica, ya te encontrarás en el infierno, donde tu sabiduría no valdrá para nada. Dios ordena que confíes en Cristo, y Él promete que todos los creyentes serán salvos. Deja tus dudas de lado y confía en Cristo, entonces será capaz de entenderlas mejor que ahora.

Para comprender la doctrina del evangelio, primero necesitas creer en Cristo. Cristo dice: "nadie viene al Padre sino por mí". La elección es obra del Padre. El Padre escoge a los pecadores; Cristo hace la expiación. Necesitas ir a Cristo, el sacrificio expiatorio, para poder entender al Padre y cómo Dios elige. No insistas en ir primero al Padre. Ve primero al Hijo, como él dice.

Recuerda una vez más que, aunque tu propia concepción de la doctrina de la elección fuera verdadera, aun así, podrías perecer si no buscar al Señor:

> "No perezco si me voy,
> Estoy resuelto a intentar;
> Porque si estuviera lejos, yo sé,
> Para siempre moriría.
> Pero si muero buscando la misericordia,
> Cuando al Rey yo hubiera experimentado,
> Que tenga que morir, feliz idea
> pues nunca muere el pecador."

Confía en Cristo, aunque perezcas, y nunca perecerás si en Él confías.

Bien, si esa dificultad fue vencida, puedo presentar otra, diciendo: "¡Oh, pero el mío es un caso de *gran pecado*!". Recuerda esto, y tendrás esperanza, es decir, esperanza de que "Jesucristo vino al mundo para salvar a los pecadores, de los cuales" — dice Pablo — "yo soy el primero".

Pablo fue el primero de los pecadores y entró por la puerta de la misericordia; y ahora no puede haber mayor que el primero, pues donde entró el primero tú puedes entrar. Si el primero de los pecadores fue salvo, ¿por qué tú no lo puedes hacer? ¿Por qué tú no?

Oímos el otro día al señor Offord decir que conocía a una señora que no quería cruzar el puente Saltash (Royal Albert) construído en Plymounth porque no creía que fuera seguro. Ella vio locomotoras y trenes pasar por el puente, que sostuvo toneladas en una misma ocasión, pero balanceaba la cabeza y decía que las personas eran muy pretenciosas por atravesarlo. En cierta ocasión cuando en el puente no había ningún tren, le preguntaron si no lo atravesaría. Bien, ella se aventuró un poco, pero temblaba todo el tiempo por miedo a que su peso hiciera que el puente se cayera. La construcción podía soportar cientos de toneladas de carga, pero no podía soportar su peso. De la misma forma pasa contigo, gran pecador. El estupendo puente que Cristo puso sobre la ira de Dios soportará el peso de tu pecado, pues ha soportado diez mil antes y llevará millones de pecadores a la playa de su descanso eterno. Recuerda eso, y podrás tener verdadera esperanza.

"Sí", dice alguien, "pero creo haber cometido el *pecado imperdonable*". Mi querido hermano, creo que no lo cometiste; sin embargo, quiero que recuerdes una cosa: el pecado imperdonable es el pecado de muerte. Ahora, el pecado de muerte es el pecado que mata la conciencia. Quien lo comete no tiene conciencia alguna; está muerto. No es tu caso, tú tienes algún sentimiento, tienes vida suficiente para desear ser salvo del pecado, tienes vida suficiente para querer ser lavado en la preciosa sangre de Jesús. No cometiste el pecado imperdonable y, por lo tanto, tienes esperanza. "Todos los pecados serán perdonados a los hijos de los hombres, y las blasfemias cualesquiera que sean". Pero tú dices: "Ah, *no consigo arrepentirme.* Mi corazón es demasiado duro". Recuerda que Jesucristo fue exaltado para dar el arrepentimiento y la remisión de pecados, y tú puedes buscarlo para obtener arrepentimiento. Ve a Él sin ningún arrepentimiento y pide que te lo dé, y te lo dará. No temas; si el alma busca suavidad y ternura, es porque posee esa suavidad y esa ternura en cierta medida ahora mismo, y la tendrá en toda la extensión en breve. "Oh, pero", dices tú, "tengo una *inaptitud* y una incapacidad para ser salvo". Entonces, querido amigo, quiero que recuerdes una cosa: Jesucristo tiene una aptitud y una capacidad general para salvar pecadores. No sé qué quieres, pero sé que Cristo tiene lo que quieres. No conozco toda tu enfermedad, pero sé que Cristo es el médico que puede curarla. No sé cuan dura, temerosa, obstinada, ignorante, ciega y muerta pueda ser tu naturaleza, pero sé que Cristo *salva perpetuamente a los que por él se acercan a Dios.* Lo que tú seas no tiene nada que ver con la cuestión, excepto por el mal que se deshace; la respuesta a la pregunta de cómo debes ser salvo está más allá, en el cuerpo sangriento del inmaculado Cordero de Dios. Cristo tiene toda la salvación en sí mismo. Él es el Alfa y Omega. Él no comienza a salvarte y entonces te deja perecer, ni se ofrece para completar lo que tú empezaste primero. Él es el fundamento del pináculo. Es quien comienza contigo como una hoja verde y termina con el maíz en la mazorca.

¡Ah, si tuviera una voz como la trompeta de Dios que despertará a los muertos al final! Si pudiera tenerla para decir una sentencia sería esta: "En Cristo se encuentra tu ayuda". En cuanto a ti, nunca podrás encontrar nada esperanzador en tu naturaleza humana. Es la propia muerte; está podrida y corrupta. Voltea la mirada a Cristo. Él es el sacrificio por la culpa humana. Él es la justicia que cubre a los hombres y los vuelve aceptables delante del Señor. Míralo, así como estás: sucio, culpable, leproso, condenado. Ve cómo estás.

Confía en Jesucristo para que te salve, recordando esto: tendrás una esperanza que no será avergonzada y que durará para siempre.

Me esforcé en traer palabras confortantes y oportunas, y también intenté traer palabras sencillas. Pero, oh Consolador, ¿qué podemos hacer sin ti? Debes animar nuestra incorrección. Consolar almas es la obra propia de Dios. Cerremos entonces, con las palabras del Salvador: "Yo rogaré al Padre, y os dará otro Consolador, para que esté con vosotros para siempre". Que nuestra oración sea que Él habite con nosotros para su propia gloria y para nuestro consuelo siempre. Amén.

El juglar de la esperanza

Sermón predicado en la mañana de domingo, 5 de Julio de 1868, por el reverendo C. H. Spurgeon, en el Tabernáculo Metropolitano de Newington.

Nos bendecirá Dios, el Dios nuestro (Sal 67:6b).

DIOS, EL DIOS NUESTRO. ¡Qué título extremadamente dulce! ¡Qué belleza y vivacidad de corazón debe haber existido en el hombre que dio ese nombre cariñoso al Dios de Jacob! Aunque el dulce cantante de Israel se haya referido al Señor de los ejércitos de esa forma miles de años atrás, el nombre tiene un frescor y hasta una novedad para los oídos fieles: *Dios, nuestro Dios.* No consigo resistir tocar esa cuerda de nuevo; ¡la nota es demasiado encantadora a mi alma! La palabra "nuestro" o la expresión "el nuestro" parecen lanzar siempre una atmosfera de deliciosa fragancia sobre cualquier cosa a la que estén conectadas. Si fuera nuestro país —

"Vive allí un hombre con alma tan muerta,
Que nunca se dice a sí mismo:
¿Esta es *mi propia* tierra natal?"

No importa si es una planicie muy extensa, o si es una tierra de tono marrón y vegetación enmarañada, todos aman su patria y, en el exilio, son golpeados por la nostalgia de su país. Pasa lo mismo con relación a la casa donde fuimos criados. Aquel techo de madera, aquella antigua hacienda — puede haber estado cubierta de paja y haber pertenecido a un grupo de casas pobres, pero aun así era nuestra casa, y miles de pensamientos tiernos se reúnen alrededor de la chimenea donde nosotros, en la infancia, nos acurrucamos bajo el ala de nuestros padres. Todos nuestros parientes nos son queridos por el hecho de ser "nuestros". "Padre" es una palabra plateada en todas las ocasiones, pero ¡"nuestro padre", "nuestro propio padre"..., como título es más rico y se convierte en una palabra dorada! "Nuestro propio hijo", "nuestro propio hermano", "nuestro propio marido", "nuestra esposa" — las palabras son más melodiosas así. Hasta sentimos que la Biblia es muy querida para nosotros, porque podemos hablar de ella como "nuestra propia y bella Biblia en inglés"[1]. Como libro de los judíos, viniendo en hebreo, y como un libro para los griegos, llegando en la parte final a los gentiles en lengua griega, era un tesoro inestimable; pero, traducida a nuestra propia lengua sajona y en su totalidad traducida tan bien, nuestra propia Biblia en inglés es doblemente querida por nosotros. La dulzura de las palabras "nuestra propia" me hace recordar el himnario que usamos para cantar: "nuestro propio himnario", esperando que, tal vez, el propio nombre pueda estrechar el afecto a su alrededor. Pero ¿qué diré con respecto a *nuestro propio Dios*? Las palabras no pueden expresar la profunda alegría contenida en estas tres palabras: *el Dios nuestro*. "Nuestro" por el pacto eterno en el cual Él se dio a nosotros con todos sus atributos, con todo lo que es y tiene, para ser nuestra herencia para siempre. *El señor es mi herencia,* dice mi alma. "Nuestro Dios", por nuestra propia elección, la elección más libre, pero guiada por su Espíritu eterno, para que nosotros, que podíamos haber escogido nuestra propia ruina, fuéramos dulcemente llevados a hacer del Señor nuestra elección, porque Él nos eligió a nosotros. "El Dios nuestro", nuestro para confiar, nuestro para amar, nuestro para buscarlo en cada noche oscura y perturbadora, nuestro para tener comunión con él en todo día brillante y balsámico, nuestro para que sea Él nuestra guía

---

[1]Considerando que Spurgeon es un predicador británico cuya lengua materna es el inglés.

en la vida, y nuestra ayuda y nuestra gloria en la inmortalidad. "El Dios nuestro", proporcionándonos su sabiduría para guiar nuestro camino, su poder para sustentar nuestros pasos, su amor para confortar nuestra vida, sus atributos para enriquecernos con más de las riquezas reales. Quien puede, sinceramente, de corazón puro, mirar hacia el trono del infinito Jehová y llamarlo "el Dios mío", esa persona dice algo más elocuente que cualquier cosa que haya salido de los labios de Demóstenes o Cicerón. Favorecido más allá que las demás personas, para ti, esta es una palabra familiar:

"¡El Dios nuestro! ¡Cuán agradable ese sonido!
¡Cuán fascinante es repetirlo!
Pueden los corazones con placer decir
¡Quien puede saludar a su Señor así!"

Encuentro que el salmista usa la expresión de esta oda sublime como una especie de argumento y garantía de las bendiciones que predice. *Dios nos ha bendecido* — eso es verdad, eso debe ser cierto — pero la sentencia *el Dios nuestro nos ha bendecido* arroja una convicción sobre el más tímido, da seguridad como un banco de pruebas entre tus ojos y saca a luz su propia evidencia. Si el Señor tuvo la suficiente gracia para volverse tu propio Dios, no lo hizo sin razón; existe una intención amable. Si en la ternura de esta compasión dice: "seré vuestro Dios, y ustedes serán mi pueblo", debe haber sido con el propósito de bendecirnos con bendiciones indecibles en Jesucristo. Disimuladamente, hay una poderosa razón implícita en el delicioso título y, cuanto más pensamos en Él, más lo veremos.

Esta mañana pretendo quedarme solo con las palabras: *Nos bendecirá Dios, nos bendecirá Dios.*

En el púlpito, esta mañana, presentaré tres pasiones personificadas; y hablaremos un poco con ellas, o dejaremos que ellas hablen con nosotros.

I. La primera es el MIEDO. El Miedo en menor intensidad se encuentra en todas partes; se entromete en todos los asuntos, invadiendo el cuarto de la FE y perturbando el banquete de la ESPERANZA. El Miedo se aloja en algunos como huésped permanente y se divierte como si fuera un amigo querido o un familiar. ¿Qué nos dice esta mañana el miedo en respuesta a nuestro texto alentador? El Miedo pregunta: "¿Dios de hecho nos bendice? ¿Por qué últimamente Él repliega sus manos? Ha habido muchas señales de esperanza, pero estos han decepcionado. Hace mucho tiempo esperábamos bendición; pensábamos haber visto sus señales, pero al final no llegó. Oímos hablar de avivamientos y rumores de avivamiento; hombres se levantaron y predicaron la Palabra con poder y, en algunos distritos, hubo muchas conversaciones, pero, aun así, en gran medida no recibimos bendición. Dios no nos visitó como antiguamente. Vimos la nube y esperamos y esperamos la lluvia; observamos el rocío y esperamos la humedad; pero todo eso se deshizo y ahora estamos sin bendición. Miles de decepciones nos llevaron a temer que la bendición podría no venir". Escucha, oh Miedo, anímate. Y si tú, apresurado y precipitado, juzgaste mal la voluntad del Señor, ¿esta es la razón por la cual Él debería olvidarse de su promesa y rehusarse a escuchar la voz de la oración? Nubes pasan por el cielo todos los días en muchas semanas, y decimos: "Ciertamente lloverá, y los campos sedientos serán refrescados", pero aún no ha caído ninguna gota, debería estar lloviendo. Hasta eso sucede por la misericordia de Dios. La lluvia no viene hoy, y puede que mañana no se vea; pero Él tampoco es negligente al conceder sus promesas. Dios tiene su propio tiempo designado y será puntual, porque nunca hace algo antes o después; en el momento exacto, respondiendo las suplicas de su pueblo, Él les dará lluvia de prodigios; todo tipo de bendiciones por gracia descenderán directamente de su mano; rasgará los cielos y en majestad descenderá — pues "el Dios nuestro nos ha bendecido".

"Sí", dice el Miedo, "pero hemos visto muchas falsificaciones de bendición. Vimos avivamientos en los cuales el intenso ánimo parecía producir grandes resultados por una temporada, pero el ánimo disminuyó, y los resultados desaparecieron. ¿No hemos oído repetidas veces el sonido de trompetas y el alto alarde de los hombres, pero todo era solo vanidad?" Esta es la verdad más triste. No hay duda de que muchos de los avivamientos han sido una farsa, una burbuja de aire — globos inflados sumamente perniciosos en la Iglesia cristiana.

El mismo titulo "avivamiento" apestó en algunos lugares debido al mal olor que se le asociaba. Pero esta no es la razón por la cual no pueda ocurrir un glorioso y real avivamiento de la presencia del Señor; y, mis hermanos, sincera y vehementemente espero y oro por eso. Recuerden el avivamiento que experimentó Nueva Inglaterra en los días de Jonathan Edwards. Nadie podría llamarlo de espurio. Fue tan verdadero y real como no podría ser nada que no fuera una obra de Dios en la tierra. Ni nadie podría describir la obra de Whitefield y de Wesley como un mero espasmo o algo de existencia transitoria. Fue directamente la mano de Dios que desvendó y expuso la obra de la gracia de forma maravillosa; y fue hecho un trabajo que existe en Inglaterra hasta hoy y permanecerá hasta la venida del Señor Jesucristo. Podemos esperar entonces, ya fue dado en otros tiempos, que Dios bendecirá a su pueblo con reales y sustanciosos progresos, y aun hará que sus enemigos vean que hay un poder irresistible en el evangelio de Jesucristo. Oh, Miedo, recuerda: si quieres, las ilusiones del pasado pueden ser tratadas de esa forma, pero no las recuerdes como razones para estar desanimados y rechazados, pues Dios, el Dios nuestro, *realmente* nos bendecirá.

Pero el Miedo replica: "¡Mira lo que existe *en el presente* que es diferente a una bendición y que, en vez de profetizar el bien, presagia el mal! ¡Cuán pocos son!", dice el miedo, "¡los que están proclamando el evangelio de forma valerosa y simple, y cuántos, por otro lado, se oponen al evangelio con sus filosofías y supersticiones!". Pero oye, oh Miedo, *Dios nos ha bendecido,* aunque seamos pocos, pues Él no salva si son muchos o si son pocos. Recuerda al siervo de Dios, Gedeón, cómo luchó con los madianitas, no con miles de soldados, pues eran muchos para el Señor de los ejércitos, sino con pocas centenas que lamieron las aguas, sin otras armas más allá que cántaros quebrados, lámparas descubiertas y trompetas resonantes, con eso el Señor de los ejércitos derrotó a las multitudes de Madián. No digas que a la Omnipotencia le faltan instrumentos; Él podría activar el mismo polvo de la playa de la costa para predicar el evangelio, si quisiera; y, si deseara que las lenguas revelaran su amor, podría transformar cada piedra en un predicador o cada hoja brillante de los árboles en un testigo de Jesús. No es el instrumento que es necesario primero y por encima de todo; necesitamos más del poder que mueve los instrumentos, que convierte al más débil en fuerte, y sin el cual hasta los más fuertes no son más que débiles. Oímos decir el otro día que no se podía esperar que la religión de Jesucristo prosperara en algunos lugares, a menos que tuviera un comienzo justo. ¿Viene esa afirmación de un infiel o de un obispo injusto? Si me lo hubiera preguntado, sé cuál sería mi respuesta. ¡Un comienzo justo de hecho! Coloque la religión de Jesucristo en cualquier arena, y solo pida que le dejen usar sus armas. Y, en el mismo lugar donde esa petición se le haya negado, aun así, triunfará. Solo quiere que su propia fuerza innata sea desarrollada y dejada en paz por los reyes y príncipes de este mundo, y funcionará a su manera. Déjenla sola, dije: que se opongan si lo desean, y aun así nuestra fe vencerá la verdadera oposición; basta con que ellos retiren su patrocinio, la cosa mortal que paraliza toda la vida espiritual, y la verdad absoluta de Dios ciertamente prevalecerá. No temblamos, ni deberíamos, porque los siervos de Dios pueden ser pobres, o no dotados, o apenas unos pocos. Dios, "el Dios nuestro, realmente nos bendecirá"; y, si somos pocos como los doce pescadores, e iletrados como ellos, debemos considerar que los doces pescadores hicieron que el antiguo imperio romano se estremeciera de punta a punta y derrumbaron sistemas colosales de idolatría desde su base. Los cristianos de hoy también, si Dios solo les regresa el poder a ellos, en medio de su debilidad, se envalentonarían en combate y pondrían en fuga los ejércitos extranjeros.

Mas el Miedo siempre encuentra espacio para murmurar, y entonces dice: "¡Oh *futuro,* negro y sombrío! ¿Qué podemos esperar de esta generación impía, de este pueblo perverso? ¿Ser abandonados una vez más para terminar siendo devorados por las mandíbulas del anticristo o quedarnos perdidos en la bruma de la infidelidad?" "Nuestra perspectiva es realmente aterradora", eso dice el Miedo, aunque confieso que, sin usar telescopio, no noto tales señales de los tiempos. Sin embargo, el Miedo dice eso, y puede tener sus razones; sean cual sean las razones, son contrarrestadas en nuestra mente con la creencia de que Dios, el Dios nuestro, nos bendecirá. ¿Por qué cambiaría? El ayudó a su Iglesia otras veces, ¿por qué no lo haría ahora? ¿Su Iglesia no lo merece? Ella siempre ha sido así. ¿La Iglesia se retira? Ya lo hizo varias veces antes, pero Él la visitó y la restauró, entonces ¿por qué no lo haría ahora? En vez de presentimientos y temores, parece motivo para las más brillantes expectativas si pudiéramos recoger la promesa divina y creer que Dios, el Dios nuestro, nos bendecirá en esta misma época como hacía en los tiempos antiguos. Recuerdo el barco agitado por la tempestad en el mar de Galilea. Había, de hecho, una mirada sombría del timonel del barco que sería llevado al promontorio rocoso, y el propio barco y su carga se hundirían en la ola. No es así, de ninguna manera, ¿pues no ven andando sobre las olas que se solidifican debajo de sus pies al Hombre que ama a sus compañeros que están en el barco y no los dejará morir? Es Jesús andando sobre las olas del mar. Él entra en el barco e, inmediatamente, la calma es tan profunda como si la ola no hubiera levantado la cabeza, ni el viento estuviera soplando. Así mismo, en los momentos más oscuros de la Iglesia cristiana, Jesús siempre apareció en el momento oportuno andando sobre las dificultades, y entonces el descanso fue glorioso. Por lo tanto, no nos amedrentemos, sino, expulsando el miedo, regocijémonos con la más alegre expectativa. ¿Qué miedo vamos a tener? Dios está con nosotros. ¿No es ese el grito de guerra frente al cual los demonios huyen, y todas las huestes del mal retroceden? "¡Emanuel, Dios con nosotros!" ¿Quién se resistiría a eso? ¿Quién desafiaría al león de la tribu de Juda? Ah, traigan sus hombres fuertes y vengan a empuñar la lanza, oh poderosos, pero, si Dios es por nosotros, ¿quién contra nosotros?; o si vinieran contra nosotros, ¿quién podrá aguantar? Dios es el Dios nuestro. ¿Dejaré que su Iglesia sea pisoteada en el barro? ¿Será la novia de Cristo llevada al cautiverio? ¿Será su amada, que fue comprada con sangre, entregada en las manos de sus enemigos? ¡Dios lo prohibió! Porque Él es Dios, porque Él es nuestro Dios; por lo tanto, levantemos nuestros estandartes y cantemos alegremente —

"Porque aun así lo alabaré,
Quien es para mí por gracia
La salud de mi semblante,
Sí, Él es mi Dios."

II. Cambiaremos completamente nuestra atención y nos introduciremos en un segundo personaje, a saber, el DESEO. Pasos rápidos, brillo en nuestros ojos, corazón cálido. El Deseo dice: "Ah, Dios nos bendiga, pero ¡oh, si tuviéramos esa bendición! Tenemos hambre y sed de ella; somos ávidos por la bendición como el aventurero ansia el oro". Por lo tanto, el Deseo dice: "¿qué bendición vendrá y de qué manera Dios nos bendecirá?" La respuesta para el Deseo es esta: cuando Dios venga a bendecir a su pueblo, Él incluirá toda gracia, porque en los tesoros del pacto no existen algunas cosas, sino todas las cosas, no algunos suministros para algunas necesidades de la Iglesia, sino un abundante abastecimiento con el cual todas sus necesidades serán abastecidas. Cuando el Señor bendice a su Iglesia, Él les da a todos sus miembros la gracia del avivamiento; ellos comenzarán a vivir de una manera más elevada, más noble y feliz que antes. Mover la iglesia y volverla más activa es uno de los más altos dones del Espíritu Santo, y es inmensamente deseable. Creo que eso es deseado por nosotros. Algunos de los cristianos más fervorosos fuera del cielo son miembros de esta iglesia; pero algunos están muy lejos de eso y necesitan ser llevados a un estado espiritual más sólido. Lo que es verdad para esta iglesia es verdad para todas las iglesias de Jesucristo. Son como las vírgenes que dormían porque el novio no venía — mucha apatía, poco amor a Dios, poca consagración a su causa, poca ansiedad por el alma de los hombres. Cuando el Señor visite a su Iglesia, el primer efecto será el despertar de la vida de su propia amada: entonces la bendición vendrá de la siguiente manera, a saber, conversiones en sus fronteras y adiciones a la membrecía. Espero que nunca pensemos que Dios está bendiciéndonos a menos que veamos pecadores siendo salvos. Es una ilusión grandilocuente cuando los pastores piensan que están prosperando, pero no oyen hablar de conversiones. Nosotros, yo confío, estaremos incómodos si las conversiones disminuyeran en número entre nosotros. Si Dios se volviera a nosotros, y a todas sus iglesias, sería oído de derecha a izquierda: "¿Qué debemos hacer para ser salvos?" La Iglesia atónita vería una multitud de hijos nacidos, que la harán llorar de asombro. ¿Quién los engendró? ¿Quiénes son estos que van como una nube y como palomas a sus ventanas? Cuando estas dos bendiciones vengan, una Iglesia despierta y almas convertidas, entonces se cumplirá la Palabra del Señor: Jehová dará poder a su pueblo; "Jehová bendecirá a su pueblo con paz". La Iglesia será fuerte. Tendrá medios para refutar a sus adversarias mostrando sus convertidos. Se tornará intrépida por ver el resultado de su obra. Cesará de dudar, porque la fe será reestablecida con evidencias. Entonces reinará la paz. Los jóvenes convertidos traerán una inundación de nueva alegría; su sangre nueva hará que la vieja sangre de la Iglesia salte por sus venas, y el viejo y el joven se regocijarán juntos, se alegrarán en la abundancia de paz. Hermanos, me gustaría tener tiempo esta mañana para pintarles el retrato de una iglesia bendecida por Dios, pero no debo hacerlo. Ustedes saben de qué estoy hablando — muchos de ustedes fueron miembros de una iglesia de esas. Que la bendición continúe, que sea aumentada, y que todas las iglesias en toda la cristiandad reciban la bendición del Dios de Israel, bendición que las hará regocijarse con alegría indecible.

Pero el Deseo dice: "entiendo lo que es la bendición, pero ¿en qué medida Dios la dará, y cuánto de esta podemos esperar?" Nosotros respondemos al Deseo: "Oh tú, de corazón grande, Dios te dará de acuerdo con la medida de tu confianza en Él". Estamos todos satisfechos de inmediato cuando la bendición comienza a caer del cielo. Nos detenemos, como el rey del Antiguo Testamento, cuando lanzamos dos o tres flechas y merecemos ser reprendidos en la lengua del profeta: "Al dar cinco o seis golpes, hubieras derrotado a Siria hasta no quedar ninguno". Nos contentamos con las gotas cuando podíamos tener el vaso a desbordar; nos quedamos satisfechos de forma infantil con solo una gota de agua cuando podríamos tener jarros, barriles, ríos, océanos, si tuviéramos fe suficiente para recibirlos. Si hubiera media docena de personas convertidas hoy en esta casa, todos deberíamos alegrarnos con acciones de gracia, pero ¿no deberíamos entristecernos si no hubiera seiscientas? ¿Quiénes somos nosotros que, por nuestras pocas expectativas, limitamos al Santo de Israel? ¿Podemos trazar una línea en torno al Omnipotente y decir: "hasta aquí irás, pero no más allá?" ¿No sería más sabio extender nuestros deseos y expandir nuestra esperanza, ya que tenemos que lidiar con Aquel que no conoce límites ni fronteras? ¿Por qué no buscar años de abundancia, eclipsando los famosos siete años de Egipto? ¿Por qué no esperar racimos de uvas mayores que los de Escol? ¿Por qué somos tan tacaños, tan tímidos, tan limitados en nuestras expectativas? Vamos a agarrarnos a cosas mayores, pues eso es razonable, teniendo en cuenta el Señor en el que confiamos, por lo que debemos mirar a cosas mayores. Espero los días en que cada sermón sacuda la casa con su poder, en que los oyentes serán convertidos a Dios por miles como en la época del Pentecostés. ¿Fue aquel el mayor de los trofeos del poder de Dios, el Pentecostés? ¿Es el primer mayor que la cosecha? Nosotros creemos de hecho que, si Dios visita nuevamente a su Iglesia, y creo que lo hará, veremos naciones nacidas en un solo día, y el evangelio de Jesús, que ha cojeado dolorosamente como un ciervo herido, de repente tendrá las alas como un ángel poderoso para volar por el cielo, proclamando que Jesucristo, es Señor y Dios. ¿Por qué no? ¿Quién puede justificar la ausencia de más esperanza viva, viendo que Él puede hacer mucho más de lo que pedimos o pensamos?

Escucho al Deseo decir: "sí, comprendo lo que es la bendición y que puede tenerse en cualquier medida, pero ¿qué hago para conseguirla y cuándo vendrá?" Sígueme en una breve revisión del Salmo que sigue al nuestro, porque nos ayudará a responder la pregunta: "¿Cuándo Dios, el Dios nuestro, nos bendecirá?" El salmo comienza con Dios siendo misericordioso para con nosotros; esa es la voz de una persona arrepentida, que confiesa sus delitos pasados. Dios bendecirá esta iglesia cuando reconozca sus faltas y se humille; cuando con arrepentimiento evangélico, se ponga delante del propiciatorio y clame: "Dios, sé misericordioso para con nosotros". Nunca debemos esperar que el Señor bendiga a una iglesia orgullosa y pretenciosa, una iglesia de corazón duro e indiferente. Cuando la Iglesia esté humillada y en el polvo, bajo el sentimiento de sus propias culpas, Dios quedará satisfecho en verla con misericordia. Por el contenido del primer versículo, deduzco que Dios bendecirá a su pueblo cuando este comienza a orar, o bien cuando confiesa sus pecados. La oración es urgente, humilde y creyente y, por eso, debería acelerar la bendición. "Dios tenga misericordia de nosotros, y nos bendiga; Haga resplandecer su rostro sobre nosotros". Esos deseos agonizantes son una parte del lamentar de una iglesia que de alguna forma sabe que perdió la bendición y permanece avergonzada hasta ser restaurada. Tendremos la seguridad que recibiremos la bendición de Dios cuando toda la iglesia sea insistente y constante en interceder. La oración es el mejor recurso de un pueblo sincero. ¿No somos testigos de eso? Tenemos en esta casa reuniones de oración en las cuales fuimos agitados de la misma forma que los árboles del bosque son movidos por el viento, y siempre tuvimos la presencia de Dios posteriormente en la conversión de almas. Nuestros mejores momentos de oración siempre fueron seguidos de alegres cosechas. Las iglesias en todas partes deben practicar intensamente la oración, o no podrán esperar que el sonido de abundancia de la lluvia sea oído en su tierra. "Despierta para confesar tu pecado, oh, Sion; despierta para el 'fruto del trabajo del alma' por las almas de los otros hombres, y entonces Dios, el Dios tuyo, te visitará desde lo alto. Ven, Espíritu Santo, y despierta al pueblo adormecido; activa tu ejército perezoso, pues, cuando tu poder sea sentido, entonces el día brillante del triunfo amanecerá sobre nosotros".

En el transcurrir del salmo, no se habla tanto de la oración como de la alabanza. "Te alaben los pueblos, oh Dios; Todos los pueblos te alaben. La tierra dará su fruto". La Iglesia de Dios necesita entrar en un estado mejor con relación a la alabanza hacia Dios. Cuando Dios nos ofrece la misericordia, si nosotros la aceptamos silenciosamente y sin gratitud, no podemos esperar tener más; pero, cuando cada gota de favor nos hace bendecir al Señor que concede su bendición a personas tan indignas, luego tendremos más y más. La alabanza necesita ser universal. "Te alaben los pueblos". La alabanza necesita ser alegre y calurosa, cada persona regocijándose en su práctica y empleando toda su fuerza en ello. ¿Cuándo vamos a despertar en cuanto a esto? ¿Cuándo todos los elegidos del Señor van a engrandecer su glorioso nombre como deberían? ¿Cuándo vamos a cantar en nuestro trabajo, en nuestro hogar, en toda parte las alabanzas a Dios? Si la oración es la alabanza sagrada, y la Iglesia está completamente ansiosa por la bendición divina, entonces Dios, el Dios nuestro, nos bendecirá.

Creo que cuando una gran visita de misericordia está viniendo sobre la Iglesia, ciertas señales son dadas a los más espirituales, garantizándoles que está por venir. Ellos pueden oír el sonido de la lluvia abundante antes de que ninguna gota haya caído, y muchos santos de Dios tuvieron la convicción de que un tiempo de renovación estaba cercano mucho antes de que llegara. Algunas almas son especialmente sensibles al trabajo divino, así como el cuerpo de algunas personas es peculiarmente sensible a los cambios de clima antes que ocurran. Así como Colón estaba seguro de que estaba llegando a tierra por haber visto extraños pájaros terrestres y trozos flotantes de algas marinas y ramas de árboles, de la misma forma el ministro cristiano muchas veces está seguro de que se está aproximando un tiempo de bendición maravillosa. No puede explicar a los otros el porqué de su seguridad, y, sin embargo, los indicios para él son plenamente suficientes. Hay palomas que vuelan en nuestras manos y nos dicen que las aguas de la indiferencia y la mundanalidad están menguando; nos traen ramas de olivo de gracia esperanzadora que florecen entre nuestro pueblo, lo que nos permiten saber que ciertamente está llegando la hora en la que Dios favorecerá a Sion. ¿Nunca viste al antiguo vidente surgir y tomar su arpa de la pared, comenzar a afinarla, colocar todas las cuerdas en orden y comenzar a tocar el instrumento con una energía de placer poco común? ¿No le has preguntado: "arpista canoso, ministro consagrado del Señor, porque tocas tu arpa con cánticos llenos de alegría?" Él te dirá: "Porque veo de lejos los estandartes de seda de un ejército triunfante volviendo victorioso de la batalla. Es la Iglesia que llegó a ser más que vencedora por medio de aquel que la amó. Oigo el movimiento de las alas de los ángeles; ellos se regocijan con los arrepentidos, y la Iglesia se alegra, pues su gloria ha regresado, ya que sus hijos son muchos". Los hombres iluminados por la luz del cielo sienten la sombra de la misericordia viniendo y oyen las grandes ruedas del carruaje de la misericordia.

Esas señales, es claro, serán sentidas por pocos, pero existen otras señales que son instructivas para muchos. Es una señal muy real de que el Señor bendecirá a su pueblo cuando ellos sientan en sí mismos un deseo poco común e insaciable por la visita divina; cuando sientan que la Iglesia no podría continuar por más tiempo como ahora; y entonces comenzarán a preocuparse, a afanar, a suspirar y a tener hambre y sed de algo mejor. Me gustaría que todos los miembros de esta iglesia estuvieran gloriosamente insatisfechos por la ausencia de conversiones. Y, cuando esta insatisfacción surge en la mente cristiana, generalmente es un indicio real de que Dios está ampliando el corazón de su pueblo para recibir una bendición mayor. Entonces entrarán en mentes preparadas, sagrados sentimientos de intenso ánimo, agonías de terrible propósito, misteriosa ansiedad que antes era extraña. Gravitarán con impulsos que el pueblo no será capaz de resistir. De repente, los hombres encontrarán una lengua que antes era muda; otros, que hasta aquel momento no eran conocidos como fervorosos en la oración, se volverán poderosos en oración y súplica. Habrá lágrimas en los ojos que antes estaban secos. Veremos maestros hablando a pecadores y conquistando convertidos que se mantendrán en la retaguardia y que hasta ese momento no eran celosos. Esos movimientos de la mano de Dios, esos movimientos sagrados y misericordiosos de su eterno y bendito Espíritu, son señales de que Él está preparándose para bendecir a su Iglesia, y a gran escala. Y, hermanos, cuando cada persona comienza a examinar y a verificar si en ella existe algún obstáculo para la bendición; cuando cada miembro de la iglesia expone su corazón para buscar a Dios y clama: "Saca de mí todo lo que impide que tu trabajo me haga adecuado para ser de mayor utilidad, colócame donde tendrás más gloria por medio de mí, porque me consagro a Ti", entonces oiremos el sonido en lo alto de las montañas, como David oyó antes; entonces veremos brotar las flores y sabremos que el tiempo del canto de los pájaros está llegando, y que la primavera y el verano están cercanos. Dios, mándanos más y más de esas señales graciosas. Creo que las veo ahora mismo. Tal vez mi deseo sea el padre de mi pensamiento, pero creo ver las señales reconfortantes de que Dios pretende visitar a su Sion, ahora mismo: y, si creemos, aceptaremos y trabajaremos de acuerdo con esa expectativa, orando y alabando, trabajando y esforzándonos. Tengan la seguridad de que este año 1868 no terminará sin una demostración del poder divino que lo convertirá en un *annus mirabilis*, un año de nuestro Señor, un año de gracia, un año cuyos días serán como los días del cielo en la tierra.

III. Finalmente, les presento un ser mucho más justo que los otros dos — la dulce doncella de ojos brillantes, la ESPERANZA.

¿Han oído la historia de su música incomparable? En la juventud, ella aprendió una canción que siempre canta acompañada de un arpa bien afinada. Aquí están las palabras de su encantadora canción: "Dios nos bendecirá, Dios nos bendecirá". Ella siempre es escuchada cantándolo en medio de la noche, y las estrellas brillan repentinamente en el cielo oscuro. "Dios nos bendecirá". Se le conoce por cantar esto en medio de las tempestades, y la calma viene seguida por la música suave. Cierta vez, algunos trabajadores fuertes fueron enviados por el gran Rey para talar un bosque primitivo, arar, sembrar y cuidar del cultivo hasta la cosecha. Ellos eran intrépidos, fuertes y bastante dispuestos para el trabajo y, bien, necesitaban de toda su fuerza y más. Un trabajador robusto recibió el nombre de Diligencia — qué trabajador tan consagrado era. Su hermano, Paciencia, con músculos de acero, fue con él y no se cansó en los largos días bajo las tareas más pesadas. Para ayudarlos, tenían a Celo, vestido con ardiente e indomable energía. Lado a lado, allí estaban su pariente Abnegación y su amigo Puntualidad. Estos salieron para el trabajo y llevaron consigo, para animar las labores, a la amada hermana Esperanza; y fue lo que hicieron, pues los árboles del bosque eran enormes y necesitaban muchos golpes fuertes de hacha para derrumbarlos. Uno a uno ellos producían, pero el trabajo era inmenso e ininterrumpido. En la noche, cuando iban a descansar, el trabajo del día parecía sencillo, pues, al atravesar el umbral de la puerta, Paciencia, limpiando el sudor de su frente, era incentivado, y Abnegación, era fortalecido, pues oían una dulce voz interior que cantaba: "Dios nos bendecirá, Dios, el Dios nuestro, nos bendecirá". Ellos derrumbaron los árboles gigantescos con la música de ese esfuerzo; limpiaron los acres uno por uno; arrancaron las enormes raíces; excavaron el suelo, sembraron el maíz y esperaron la cosecha, muchas veces desanimados, pero aún presos en cadenas de plata y cadenas doradas por el dulce sonido de la voz que cantaba constantemente: "Dios, el Dios nuestro, nos bendecirá". Ellos nunca se negaron a trabajar, pues la voz no dejaba de cantar; se avergonzaban de estar sin coraje, se sorprendieron de estar desesperados, pues la voz cantaba claramente por la mañana y al atardecer: "Dios nos bendecirá, Dios, el Dios nuestro nos bendecirá". Ustedes conocen la parábola, reconocen la voz: ¡hoy pueden oírla en su alma!

¡Dios nos bendecirá! Somos pocos, muy pocos para esta gran obra, pero "Dios nos bendecirá" y, por lo tanto, seremos suficientes. Somos débiles, tenemos poca instrucción, poca experiencia y poca sabiduría, pero "Dios nos bendecirá". Somos indignos, llenos de pecado, inconstantes y frágiles, pero "Dios nos bendecirá", y nuestra indignidad será una hoja de plata sobre la cual podrá ser colocado el precioso diamante de su misericordia. "Dios nos bendecirá" — existen promesas gloriosas que aseguran la bendición; deben ser guardadas, pues son el sí y el amén en Jesucristo. Las naciones deben arrodillarse ante el Mesías; y Etiopia debe extender sus brazos para recibir a su Rey. "Dios nos bendecirá". Él bendice a su pueblo. Que Egipto cuente cómo Dios derrotó a los enemigos de Israel. Que Canaán dé testimonio de cómo Él derrumbó a reyes poderosos y dio su tierra como herencia a su pueblo. "Dios nos bendecirá". Él nos dio a su Hijo; ¿cómo no nos dará también con Él todas las cosas? Él nos dio su Espíritu Santo para habitar para siempre con nosotros; ¿cómo no nos dará cualquier ayuda indispensable o la bendición necesaria?

¡Aquí está un cántico para cada cristiano, hombre o mujer involucrados en la sagrada obra! ¡Aquí está un cántico para la clase de la Escuela Dominical de esta tarde, para ustedes, aplicados profesores de nuestra juventud! Si ustedes no han visto ningún resultado de su trabajo y están un poco desanimados, aquí está un Salmo para elevar su ánimo: "Dios nos bendecirá". Ve y enseña el evangelio a los jóvenes con celo redoblado. Aquí está una dulce nota para el ministro que viene arando el suelo ingrato y aún no ha visto la cosecha. "Dios nos bendecirá". ¡No pares tu trabajo activo! Vuelve a tu trabajo, porque hay tal bendición futura, que te alegrarás hasta con la misma perspectiva de su llegada. "Que cada trabajador siga en frente en aquella forma de servicio cristiano que el maestro le designó, oyendo este pájaro del paraíso cantando en su oído: "Dios nos bendecirá". Así como la actividad del juglar de David frente a Saúl, ella fascina la desesperación, de la misma forma que las trompetas de plata de los sacerdotes, ella proclama el júbilo. ¡Oh, como los cuernos del cordero de Israel, ella puede derrumbar a Jericó! ¡Ah, si al menos una vez en esta mañana pudiera hablar con la elocuencia de Pedro el Ermitaño! Al predicar para la cruzada, hizo que sus oyentes gritaran en alta voz: *"Deus vult"* (¡Dios lo quiere!). También te haría revolver la sangre con la nota de guerra de mi texto. Pienso que este Dios nos bendecirá a medida que nos agita, nos mueve y nos hace correr como un poderoso ejército de guerreros, con el mismo efecto del grito: "¡Dios quiere!", del Ermitaño. Dios está con nosotros; *Él nos bendecirá*. ¿Por qué se debilitan? ¿Por qué se agotan? ¿Por qué buscan la fuerza del brazo humano? ¿Por qué temen a sus enemigos? ¿Por qué buscan la facilidad perezosa? ¿Por qué van a descasar a su cama? ¡Dios nos bendecirá! ¡Levántense, hombres, hombres de armas, arrebaten la victoria! ¡Tomen sus guadañas y recojan la cosecha! ¡Icen las velas, marineros, porque los vientos favorables están llegando! "Dios nos bendecirá". ¡Que el fuego del altar toque nuestros labios! ¿Cuál instrumento puede ser mejor para cargar la brasa llameante que las pinzas de oro del texto: "Dios nos bendecirá?"

Una palabra de advertencia, y entonces terminamos. Supongamos que el Señor "nos" bendice, en plural, y no "te" bendice, querido oyente, ¡en singular! ¿Y si hubiera lluvia de misericordia, y no cayera sobre ti? ¿Si Él concede una señal para el bien de su pueblo, y tú te quedas por fuera? Y, si ese fuera el triste caso, esto te hará quedar peor de lo que estás, pues nadie está tan seco como el vellón que permanece intacto mientras el suelo está mojado; y ninguno está tan perdido como aquellos que se pierden cuando los otros son salvos. ¡Pide a Dios que ese no sea tu caso! No es necesario que sea así. ¡Oh, bendito sea Dios, espero poder decir que no será así! "Buscad a Jehová mientras puede ser hallado, llamadle en tanto que está cercano". Él tiene perdón abundante para conceder y dará gracia a todos lo que pidan. Todo lo que Él demanda es que confíes en su Hijo y en esta fe que el Espíritu Santo da. ¡Confía en Él! Descansa en el mérito de su preciosa sangre, y no quedarás fuera cuando Él dispense sus favores, sino que cantarás alegre con todos los demás: "Dios, el Dios nuestro, nos ha bendecido. Dios nos ha bendecido".

Esperanza en los casos que no tienen solución

Sermón predicado en la mañana de domingo, 19 de julio de 1868, por el reverendo C. H. Spurgeon, en el Tabernáculo Metropolitano de Newington.

Traédmelo acá (Mt 17:17).

Nuestro verdadero texto será la narración completa, pero, como parece necesario seleccionar una frase, escogemos la que está delante de nosotros como la verdadera articulación de la historia.

El reino de nuestro Señor Jesucristo, mientras estuvo en la tierra, fue tan extenso que llegó a tocar los confines del infierno. Lo vemos en cierto momento hablando con Moisés y Elías en su gloria, como si estuvieran en la puerta del cielo, y así, en pocas horas, lo vemos confrontando a un espíritu inmundo como si estuviera desafiando el abismo infernal. Hay un largo trecho desde los patriarcas hasta los demonios, de los profetas hasta los demonios mudos; sin embargo, la misericordia lo incita y el poder lo apoya, de modo que Él es igualmente glorioso en cualquier lugar. Que glorioso Señor fue Él, ¡aun durante la humillación! ¡Qué glorioso es ahora! ¡Cuán lejos llega su bondad! Verdaderamente, Él tiene dominio de mar a mar; su imperio llega a los extremos de la condición humana. Nuestro Señor y Maestro oye con alegría el clamor de un creyente; Él, Cristo, que venció a su enemigo, en la misma hora, le da oídos al desespero de un pecador que perdió toda la confianza en sí mismo y desea ser salvo por Él. En un momento, Él está aceptando la corona que el guerrero le trae de la lucha bien disputada; en otro, está curando a los de corazón quebrantado y tratando sus heridas. Hay una diferencia notable entre la escena de la muerte del creyente triunfante cuando entra en el descanso y el primer arrepentimiento en llanto de un Saulo de Tarso, mientras busca misericordia del Salvador a quien persiguió; y el corazón y los ojos del Señor están con ambos. La transfiguración de nuestro Señor no lo descalificó para expulsar los demonios, ni hizo que se sintiera demasiado sublime y espiritual para lidiar con los males humanos, así, en ese momento las glorias del cielo no lo quitaron de las miserias de la tierra, ni lo hicieron olvidar el llanto y las lágrimas de los débiles que lo necesitan en este valle de lágrimas.

En el caso del endemoniado sordomudo que se encuentra en el texto que leímos, y al que les pido presten particular atención, es notable. Todo pecado es la evidencia de que el alma está bajo el dominio de Satanás. Todas las personas no convertidas están realmente poseídas por el diablo en cierto sentido: él establece su trono en el corazón de ellas, allí reina y gobierna los miembros de su cuerpo. "El espíritu que ahora opera en los hijos de la desobediencia" — esa es la descripción que hace Pablo del príncipe de las tinieblas. Pero esas posesiones no son iguales en todos los casos, y la expulsión de Satanás, aunque siempre hecha por el mismo Señor, no siempre es hecha de la misma manera. Muchos de nosotros bendecimos a Dios por el hecho de que, cuando vivíamos en pecado, no fuimos entregados a un delirio furioso de Satanás — había un método en nuestra locura. No pedimos mérito por eso, más bien agradecemos a Dios que no fuimos arrojados como las cosas que ruedan antes de la tormenta, sino que fuimos contenidos y mantenidos dentro de los límites. Estamos también agradecidos por el hecho de que, cuando despiertos y en alerta, nos sentimos bajo la barra de hierro de Satán, pero no fuimos llevados a esa desesperación absoluta, aquel horror de gran oscuridad, aquel tormento interior y agonía que a algunos les toca soportar; y, cuando Jesús vino a salvarnos, aunque Satanás intentara impedirlo, no había todavía la espuma del orgullo y el revolcón de la lujuria y el desgarro de la desesperación furiosa, sobre el cual leemos en casos memorables, más bien el Señor abrió nuestro corazón gentilmente con su llave de oro, entró en la cámara de nuestro espíritu y tomó posesión. La mayoría de las veces, las conquistas que Jesús realiza en el alma de su pueblo, aunque causadas por el mismo poder, se llevan a cabo más silenciosamente que en el caso que nos ocupa. Por eso, estemos agradecidos con el Dios de la gracia. Sin embargo, ocasionalmente hay esos casos extraños y fuera de lo común, personas en las que Satanás parece rebelarse y ejercer la fuerza máxima de su malicia, y en quienes el Señor Jesús muestra su grandeza y poder, cuando en amor todopoderoso Él destrona al tirano y lo expulsa para nunca más volver. Si hubiera solo una persona así aquí en esta mañana, tendré razones para cuidar de ella, pues ¿qué hombre hay entre ustedes que, teniendo cien ovejas, si una de estas se pierde, no deja a las 99 en el desierto y va por la que se perdió?, pido las oraciones de los que, en los años pasados, fueron llevados a Jesús y ahora están regocijándose con Él, para que en esta mañana podamos encontrar a los errantes lejanos y que, por la unción del Espíritu Santo, liberemos a aquellos que están presos en los grilletes de hierro, para que hoy lleguen a ser libres en el Señor. Pues, "si el Hijo os libertare, seréis verdaderamente libres".

Con la ayuda de mi Señor, ampliaremos primero el *caso desesperante*, entonces meditaremos sobre el *único recurso* y después concluiremos admirando el *buen resultado*.

I. Primero, vamos a mirar, en la medida que el tiempo nos permita, los detalles del CASO DESESPERANTE que tenemos en frente.

Entendemos que los milagros físicos de Cristo son algunas de las formas de sus obras espirituales. Las maravillas que Él obró en el mundo natural tienen sus analogías en el mundo espiritual; el exterior y lo natural son símbolos del interior y lo espiritual. Ahora el endemoniado que fue llevado por su padre para ser curado no es tan diferente a un caso grosero de pecado. Aunque, el espíritu sea llamado inmundo y Satanás esté por todas partes, es un ejemplo del gran horror, perturbación de la mente y desesperación devastadora, que el maligno causa en algunas mentes, para su tormento y peligro. Observarás con relación a esto que "la enfermedad aparecía de vez en cuando en ataques devastadores de locura en los cuales el hombre quedaba completamente fuera de su propio control". El ataque epiléptico lanzaba a la pobre víctima en todas las direcciones. Así, vemos personas melancólicas en las cuales el desánimo, la desconfianza, la incredulidad y la desesperación se agitan a veces con furia indescriptible; pero no recibirán esos invitados malvados como si fuera su víctima. Tal cual como Marcos declara: *el espíritu lo toma;* así, esos desamparados fueron capturados y llevados por el gigante Desesperación. Los espíritus los expulsaron hacia lugares secos, buscando descanso y no lo encontraron; se reusaron a ser consolados y, como hombres enfermos, detestaban todo tipo de carne; no demostraban poder para luchar contra su melancolía; fueron retirados y llevados fuera de sí mismos en un éxtasis de angustia. Tales casos no son del todo raros. Satanás, siente que su tiempo es corto y que Jesús está apresurando el rescate, lacera a su pobre esclavo con exceso de maldad, por cualquier medio pueda destruir a su víctima antes de que llegue el Libertador.

En esos momentos, el pobre paciente que estamos considerando entraba en *tan terrible angustia,* que comenzaba a tirar espuma por la boca, revolcándose en el suelo y gritando. En esos momentos de sus terribles caídas, él se hería y su delirio lo llevaba a chocarse con cualquier cosa que estuviera enfrente, provocándole nuevas heridas. Ninguno puede decir, excepto aquellos que han sentido lo mismo, cuáles son los dolores de la convicción de pecado cuando es agravada por las sugerencias del enemigo. Algunos de nosotros pasamos por esto y podemos declarar que es el infierno en la tierra. Hemos sentido el peso de la mano de un Dios airado. Sabemos lo que es leer la Biblia y no encontrar una única promesa que se adapte a nuestro caso; más bien, vemos cada una de sus páginas brillando con amenazas, como si las maldiciones resplandecieran como relámpagos. Hasta los pasajes más conocidos parecen erguirse contra nosotros como si dijeran: "No te entrometas aquí. Este descanso no es para ti; no tienes nada que ver con cosas como estas". Nosotros nos machucamos contra las doctrinas, ideas, promesas y hasta contra la propia cruz. Hemos orado, y nuestra propia oración ha aumentado nuestra angustia, incluso hemos caído contra el propiciatorio, y juzgar nuestras oraciones solo como balbuceos parece desagradable al Señor. Hemos subido con la asamblea del pueblo de Dios, y el predicador parece fruncirnos el ceño, restregar sal en nuestras heridas y agravar nuestro caso; hasta el mismo capítulo, los himnos y las oraciones parecerán estar unidos contra nosotros, y volvemos a nuestro recogimiento en casa más desanimados que antes. Espero que ninguno de ustedes esté pasando por tal estado mental, porque de todas las cosas, casi como el mismo infierno, esta es una de las más terribles; y en tal situación los hombres han clamado como Job:

> "Por tanto, no refrenaré mi boca; Hablaré en la angustia de mi espíritu, Y me quejaré con la amargura de mi alma. ¿Soy yo el mar, o un monstruo marino, Para que me pongas guarda? Cuando digo: Me consolará mi lecho, Mi cama atenuará mis quejas; Entonces me asustas con sueños, Y me aterras con visiones. Y así mi alma tuvo por mejor la estrangulación, Y quiso la muerte más que mis huesos. Abomino mi vida; no he de vivir para siempre; Déjame, pues, porque mis días son vanidad".

Gracias a Dios, los problemas de esa esclavitud suelen hacer que los ángeles canten de alegría; pero, mientras la oscura noche permanezca, es realmente el horror de las tinieblas. Pon a un mártir en el instrumento de tortura, o amárralo con una cadena de hierro en un poste y deja que las llamas se enciendan sobre él, y si su Señor le sonríe, su angustia no será nada comparada con la tortura de un espíritu chamuscado y quemado con la sensación interior de la ira de Dios. Esa persona puede juntarse a la lamentación de Jeremías y clamar:

"Me dejó en oscuridad, como los ya muertos de mucho tiempo. Me cercó por todos lados, y no puedo salir; ha hecho más pesadas mis cadenas; Aun cuando clamé y di voces, cerró los oídos a mi oración; Cercó mis caminos con piedra labrada, torció mis senderos. Fue para mí como oso que acecha, como león en escondrijos; Torció mis caminos, y me despedazó; me dejó desolado. Entesó su arco, y me puso como blanco para la saeta. Hizo entrar en mis entrañas las saetas de su aljaba. Fui escarnio a todo mi pueblo, burla de ellos todos los días; Me llenó de amarguras, me embriagó de ajenjos".

El espíritu de un hombre sustentará su enfermedad, pero un espíritu herido, ¿quién lo podrá soportar? Lamentarse por el pecado imperdonable, temer su bien merecido castigo, tener miedo por el fuego eterno son cosas que hacen que los hombres sufran con énfasis y piensen que la vida es una carga.

Aprendimos de la narración que el espíritu maligno, cuando se apoderaba completamente del hombre, *busca su destrucción* arrojándolo en diferentes direcciones. A veces lo lanzaba al fuego, a veces al agua. Lo mismo pasa con algunas almas profundamente angustiadas. Algunos días parecen estar en llamas con seriedad y celo, con impaciencia y ansiedad, pero al día siguiente se hunden en una frialdad y apatía de la cual parece que es absolutamente imposible despertarlas. Ayer estaba muy sensible, hoy completamente insensible. Son inciertas; no se sabe dónde encontrarlas. Si tú las tratas como un espíritu que está en peligro por el fuego de la petulancia, perderás tu tiempo, pues en los próximos minutos estará en el peligro del agua de la indiferencia. Van de un extremo al otro; son como las almas legendarias del purgatorio, de quienes se dice que sufren por estar una vez en el horno, y otras veces en un cubo de hielo. Por la forma en la que hablan hoy, la suposición sería que se sienten los peores pecadores, pero en poco tiempo negarán que sienten algún tipo de arrepentimiento por el pecado. Podrás imaginar, oyéndolas hablar al mismo tiempo, que nunca dejarán de orar hasta encontrar al Salvador, pero en poco te dirán que no pueden orar, y que para ellas es una burla doblar la rodilla. Cambian mucho, son inestables como el tiempo; su color cambia como el camaleón; son tomadas por idas y vueltas, convulsiones y contorciones. Es más de lo que el ser humano podría imaginar de ellas por un mes, pues varían con más frecuencia que la luna. Su enfermedad se ríe del desprecio, su problema confunde todos nuestros esfuerzos consoladores; solamente Jesucristo puede lidiar con ellas. Es bueno añadir que Él tiene un arte peculiar para tratar con enfermedades desesperadas y se complace en sanar a aquellos a los que todos los demás han dado por perdidos.

Para aumentar las dificultades de este caso desesperante, este niño era sordo, por eso nuestro Señor dice en Marcos: "Espíritu mudo y sordo, yo te mando, sal de él". No había, por lo tanto, ninguna forma de argumentar con él; ningún sonido podía pasar por aquel oído dañado. Con otras personas se puede hablar, y una palabra suave puede calmar las perturbaciones de su mente, pero ninguna palabra, aunque sea amable, podía alcanzar a este espíritu atormentado. ¿Y no existen aún aquellos con los que hablar es una pérdida de tiempo? Les puedes hablar promesas, dar coraje, explicar doctrinas, pero todo eso es nada; ellos terminan donde comienzan: como ardillas en jaulas giratorias, que nunca avanzan. ¡Ah, los giros y vueltas de las pobres mentes atormentadas! Es bastante fácil decirles que crean en Jesús, pero, si quizá entienden el mensaje, es de una manera tan sombría que necesitarás explicarlo de nuevo, y esa explicación tendrás que repetirla varias veces. Lanzarse simplemente sobre la sangre de la aspersión y despreciar la obra consumada de Jesús es la más obvia de todas las cosas; el propio abecedario de los niños no podría ser más claro, y, sin embargo, no es claro para ellos; parecerán comprenderlo, pero será solo en apariencia; parecerán convencidos y por un tiempo desistirán de sus dudas y miedos, pero los encontrarás media hora después, y notarás que estás hablando con una pared, dirigiéndote a sordos ¡Oh, qué caso desesperante! Que el Señor de misericordia los cuide, pues el desespero es la ayuda del hombre. Gloria sea a Dios, que es poderoso y puede hacer oír al sordo, y su voz puede sonar con dulces incentivos en la quietud de las mazmorras del desespero.

Más allá de esto, parece que el afligido era también *mudo,* esto es, incapaz de un discurso articulado debido a la posesión demoniaca; viendo que gritó cuando el demonio lo dejó, parecía haber sido un caso en el que todos los instrumentos del habla estaban presentes, pero la articulación no había sido aprendida. Había una especie de pronunciación incoherente; los órganos físicos estaban ahí, intactos, pero nada inteligible salía de la boca, solo gritos de dolor alucinantes. Existen muchos mudos como este; ellos no consiguen explicar su propia condición; si hablan contigo, es una conversación incoherente; se contradicen cada cinco frases — tú sabes que están hablando lo que consideran verdad, pero, si no supieras eso, podrías pensar que están hablando falsedades en medio de su confusión. La experiencia de ellos es una lista de contradicciones, y sus palabras son también más complicadas que sus experiencias. Es muy difícil hablar con ellos durante mucho tiempo. Eso destruye la paciencia de cualquier persona y, si eso destruye la paciencia del oyente, ¡cuán difícil será para el infeliz orador! Ellos oran, pero no se atreven a llamar eso oración; es más bien como el ruido de una grulla o de una golondrina. Ellos hablan con Dios lo que hay en su corazón; pero, ah, es una confusión y un misterio tal que, cuando lo hacen, se preguntan si están orando o no. Es el llanto, el amargo y angustioso grito de dolor, intraducible en palabras; es un gemido terrible, un deseo indescriptible y ansioso del Espíritu, pero ellos no entienden bien qué significa eso.

Ya estás exhausto con los detalles de este doloroso caso, pero todavía no he concluido la historia de angustia. Si alguno de ustedes nunca probó esa sensación, agradezca a Dios por eso, pero al mismo tiempo tenga pena y ore por aquellos que están pasando por ese estado del espíritu, e invoque ahora silenciosamente la esperanza del gran Médico; que Él venga y lo trate, pues la situación ya va más allá de la capacidad humana.

Aquel padre le dijo a Jesús que su hijo estaba *debilitándose* ¿Cómo podría ser de otra manera, con alguien cargado con tal conjunto de desórdenes, tan perpetuamente atormentado que el descanso natural del sueño era constantemente interrumpido? No era probable que la fuerza fuera mantenida por mucho tiempo en un sistema tan atormentado y destruído; y ve que el desespero de la mente es algo extremadamente debilitante para el alma. Yo sé que eso debilita el cuerpo, hasta que el que sufre dice como David: "Como un tiesto se secó mi vigor". Sentir la culpa del pecado, temer el castigo futuro, tener un terrible grito en sus oídos sobre la ira que vendrá, temer la muerte y esperarla en todo momento, por encima de todo no creer en Dios y proferir cosas amargas contra Él, eso es algo para hacer que los huesos se pudran y el corazón se seque. Lee *Gracia abundante*, de John Bunyan, y ve allí un retrato de un alma que fue dejada como un brezal en el desierto, de modo que no podía ver cuándo el bien se le acercaba; ves una mente lanzada de arriba abajo en diez mil olas de incredulidad, sin descanso, y perpetuamente preocupada por las suposiciones, suspensos y presentimientos. Si esos ataques continuaran ininterrumpidamente, si no hubiera pequeñas pausas entre los ataques de incredulidad, como realmente hubo, es cierto que el hombre fracasaría por completo e iría a su lejano hogar, víctima de su propia incredulidad.

Lo peor de este caso fue que *todo esto continuó durante años.* Jesús preguntó cuánto tiempo hacía que eso pasaba, y el padre del niño respondió: *desde niño.* A veces, Dios permite, por motivos que no comprendemos, que la profunda angustia de un alma tentada se prolongue durante años. No puedo decir cuántos años, pero ciertamente algunos han batallado con la incredulidad hasta los confines de la sepultura y solamente en el atardecer hay luz para ellos. Cuando pensaron que iban a morir en las tinieblas, el Espíritu Santo se les aparece, y fueron recibidos y confortados. Los puritanos acostumbraban a citar la experiencia de la señora Honeywood como un ejemplo de manera singular en la que el Señor libera a sus escogidos. Durante años y años, ella fue subyugada por la depresión y por el desespero, fue liberada por la agradable providencia de Dios de forma casi milagrosa. Ella tomó en la mano una fina taza de Venecia y la tiró al suelo, diciendo: "Ciertamente mi condenación es tan real como que esta taza será despedazada". Entonces, para su sorpresa y para la sorpresa de todos, no sé de qué manera, la copa no sufrió ni un rasguño. La circunstancia primero la iluminó como un rayo de luz y luego se arrojó a los pies del Señor Jesús. A veces, luz extraordinaria es dada a través de tinieblas extraordinarias. Dios tomó al prisionero del fondo de la cárcel, donde sus pies estaban atascados en el maletero y, después de años de esclavitud, finalmente le dio una perfecta y agradable libertad.

Una cosa más sobre este caso. *Los discípulos no lograban* expulsar al demonio. En otras ocasiones, ellos habían sido exitosos — le dijeron al maestro: *los demonios se nos someten.* Pero esa vez quedaron completamente frustrados. Habían hecho lo mejor, pero su fe no resistió la emergencia. Los escribas y fariseos se reunieron en torno a ellos y comenzaron a ridiculizarlos y, si hubiera habido poder en ese grupo de apóstoles para llevar a cabo la acción, lo hubieran hecho alegremente. Pero allí estaban ellos, derrotados y desanimados — el pobre paciente delante de ellos torturado y atormentado —, y ellos incapaces de darle el menor alivio. ¡Ah! Llega a ser un caso doloroso cuando un alma ansiosa va a la casa de Dios durante años y no encuentra consuelo; cuando el espíritu atribulado busca la ayuda de pastores, de hombres y mujeres cristianos; cuando se hacen oraciones y permanecen sin respuesta; cuando lágrimas son derramadas sin efecto alguno; cuando libros que fueron de consuelo para otros no generan ningún resultado; cuando enseñanzas que convirtieron a millares fracasan en crear una buena impresión. Y todavía existen casos en que toda la acción humana es puesta a prueba y parece imposible consolar al pobre afligido, como calmar las olas del mar o silenciar la voz del trueno. El corazón permanece en silencio, mientras el espíritu maligno exhibe toda su maldad y lleva el alma al punto más extremo de angustia, pero aún confío en que el Espíritu Santo mostrará su poder salvador y liberará el alma de su prisión para alabar el nombre del Señor.

Pensé haber oído de una persona impía un tipo de susurro para sí misma: "agradezco a Dios por no saber nada al respecto de esas cosas". Haz una pausa antes de agradecer a Dios por eso. Por malo que sea y debe ser deplorable, es mejor que tengas todo eso a permanecer insensible espiritualmente hablando. Sería mejor ir al cielo quemado, flagelado y marcado en cada paso del camino, que deslizarte suavemente hacia el infierno como muchos de ustedes están haciendo — dormidos dulcemente mientras los demonios los llevan por el camino de la perdición. Al final, es poco una temporada atormentado y afligido por perturbaciones internas si, en último análisis, por intervención de Dios, termina creyendo en alegría y paz; sin embargo, es algo terrible más allá de medida tener "paz, paz" cantada en los oídos de alguien donde no hay paz, y entonces descubrirse en un naufragio para siempre en el abismo del cual no hay escapatoria. En vez de ser agradecido, le pediría que temiera. Su postura es la calma terriblemente profética que el viajero frecuentemente siente en la cumbre de los Alpes. Esta todo tranquilo. Los pájaros suspenden sus cantos, vuelan bajo y se enconden de miedo. El zumbido de las abejas entre las flores ha callado. ¿No ven lo que ciertamente se aproxima? El trueno se está preparando; el relámpago lanzará en breve sus poderosos fuegos. La tierra se estremecerá; lo picos de granito se disolverán; toda la naturaleza temerá bajo la furia de la tempestad. Esa calma solemne es tu postura hoy, oh pecador. No te alegres porque la tempestad está viniendo, el remolino de la tribulación te barrerá y te destruirá por completo. Es mejor ser molestado por el diablo ahora que atormentado por él para siempre.

II. Vimos hasta aquí, por lo tanto, un asunto muy doloroso para ustedes; pero ahora, en segundo lugar, que el Espíritu Santo nos ayude mientras les hago recordar el ÚNICO RECURSO.

Los discípulos estaban desorientados. El Maestro, mientras tanto permanecía convencido y exclamó: "tráiganme al niño". Debemos usar los medios hasta donde valgan. Estamos obligados, además, a volver los medios más eficaces de lo que normalmente son. La oración y el ayuno son prescritos por nuestro Señor como el medio de atarnos a un poder mayor del que tendríamos de otra manera. Existen conversiones que nunca serán realizadas por la acción de cristianos comunes. Necesitamos orar más y, por la negación propia, mantener nuestro cuerpo aún más completamente sumiso, y así disfrutar de una comunión más íntima con Dios, antes de que seamos capaces de enfrentar los casos más angustiosos. La Iglesia de Dios sería más fuerte para luchar contra esta era impía si fuéramos más dados a la oración y el ayuno. Hay una poderosa eficacia en esas dos ordenanzas del evangelio. La primera nos une al cielo; la segunda nos separa de la tierra. La oración no lleva a la sala del banquete de Dios; el ayuno pone patas arriba la mesa de la superabundancia terrenal. La oración permite que nos alimentemos del pan del cielo, y el ayuno libra nuestra alma de ser sobrecargada con la plenitud del pan que perece. Cuando los cristianos se elevan a las más extremas posibilidades de vigor espiritual, serán capaces, por el Espíritu de Dios trabajando en ellos, de expulsar los demonios que hoy, sin la oración y el ayuno, se ríen de ellos con desprecio. Pero, a pesar de todo eso, para el cristiano más avanzado, aún quedan aquellas dificultades montañosas que deben ser llevadas directamente a la acción personal del Maestro para obtener ayuda. Aun así, Él nos ordena con ternura: *tráiganlos a mí.*

Para hacer práctico el texto, permítanme recordar que *Jesucristo aún está vivo.* Simple como es esta verdad, tú aun así necesitas recordarla. Nos acostumbramos a estimar el poder de la Iglesia viendo a sus pastores, sus ordenanzas y sus miembros; pero el poder de la iglesia no está ahí, está en el Espíritu Santo y en un Salvador siempre vivo. Jesucristo murió, es verdad, pero Él vive, y podemos realmente encontrarlo hoy como el padre ansioso lo buscó en los días de la permanencia terrenal de nuestro Señor. Se dice que los milagros cesaron: los milagros naturales, sí; pero no los milagros espirituales. No tenemos poder para obrar en uno ni en otro. Cristo tiene el poder de obrar cualquier tipo de maravilla, y Él aún desea y puede, en el momento presente, obrar milagros espirituales en medio de su Iglesia. Yo me deleito en pensar en mi Señor como un Cristo vivo, a quien puedo hablar y contar cada caso que ocurre en el ministerio; un Ayudante vivo a quien puedo llevar todas las dificultades que ocurren en mi alma y en el alma de otros. ¡Ah, no pienses que Él está muerto y enterrado! ¡No lo coloques entre los muertos! Jesús vive y, vivo, puede atender todos estos casos de angustia y tristeza de la misma forma que cuando estaba aquí abajo.

Recordemos también que Jesús *vive en el lugar de autoridad.* Cuando Él estaba aquí, tenía poder sobre los demonios, pero ahora tiene un poder aún mayor; porque aquí en la tierra escondió el esplendor de su divinidad, pero más allá su gloria brilla resplandeciente, y todo el infierno confiesa la majestad de su poder. No existe demonio, por más fuerte que sea, que no tema solamente hablar de Jesús, o hasta solo mirarlo. Hoy Jesús es el Maestro de corazones y conciencias; Él, por su poder secreto, puede obrar sobre cada mente; puede humillarnos o exaltarnos; puede derrumbar o levantar. No existe un caso que le sea difícil. Solo tenemos que llevarlo a Él. Él vive — y vive en el lugar de poder y puede realizar el deseo de nuestro corazón.

Más allá de eso, *Jesús vive en el lugar de observación y graciosamente aún interviene.* Sé que estamos tentados a pensar con respecto a Él como si estuviera distante, sin ver los sufrimientos de su Iglesia, pero les digo, hermanos: la honra de Cristo está tan preocupada en este momento por la derrota o la victoria de sus siervos como cuando descendió de la montaña. Desde las almenas del cielo, Jesús ve hoy la obra de sus ministros y, si los ve frustrados, es guardián del honor de su evangelio y está tan dispuesto a interferir y obtener la victoria ahora como lo fue en aquella época. Solo hemos de ver a nuestro Señor. Él no duerme como Baal lo hacía antiguamente. Él no es insensible a nuestros problemas ni indiferente a nuestros dolores. Bendito Maestro, ¡Tú eres capaz de auxiliar y fuerte para liberar! Solamente tenemos que llevar a tu presencia el problema que nos aflige, y lo enfrentarás ahora de acuerdo con tu compasión.

Debemos también recordar, para nuestra información: *Jesús espera que lo veamos vivo, poderoso y con poder para intervenir y que confiemos en Él como tal.* No sabemos lo que sentimos por la falta de fe; imaginamos que ciertas personas están en condición desesperanzadora, y de esta forma deshonramos a Cristo y las ofendemos. Dejamos algunos casos y desistimos de las personas en lugar de presentárselas constantemente a Cristo; limitamos al Espíritu Santo de Israel; entristecemos su Espíritu y enfadamos su mente santa; pero si, como los niños confían en su padre, confiáramos en Jesús sin vacilar, con una fe abrahámica, creyendo que lo que prometió también es capaz de realizarlo, entonces, deberíamos ver casos como los que fueron traídos a la luz antes de nosotros: el aceite de alegría en lugar del luto, y los vestidos de alabanza entregados al espíritu oprimido.

Ahora, insisto sinceramente que padres y familiares, y cualquiera que tenga hijos con dificultades mentales, tomen la iniciativa de llevar a sus queridos a Dios. No duden de Él — ustedes lo aborrecerían si lo hicieran; no duden en contarle en esta mañana la posición de sus queridos. Apúrense en ir a Él, colóquenlos delante de Él, y en el mismo momento cuando en oración el caso parece empeorar en vez de mejorar, en ese momento no vacilen. Están tratando con el infinito Hijo de Dios y necesitan temer; no deben dudar. Dios nos concede gracia en todas las cosas, en nuestras dificultades diarias, y especialmente en los asuntos del alma, para llevar todos los asuntos al Señor Jesús.

III. Final y rápidamente, EL BUEN RESULTADO. Cuando el niño fue llevado a la presencia de nuestro Señor, el caso parecía completamente desesperanzador. Era sordo y mudo: ¿Cómo podía el Maestro tratarlo? Echaba espuma por la boca y se revolcaba: ¿Qué espacio parecía haber para el poder divino? No es sorprendente que el padre del niño le hubiera dicho: "si puedes hacer algo, ten misericordia de nosotros, y ayúdanos". En la mayoría de los otros casos, la voz de Jesús calmaba al espíritu, pero esa voz no podía alcanzar la mente porque el oído estaba dañado. Nunca antes hubo delante del Señor un caso tan distante y desesperanzador en todos los aspectos; aun así, la curación divina era segura, porque Jesús, sin dudar ni un momento, dijo al espíritu inmundo: "Espíritu mudo y sordo, yo te mando, sal de él..." Cristo tiene poder para atacar demonios con autoridad. Ellos no se atreven a desobedecer. "Y no entres más en él", dijo el Salvador. Cuando Jesús sana, sana para siempre. Si dice "Yo perdono", el pecado está perdonado; si dice "Paz", la paz será como un río que no cesa, corriendo a mezclarse con el océano del amor eterno. En sí, el caso no tenía esperanza de remedio, pero fue segura cuando Jesús levantó su mano sanadora. Tú, que estás deprimido y desanimado, no hay nada que puedas hacer o que pueda ser hecho por otros; pero no existe nada que Él no pueda hacer. Solo ve tú mismo hacia Él esta mañana, y Él, con una palabra, te dará paz, una paz que nunca más será interrumpida, sino que perdurará hasta que entres en el descanso eterno.

No obstante, aunque la palabra de Cristo con seguridad había vencido, recibió fuerte oposición. El diablo quedó indignado, pues sabía que su tiempo se acababa. Comenzó a romper y a lacerar y exhibió toda su fuerza demoníaca sobre el pobre niño, y la criatura, echando espuma y retorciéndose, cayó como si estuviera muerta bajo una terrible conmoción. Todas las veces que ocurre esto, al comienzo la voz de Cristo hará que el espíritu esté más perturbado que antes, no porque Jesús nos incomode, sino porque Satanás se rebela contra Él. Una pobre criatura tentada puede tumbarse desesperada como si estuviera muerta, y los que están presentes pueden gritar: "está muerto", pero entonces ahí mismo vendrá la mano sanadora de ternura y amor, a cuyo toque sobrevivirá el espíritu.

¡Oh, alma! Si te consideraras muerta, si tu última esperanza expirara, si ahora no pareciera nada más que una búsqueda temerosa de juicio y de ardiente indignación, entonces es cuando Jesús intervendrá. Aprende la lección de que no tú no puedes haber ido muy lejos de Cristo. Cree que tus límites extremos son extremos solo para ti, no para Él. Ni el mayor pecado, ni la más profunda desesperación, juntos, pueden desorientar el poder de Jesús. Si estuvieras en la misma boca del infierno, Cristo podría arrebatarte de allí. Si tus pecados te hubieran llevado hasta las puertas del infierno, de tal forma que las llamas brillaran en tu rostro, y entonces miraras hacia Jesús, Él podría salvarte. Si fueras llevado hasta Él en las puertas de la muerte, aun así, la misericordia eterna te recibirá.

¿Cómo puede Satanás tener la insolencia de hacer que los hombres se desesperen? Ciertamente es parte de su impertinencia actuar así. ¡Desesperación! ¿Cuándo tienes un Dios omnipotente para lidiar contigo? ¡Desesperación! ¿Cuándo Dios se deleita en misericordia? ¡Desesperación! ¿Cuándo será hecha la invitación "Venid a mí todos los que estáis trabajados y cargados, y yo os haré descansar"? ¡Desesperación! Mientras las puertas de la misericordia permanezcan abiertas, mientras los heraldos de la misericordia te saluden, aunque tus pecados sean escarlatas, se volverán como la lana; aunque sean como el carmesí, quedarán blancos como la nieve. Repito: es la insolencia infernal que se atreve a sugerir la idea de la desesperación al pecador. ¿Cristo es incapaz de salvar? Eso nunca pasará. ¿Cristo, superado por Satanás y el pecado? Imposible. ¿Un pecador con enfermedades demasiado grandes para que el Gran Médico las pueda curar? Afirmo que, si todas las dolencias de los hombres fueran amontonadas y juntadas en ti, y blasfemia, asesinato, fornicación y adulterio, y todo pecado posible e imaginable fueran cometidos, aun así, la preciosa sangre de Jesucristo, el amado Hijo de Dios, te purificaría de todo pecado. Si confías en mi Maestro, Él es digno de confianza y la merece. Si confías en Él, te salvará ahora mismo. ¡Ah! ¿Por qué demorar, por qué levantar cuestionamientos, por qué debatir, por qué deliberar, desconfiar y sospechar? Cae en sus brazos — Jesús no te rechazará, pues Él mismo dice: "al que a mí viene, no le echo fuera". Sin embargo, oh pobre infeliz, yo me desespero intentando convertirte, a menos que el Maestro lo haga. Es mi deber decirte esto, pero sé que no escucharás, por el contrario, lo rechazarás, a menos que Cristo venga con poder por su Espíritu. Oh, que Él venga hoy y diga al espíritu maligno dentro de ti: *"Espíritu mudo y sordo, yo te mando, sal de él, y no entres más en él.* Que esa persona sea libre, porque la redimí con mi preciosa sangre". Oren, queridos, por más débiles que hayan sido esta mañana mis palabras, por más inconexos que hayan sido mis pensamientos, que Dios, el bendito Espíritu, los bendiga; que las puertas de bronce puedan abrirse y que los cautivos sean traídos a libertad. El Señor así mismo los bendiga en su nombre. Amén.

El perfume del corazón

```
Sermón predicado en la mañana de domingo,
6 de septiembre de 1868, por el reverendo
C. H. Spurgeon, en el Tabernáculo Metropolitano
de Newington.
```

> *Y la esperanza no avergüenza; porque el amor de Dios ha sido derramado en nuestros corazones por el Espíritu Santo que nos fue dado* (Rom 5.5).

El apóstol pone frente a nosotros una escalera como la que vio Jacob: con la base en la tierra, pero cuya cúspide llegaba al cielo. La tribulación es la base, pero nosotros la escalamos al ver que produce perseverancia; y la subimos nuevamente, porque la perseverancia produce experiencia; y la subimos una vez más, porque la experiencia sustenta la esperanza; y la esperanza que no decepciona sube hasta el corazón de Dios, y el amor de Dios es derramado en nuestro corazón por el Espíritu Santo que nos fue dado. Puedo comparar este versículo con los cánticos graduales, cantados cuando el pueblo iba al templo: al parar en cada etapa de la peregrinación, cantaban un nuevo salmo, y entonces David dice: "Van siempre aumentando la fuerza; cada uno comparece delante de Dios en Sion". El peregrino sale del valle sombrío y desolado de la tribulación, viaja con perseverancia y eleva su salmo a la sombra de la roca; remueve su tienda y viaja hacia la experiencia — debajo de las fuentes y palmeras, se refresca; luego marcha nuevamente de la experiencia hacia la esperanza, y nunca para hasta que el amor de Dios sea derramado en su corazón, y llega a la Nueva Jerusalén, donde adora al Dios bendito eternamente y bebe sorbos completos de su amor eterno.

En este texto me parece que nuestro gran Melquisedec, el Señor Jesús, viene para revigorizar a su pueblo guerrero y peregrinante con pan y vino. ¿Has leído sobre tribulaciones? Son las batallas de los fieles, y las vencen de la misma forma como Abraham venció a los reyes y los hizo como rastrojo frente a su arco. Los guerreros del Señor están con frecuencia débiles y cansados, pero el amor de Dios es graciosa y ampliamente derramado en sus corazones; y ese es el pan y el vino sagrado que permanece en el pueblo del Señor en su tiempo de hambre, y que se vuelve un dulce pedazo para reanimarlos por el camino y para mantenerlos en buenas condiciones hasta que coman el pan celestial y beban el vino nuevo y espumoso a la mesa del banquete del matrimonio, donde se sentarán para siempre con el glorioso Novio.

Esta mañana, si pudiéramos ser ayudados por el Espíritu Santo, primero hablaremos un poco sobre *el amor de Dios*; después, sobre *el amor de Dios derramado en el corazón por el Espíritu Santo*; y después sobre la *confirmación que eso da a nuestra esperanza*, toda vez que el apóstol nos dice que nuestra esperanza no decepciona. Por ese motivo, el amor de Dios nos alegra y sustenta, siendo derramado en nuestro corazón por el Espíritu Santo.

I. En primer lugar, entonces, un poco sobre EL AMOR DE DIOS. Un tema de amplitud y profundidad como el vasto Atlántico, donde mi pequeño barco se pierde, como un mero punto en la extensión infinita. ¿Cómo puedo expresar plenamente verdades tan vastas que los mayores teólogos se pueden perder y los más elocuentes de los oradores puede fallar? El amor de Dios — ¿cómo debo hablar de ello? Debo simplemente arañar la superficie, pues sumergirme en sus profundidades sería imposible para mí.

Pensemos por un minuto, en primer lugar, en lo que es *el amor de Dios*. Puedo comprender la compasión de Dios para con el que sufre, debido a la bondad de su naturaleza. Puedo entender la bondad de Dios para con el necesitado, debido a la liberalidad de su carácter.

Es fácil comprender que Él tenga compasión de los ignorantes y desviados del camino; que Él mire constantemente y con ternura a los que están maltratados y prontos a perecer; pero no es eso lo que dice el texto. No es compasión, ni afecto, ni piedad, sino amor, algo más grande que todo eso. Tenemos pena del mendigo a quien no podríamos amar; tenemos compasión del villano con quien no podríamos tener complacencia; miramos con ternura a los sufrientes que no tienen nada en su carácter para atraer nuestro afecto. Las personas normalmente piensan que han ido suficientemente lejos cuando hicieron algún tipo de benevolencia; aun si su corazón arde sin afecto, por defecto, consideran eso como una ofrenda de amor al prójimo; cuando permiten que su compasión y ternura sean exhibidas, piensan que hicieron todo lo que se les pide. Pero el texto no habla sobre eso, sino sobre amor, apego y cariño, y sobre el amor de Dios. Les pido, mis hermanos, mientras están sentados aquí, que eleven su alma, presten la máxima atención y se esfuercen para comprender la idea del amor divino. Si ustedes están en Cristo Jesús, hoy, Dios los ama; pero ¿a qué compararé el amor que fluye del corazón de Jehová? Intentamos adivinar lo que puede ser el amor de Dios para con nosotros comparándolo con el amor que sentimos por nuestros propios hijos, nuestro cónyuge, nuestros amigos. Sin embargo, es en un grado más alto y en un sentido más sublime, un tipo más elevado, que Dios ama al pueblo de su elección.

Considera tu propia persona y sorpréndete con el hecho de que el amor de Dios pueda alcanzar a alguien como tú. El Señor te ama. Él tiene complacencia y placer en ti. Tú le das placer; Él busca tu bien; tú eres de su familia. Tu nombre está escrito en su corazón. Él te ama; ¿puedes captar la idea? Si lo logras, no hay alabanza que pueda expresar tu gratitud. El silencio solemne tal vez sea el único vehículo adecuado para la adoración de tu alma. ¡Agita este pensamiento repetidas veces en tu alma! ¡Aquel que hizo los cielos y la tierra me ama! Aquel cuyos ángeles vuelan como relámpago para obedecer sus órdenes, Aquel cuyo ruido de sus pasos sacude el cielo y la tierra, cuya sonrisa es el cielo y cuyo azote es el infierno, ¡Él me ama! Infinito, omnipotente, omnisciente, eterno, una mente inconcebible, un espíritu que no puede ser comprendido; pero Él, Él mismo, puso su amor sobre los hijos de los hombres y sobre mí. ¡Que cada creyente diga en su corazón: "Sobre mí ese amor reposa"! ¡Oh, esto es sorprendente, esto es maravilloso! ¿A cuál de los ángeles dijo: "Mi hijo eres tú"? ¿A cuál de los espíritus glorificados dijo: "Con amor eterno te he amado; por tanto, te prolongué mi misericordia"? ¿Dónde has leído que Él vertió su sangre por un ángel o derramó su corazón por un serafín o un querubín?

"Los ángeles nunca probarán
La gracia redentora y el amor sacrificial."

El más precioso amor de Dios fue reservado para los gusanos, fue guardado para las criaturas, fue reservado para nosotros, pobres efímeros que somos, y que no merecemos ser favorecidos por encima de cualquier otra criatura viviente. Las lenguas no lograrán expresar estas maravillas, pero las mentes espirituales con ayuda de lo alto pueden sentir en solemne quietud este misterio.

Si tú quieres esta mañana este amor derramado en tu corazón, debo pedirte que consideres cuidadosamente *quien* es el que nos ama, a saber, el Dios Altísimo. Ser amado, ya lo dije, es una idea sublime, pero ser amado *por Él* es algo que cambia el pensamiento de la misma forma que el cielo está por encima de la tierra. Un cortesano tiende a pensar que basta con tener el favor de su príncipe. ¿Qué significa ese favor? Significa riquezas, placer, honra. Todo lo que el cortesano quiere está involucrado en la sonrisa real. ¿Qué significa para ti, cristiano, el amor del Rey de los reyes? Si observas correctamente, no solo todo lo que quieres ahora, sino todo lo que jamás podrás necesitar, todo lo que los vuelos de la fantasía o las concepciones del entendimiento puedan traer delante de ti están contenidos en ese hecho, que el Señor te ama. Porque cuando Jehová ama, Él trae su poder para ayudar su amor, y trae su infinita sabiduría para inventar maneras de encantar a los objetos de su elección, y todos los otros atributos de su naturaleza trascendente cooperan con el amor por el bien de los escogidos. Tú tienes todas las cosas si tienes el amor del Padre, hijo de Dios.

Ciertamente no tienes ambición. Aquí todas tus aspiraciones pueden ser satisfechas — ser amado por Dios es más que suficiente para la mayor aspiración. El sofá imperial de César es duro en comparación al seno de Dios. El cetro de César es algo incómodo si se compara con el anillo de amor que está en nuestro dedo. Désenos tan solo el amor del Padre — ¿y quién va a querer las Indias? Sí, que sean dados mundos a quien Dios agrade, mientras los hombres dan cáscaras a los cerdos; si tenemos su amor, eso nos basta; nuestra alma está completamente llena y rebosante de satisfacción. Considera *quien* es el que te ama, y ciertamente tu corazón saltará al sonido de su nombre, y así sentirás que es incomparable ser amado por Jehová, el único Dios vivo.

Piensa una vez más que Él *te* ama. Buena parte del valor del afecto depende de su origen. Puede ser algo muy pequeño tener la complacencia de algunos de nuestros semejantes, cuyo juicio es tan distorsionado que su elogio casi puede ser considerado censura. Tener el amor del bueno, del santo y del excelente, es verdadera riqueza; y, así, ¡disfrutar el amor de Dios es algo totalmente inestimable! Ninguna mención puede ser hecha a los corales y, en cuanto a los rubíes, no serán mencionados en comparación al amor de Dios. Dios, el santo Dios trino, que no puede amar lo que es profano y contaminado, no puede ser complaciente en lo que contraría su ser — todavía nos ve a través de su Hijo y, viéndonos en Cristo Jesús, no ve pecado en Jacob, ni iniquidad en Israel, pudiendo, así, amarnos con complacencia y placer. ¡Ah, cómo nos enaltece eso! No somos nada en nosotros mismos; pero cómo esto nos hace sentir la gentileza del Señor en hacer esas cosas básicas tan grandiosas, simplemente amándolas. ¿No ves cómo el Señor graciosamente puede cambiar a alguien para ser amado, y entonces puede derramar en su corazón tal abundancia de amor que allí debe haber sido algo desconocido antes que la gracia lo haya cambiado y renovado? ¡Ser amado de Dios! ¡Oh, señores, algunos pensarán que es gran cosa ser aplaudido por el pueblo; pero, observa la respiración de la multitud — cuán rápidamente se pasa desapercibido! A los hombres sobre quienes más se derrochó, pronto les será quitado. ¿Qué encuentras en la aprobación de los hombres más sabios y renombrados? ¿Qué es su sabiduría sino locura a la vista de Dios? ¿Y qué es su aprobación frecuentemente, sino un error? ¡Pero ser aprobado por Él, frente a quien los cielos no son puros, y que acusa a sus ángeles de locura! Amados, eso es algo que puede hacer que te pierdas en una meditación feliz, hasta que te encuentres en el cielo.

Para llevar nuestra mente aún más a ese amor de Dios, *déjenme recordar las características notables de ese amor*. El amor de Dios para con su pueblo es un cariño nacido en el cielo; no surgió de ninguna fuente, sino de Él mismo. Dios ama a su pueblo porque los ama, y por ninguna otra razón conocida por nosotros. El amor divino no es causado por ninguna grandiosidad en la criatura, no es creado ni previsto; sus fuentes están dentro de Él mismo. No creemos en la eternidad y en la auto existencia de la materia, pero creemos en la eternidad y la auto existencia del amor divino. La Divinidad no busca razón para amar a los hombres caídos más allá de su propia determinación y propósito. El Señor escogió a su pueblo al comienzo, en el ejercicio de su voluntad soberana. Él entonces los amó porque tiene compasión de quien quiere tener compasión. Él los unió a Cristo y, viéndolos como esposa de Cristo, observándolos como miembros del cuerpo de Jesús, los amó con divina complacencia; el amor no nació de ellos, sino de aquello que está dentro de Él y de su propio Hijo querido; un amor sin causa, con respecto a las causas externas, teniendo como causa solo el hecho de que Dios, en su naturaleza y esencia, es amor.

Como este amor no fue creado, es *auto sustentable*. Es como la propia Divinidad. No pide prestado nada del exterior, carga su vida y fuerza dentro de sus propias entrañas. El Señor no te ama hoy, cristiano, por cualquier cosa que hagas, seas, digas o pienses; te ama porque su gran corazón está lleno de amor que fluye hacia ti. Me regocijo al pensar que ese amor no se encuentra en ningún trono precario o temporal que se pueda extinguir. Vive y vivirá mientras Dios viva. Nadie nos separará del amor de Dios que es en Cristo Jesús, nuestro Señor, y, mientras Dios exista, este fuego de amor, alimentado por su propio combustible, no establecido por ninguna mano humana, continuará ardiendo en dirección a la simiente escogida.

Este amor también — es dulce recordar — es totalmente ilimitado y completamente inigualable. No se puede decir que el amor de Dios que avanzó, pero que no irá más lejos. Es imposible concebir un punto más allá de su mar glorioso; pero, si existiera ese punto, todavía lo alcanzaría, porque el amor de Dios se gloría de no tener ningún límite para con su pueblo. Él siempre nos ama mucho más de lo que amamos a nuestros hijos, porque casi siempre nosotros los amamos tan mal que los llevamos al mal, y toleramos su pecado. Él nos ama más de lo que nos amamos a nosotros mismos, pues el amor propio es lo que nos arruina; pero el amor de Dios nos salva y nos eleva al cielo y a la perfección. No existe amor que pueda ser comparado al amor de Dios, de la misma forma que el brillo débil de una vela no puede ser comparado al brillo del sol al medio día. Él ama a su pueblo tanto que les da todo lo que tienen. Les consagró la tierra, con todos sus bienes, para que todas las cosas obren conjuntamente para su bien. Les da su propio cielo y, ya que así lo quiere, ellos se sentarán en el trono de Cristo para reinar con Él. En cuanto a su propio Hijo, su mayor y más preciso tesoro, al cual el cielo y la tierra no podían igualarse, Dios "no escatimó ni a su propio Hijo, sino que lo entregó por todos nosotros, ¿cómo no nos dará también con él todas las cosas?" El amor divino no tiene playa. Marinero emprendedor, tu pensamiento puede desplegar su vela y tomar el viento favorable del Espíritu eterno, pero, si vuelas, y siempre, para siempre, sobre olas incesantes de nuevos descubrimientos, aún así nunca encontrarás un límite al Dios infinito, o a su amor infinito, pues los dos son uno. Como el Padre amó a Cristo, así también amó a su pueblo, y aquí ellos se regocijan, pues descansan. ¡Es un amor sin paralelo! Bendito sea Dios por eso.

Entonces, amados, reflexionemos también, pues este amor es *invariable y vigilante*. Él nunca nos ama menos, y no puede amarnos más. Dios ama tanto a cada uno de su pueblo como si hubiera solo un ser creado en todo el cielo y en toda la tierra, y como si no hubiera ningún otro objeto sobre el cual pudiera colocar su amor. Pues la multiplicidad de los santos no disminuye el amor infinito que cada uno de ellos disfruta. El Señor no amaría mejor al único redimido, si solo uno hubiera sido comprado con sangre, de lo que ama a cada uno de los redimidos de la caída. No puede haber mayor exceso de amor; Dios ama a su pueblo con todo su corazón; no puede existir disminución de amor, pues dice que no hay cambio ni sombra de variación en el Padre de las luces. Él no cambia, por ese motivo los hijos de Jacob no son consumidos.

Hermanos, cuán dulce es pensar que, aunque el amor de una madre por un niño no pueda, cuando su cansancio la desgasta, mantenerla despierta todas las noches cuando el niño está enfermo — y tal vez el pequeño pueda sufrir mientras la madre está durmiendo —, eso nunca puede suceder con nuestro Dios. Ningún cansancio, agotamiento o desmayo pueden parar la supervisión amorosa de los santos por el Señor. Nunca, ni por un momento, Él olvida a su Iglesia. Su corazón siempre late fuerte por sus escogidos y en todos los momentos se muestra fuerte en la defensa de los que confían en Él. si hubiera un minuto en el que Dios te dejara, hijo de Dios, tú podrías realmente llegar a ser miserable; pero, como no existe ese momento, alégrate especialmente en la presencia diaria de tu Padre celestial y esfuérzate para andar dignamente delante de Él. Que cada día seas un santo, brillando con la luz de este amor constante. Viste tus trajes como si fuera servicio sacerdotal; ve a tu casa como a un templo; ven aquí a la reunión de los santos de Dios como si fuera una gran congregación de sacerdotes que se reúnen en las fiestas del Altísimo para ofrecer sacrificios al Dios siempre presente. Bien, tú, en cuyos ojos ese amor brilló y en cuyo corazón el calor divino de ese amor está perpetuamente fluyendo, vive de una manera más noble que el rebaño común de los hombres.

Finalmente, sobre el amor de Dios, creemos triunfalmente que es *inmortal e infalible*: Dios nunca dejará de amar a los objetos de su elección. Ellos se pondrán canosos con la edad, pero su amor no envejecerá. Ellos vivirán cuando esta pobre tierra se derrita y los elementos se disuelvan, pero su amor permanecerá con ellos; no perecerá en la conflagración, ni el pacto de su gracia será consumido. Ellos vivirán cuando el universo haya vuelto a su nada original, si así el Señor ordenara, pero en las eternidades venideras ese amor de

Dios será siempre nuevo. Para mí, esta me parece que es la parte más dulce del evangelio, o sea, el hecho de que el amor de Dios fue una vez derramado en el alma de alguien y realmente disfrutado por esa persona, y, además, el Espíritu Santo testifica que es objeto del divino afecto, y no hay temor que no pueda ser expulsado en la presencia divina, o llegar a ser un proscrito o apóstata. Porque a quien Jesús ama, lo ama hasta el fin. Él cuida los pies de sus santos; ninguno de los que confían en Él quedará desolado. Él da vida eterna a sus ovejas, y estas nunca perecerán; nadie las arrebatará de su mano. "Porque yo vivo, vosotros también viviréis", dijo Él. ¡Oh, verdad preciosa, la propia médula y magnitud de la Palabra de Dios! Que tú tengas la gracia de sentirla y creerla, para alegrarte en esa gracia y entenderla, de esta manera el amor de Dios será derramado en tu corazón por el Espíritu Santo que Él te ha dado.

II. EL AMOR DE DIOS ES DERRAMADO. ¿Intentaremos ilustrar estas palabras con cosas comunes? Imaginemos un vaso de alabastro con un ungüento muy precioso, conteniendo el incienso costoso del amor de Dios. Pero no sabemos nada sobre ello; está cerrado, es un misterio, un secreto. El Espíritu Santo abre el vaso, y ahora la fragancia llena el aposento donde diez mil veces diez elegidos están sentados, y ahora el amor es derramado; todo sentido espiritual lo percibe, cielo y tierra son perfumados con este. Frecuentemente, en los grandes juegos romanos, los emperadores, para agradar a los ciudadanos de Roma, hacían llover sobre ellos perfumes a través del toldo que cubría el anfiteatro. ¡Vemos los vasos, los enormes vasos de perfume! Sí, pero ahora no hay nada para encantarte mientras los vasos estén cerrados. Sin embargo, deja que los vasos sean abiertos, el contenido derramado y las gotas de la lluvia perfumada comiencen a bajar, y cada ser presente será revigorizado y gratificado. Así es el amor de Dios. Hay riqueza y plenitud allí, pero no es sentido hasta que el Espíritu de Dios lo derrame como una lluvia de perfumes sobre la cabeza y el corazón de todos los hijos de Dios. ¡Vemos, entonces, la necesidad de tener el amor de Dios derramado en el corazón por el Espíritu Santo! Observa que nadie, a no ser el Espíritu Santo, puede derramar el amor de Dios en tu corazón. Él es quien primero lo pone. Los hombres viven en negligencia de este amor hasta que Él primero los impresione con el sentido de su valor; y ellos continúan buscándolo en vano hasta que Él abra la puerta y los introduzca en el aposento secreto de su misterio.

El Espíritu Santo es quien nos educa en el arte del amor divino. Ni una sola letra puede ser leída en el libro del amor de Dios hasta que seamos enseñados por el Espíritu Santo. Él es el gran Maestro de la casa, el gran Mayordomo que produce las preciosas cosas de Dios para nuestra alma. Nadie puede decir que Jesús es el Cristo a no ser por el Espíritu Santo; y mucho menos alguien puede tener certeza de que es objeto del eterno amor a no ser que el Espíritu se lo revele, haciendo esta verdad agradable clara en su mente.

Tú preguntas: "¿De qué forma el amor de Dios es derramado?" Yo respondo: "Según mi conocimiento y experiencia, la operación graciosa es un tanto sabia". El Espíritu Santo permite que el hombre esté seguro de que es objeto del amor divino en primer lugar. El hombre se acerca a la cruz como un pecador culpable, ve las cinco heridas, aquellas preciosas fuentes de gracia perdonadora, se confía en las manos del Salvador vivo y entonces exclama: "Estoy salvo, pues tengo la promesa Dios en este sentido. Ahora, una vez que soy salvo, debo haber sido objeto del amor del Señor; debe haber existido un amor maravilloso que hizo que aquel bendito Hijo de Dios diera su sangre por mí". El hombre no duda, está seguro de esto, y entonces el Espíritu de Dios, cuyas operaciones están mucho más allá de nuestro conocimiento, confirma el testimonio de su consciencia. No necesitamos intentar comprender la obra del Espíritu Santo, pues, ya que ni siquiera sabemos cómo sopla el viento, mucho menos sabremos cómo el Consolador actúa; pero esto sí sabemos: Él añade un testimonio confirmador a nuestro espíritu de que nacimos de Dios y, por tanto, llegamos a estar, infaliblemente y más allá de toda posibilidad de error, seguros de que el amor de Dios es nuestro y que tenemos parte e interés en este.

Entonces, lo próximo que hace el Espíritu de Dios es llevar al hombre a comprender claramente qué tipo de amor es el amor que Dios le da. Lo conduce no de una sola vez, sino de a poco, a toda la verdad. Toma las cosas de Cristo y las revela al corazón del creyente hasta que comprenda que el amor de Dios es el amor que vengo describiendo hasta ahora. Tal persona siente claramente el amor de Jehová en su anchura, largura y altura, y se admira con todas las maravillas que produce. Esta iluminación admirable es parte del derramamiento del amor de Dios. Un hombre debe saber antes de poder disfrutar y, en la proporción en que los ojos de su entendimiento son abiertos, puede entrar en la agradable experiencia del amor secreto de Jesús.

Y entonces llegamos a la esencia del asunto: el Espíritu Santo capacita al alma para meditar sobre este amor, expulsa los cuidados del mundo, la eleva por encima de las dudas, miedos y tentaciones, crea un silencio bendito, un sábado divino dentro del corazón, y entonces el hombre, mientras medita, descubre que un fuego comienza a quemar dentro de su mente. Meditando todavía más, es como si tuviera sus pies erguidos, levantados sobre las cosas de la tierra. Aun meditando, considerando y ponderando, él se maravilla, se espanta y después se llena de fuertes emociones. Está devotamente agradecido. "Bendito sea el Señor", dice, "que recordó mi estado pecaminoso, y amó a alguien tan indigno". Irrumpe en un cántico como el de la virgen: "Engrandece mi alma al Señor; Y mi espíritu se regocija en Dios mi Salvador". Entonces, mientras la gratitud todavía está en su alma, surge una divina resignación a toda la voluntad del Maestro. Jehová me ama, entonces ¿qué importa que todo hueso duela, que el corazón palpite y que la cabeza esté pesada? ¿Qué importa, a pesar de que la pared de la cabaña esté vacía y la mesa esté escasamente desprovista? Que mi Padre haga como quiera. A continuación, ocurre un salto arrebatador en esa calma devota, una alegría indescriptible, cercana al cielo, que llena el corazón; y esa alegría a veces asume el carácter de éxtasis, al punto que, si el hombre está dentro o fuera del cuerpo, no lo sabe, solo Dios lo sabe. Entonces, si está solo, tal vez el tiempo vuela y parezca anticipar la eternidad, olvidando el pasar de las horas; y, si está acompañado, sus labios enseñan a muchos, sus palabras son más brillantes que perlas y sus frases se revelan como filas de coral. El amor del Maestro hace que tenga un brillo en el semblante y una gloria transfiguradora en el carácter como otros que probaron el mismo gusto, pero que para el mundano parecen ser efecto de locura o embriaguez con vino nuevo, como sucedió en la famosa mañana pentecostal. Sí, hermanos y hermanas, si ustedes saben qué es tener el amor de Dios derramado en sus corazones por el Espíritu Santo, tal vez se sorprenderán de que yo no pueda retratarlo mejor, pero me gustaría que algunos de ustedes lo intentaran. Ustedes verán que es mucho más fácil disfrutar de ese amor que describirlo, pues eso me parece una de aquellas cosas en su altura y profundidad que es casi ilegal que un hombre la pronuncie. Ese pensamiento maestro del amor de Jehová al llevarnos como en las alas del águila, nos lleva más allá del humo, el ruido y la suciedad de este mundo pobre, nos coloca en los lugares celestiales a la diestra de Cristo, nos entroniza, nos pone una corona sobre la cabeza y nos ennoblece, nos envuelve con el lino blanco que debemos usar para siempre; hace de nosotros, aunque pobres, como ángeles en medio de los hijos de los hombres. El Señor nos da esta influencia que eleva nuestra alma más y más. Que esta experiencia trascendente sea nuestra alegría constante y diaria, así estaremos madurando para el cielo, y no demorará hasta que las puertas de perla se abran para admitirnos en la presencia de Dios, para la cual esa experiencia es la más adecuada preparación.

III. Finalmente, esta dulzura inexpresable de la que hablamos se hace LA CONFIRMACIÓN DE NUESTRA ESPERANZA. La esperanza reposa principalmente en aquello que no se ve; se edifica sobre la promesa de Dios, a quien los ojos no ven. Aun así, nos es extremadamente dulce, mientras estemos en este cuerpo, si recibimos alguna evidencia y señal del amor divino que podemos disfrutar positivamente también ahora. Debes recordar al maestro Bunyan en *El Peregrino*, cómo escribió el diálogo que ocurrió cuando Peregrino fue recibido por Ateo. Ateo chasquea lo dedos y grita, burlándose y riendo: "Ustedes, tontos, están buscando una Nueva Jerusalén; no existe ese lugar. Yo he buscado esta ciudad estos veinte años, pero no la encuentro más de lo que encontré el día que partí. Yo les digo que no existe mundo más allá del río, no hay arpas de oro ni brillo — ustedes están equivocados". "Pero", respondió Esperanza, "¿cómo dices eso? ¿Acaso no vimos las puertas de la ciudad desde la Montaña de las Delicias?" Él podía haber añadido: "Recuerdo cuando estaba con los pastores en la cima del Monte Claro y vi la ciudad; miré a través de los binóculos y la vi, por eso no me dejé engañar, sino que seguí después de eso lo que mis ojos contemplaron". Vemos, entonces, como los presentes placeres del amor divino en el alma se convierten para nosotros en argumentos de la realidad de las cosas que estamos esperando, y nuestra esperanza no se avergüenza. Porque Dios nos da, aun aquí, esas emociones de placer espiritual, es que anticipamos alcanzar el descanso prometido. ¿Por qué, Dios bendito, existen algunos de nosotros que no quieren la analogía de Butler, o las evidencias de Paley, para apoyar nuestra fe? Nosotros tenemos nuestra propia analogía y nuestras propias evidencias en nuestra alma, escritas por el Espíritu Santo el día en que probamos que el Señor es lleno de gracia. ¡No, Jesucristo! ¿Con quién, entonces, conversamos todos estos años, y en quién nos apoyamos? ¡Ningún Espíritu Santo! ¿Qué agencia misteriosa es entonces la que retira los acordes de nuestra alma y extrae música sobrehumana de estos, haciéndonos deleitar con temas sublimes y celestiales que antes nos eran extraños? ¿Qué poder es ese que nos echa en tierra en reverencia solemne ante el Gran Invisible, y después nos lleva a salir de nosotros mismos hasta el séptimo cielo? ¡Dios Padre! ¡No cuentes a tus hijos una mentira tan descarada! Hace mucho tiempo me contaron que cierto profesor infiel dio la oportunidad de que personas le respondieran después de la conferencia, y él esperaba que algunos jóvenes se levantaran para presentar los argumentos generales sobre el cristianismo, pues estaba preparado para rebatirlos y reírse de ellos. Pero una señora anciana, que cargaba una cesta y usaba un gorro antiguo, completamente vestida a la moda antigua, lo cual señalaba su edad y pobreza, subió a la plataforma. Colocando en el piso su cesta y su paraguas, dijo: "Pagué tres centavos para oír algo mejor que Jesucristo, y no lo oí. Ahora déjeme decir lo que la religión hizo por mí, y entonces dígame algo mejor, o usted me engañó con los tres centavos que pagué para entrar". Ella continuó: "Soy viuda hace cuarenta años y tuve diez hijos; confié en el Señor Jesucristo en el fondo de mi pobreza, y Él se presentó y me confortó, me ayudó a criar a mis hijos para que llegaran a ser adultos y respetables. Fui muchas veces duramente oprimida, pero mis oraciones fueron oídas por mi Padre en el cielo y siempre fui salva. ¡Ahora usted me dirá algo mejor que eso, algo mejor para una pobre mujer como yo! Recurrí al Señor cuando estaba muy deprimida y apenas tenía algo para comer, y siempre encontré su providencia buena y generosa para conmigo. E hizo lo mismo cuando estuve muy enferma y mi corazón parecía listo para estallar, cuando mis hijitos quedaron sin padre y yo no tenía nada para mantenerme en pie a no ser el pensamiento de Jesús y su amor fiel a mi pobre alma. Y usted me dice que todo fue un error. Ahora, dígame algo mejor, o entonces explique ¿por qué usted nos engaña por esas tres monedas? Díganos algo mejor". Bueno, pobre alma, el conferencista era apto para discutir, pero aquel modo de controversia era novedad y no prontamente refutable, y así él renunció al debate y simplemente alegó que la pobre mujer era de hecho muy feliz en su engaño y él no quería decepcionarla. "No", ella dijo, "no es así. Hechos son hechos. Jesucristo ha sido todo esto para mí y no puedo sentarme en el auditorio y oírlo hablar contra Él sin preguntar si usted podría decirme algo mejor de lo que me sucedió. Yo lo probé y comprobé, y eso es más de lo que usted tiene". ¡Ah, eso es! Es probar y comprobar de Dios; es obtener el amor realmente derramado en el corazón por el Espíritu Santo, que nos proporciona un argumento que no puede ser contestado. La experiencia es el cofre de hierro contra el cual la víbora quiebra sus dientes, y no puede prevalecer. Dios nos da aun aquí un bocado de alegría sobrenatural del cielo, en la forma de paz, calma, felicidad, exultación, deleite. Esto puede parecer una conversación fanática para algunos y un mero sueño para otros; pero, señores, nosotros somos tan honestos como ustedes y reivindicamos crédito cuando afirmamos que disfrutamos de estas cosas, tanto como ustedes reivindican nuestra credibilidad al hacer una afirmación. Y, si esto no los convence y ustedes todavía dudan de nosotros, estén seguros de que eso nos convence y nos basta. El amor de Dios derramado en nuestro corazón hace nuestra esperanza. Vean, hermanos, el amor de Dios siempre es derramado en nuestro corazón cuando estamos muy enfermos. Cuando el dolor es muy agudo, la alegría es frecuentemente plena. Este amor vino para los indigentes y transformó la casa de los pobres en un palacio. Llegó a los moribundos en los hospitales e hizo que las alas tocaran música celestial. Alcanzó a algunos de nosotros en noches de la más profunda depresión y nos levantó de la bruma y de las nubes, para colocarnos a la luz del sol de Dios. Ahora, las cosas que ocurren en esos momentos tienden a hacer que el hijo de Dios sienta que su esperanza es tan segura en la oscuridad como en la luz y que puede confiar en su Dios, aunque todas las cosas parezcan desmentir la promesa. Estas cosas son de naturaleza tan elevada que ayudan a mantener la esperanza elevada. Si nuestra comodidad fuera grosera y carnal, para recibirla por la boca o por los oídos, ¿qué provecho tendía aquella esperanza elevada y santo que viene del propio Dios? Pero los placeres de los que he venido hablando en la recepción del amor divino en el corazón son tan elevados que se adaptan exactamente al carácter de nuestra esperanza, y son por Él confirmados. Pues, amados, un sentimiento del amor de Dios confirma todo lo que esperamos. Pues, si Dios me ama, entonces soy perdonado; si Dios me ama; entonces estoy seguro; si Dios me ama, entonces mis circunstancias están bien ordenadas; si Dios me ama, entonces Él me apoyará en mis pruebas; si Dios me ama, entonces Él me apartará del toque del pecado; si Dios me ama, no soportará que la tentación me venza, sino que me mantendrá puro y santo, y me recibirá al final; si Dios me ama, entonces el cielo que Él preparó para su pueblo debe ser mío; y, con aquellos que fueron antes, veré su rostro, beberé sorbos de su amor y estaré con Él para siempre jamás. Como una llave maestra que tranca cada cerradura en la casa, así el sentido del amor de Dios cierra cada tesoro en el pacto de gracia; y, si tenemos ese amor dentro de nosotros, Él nos permite admitir toda cosa bendecida, para que podamos tomarla a voluntad y nos regocijemos en Dios por ello.

Ahora no tengo nada más que decir sobre este punto, sobre el cual hablé tan débilmente a mi parecer, pero me gustaría que todos supieran un poco más de lo que puedo hablarles espiritualmente. Oír sobre el amor divino con los oídos no es nada; es como el ruido de los platos a los oídos de los hambrientos mientras no reciben nada de comer. Comprender esto teóricamente no es nada; es como poder hacer el cálculo de millones de libras en una pizarra, sin tener un centavo en el bolsillo. Querido oyente, ¿cuál es tu esperanza? ¿Sobre qué estás descansando? ¿Tu esperanza tiene algo que ver con el amor de Dios derramado en tu corazón por el Espíritu Santo? De eso depende tu esperanza; si se basa en algo que haces por ti mismo o que cualquier persona pueda hacer por ti, no despertará en tu alma el sentimiento del amor de Dios. Si es una mera esperanza ceremonial, no despertará emociones como las que describí. Pero, si tu esperanza es verdadera y genuina, fundada en la Roca de los siglos, edificada en el sacrificio sustitutivo de Jesucristo, entonces la esperanza te hará amar a Dios, y el sentimiento del amor de Dios por ti te llevará al servicio obediente. Esa esperanza soportará la hora de la prueba, lo que ninguna otra esperanza hará.

¿Qué harás para que tu esperanza no te decepcione? ¿Y si, al final, te avergüenzas de tu esperanza? ¡Vean, entonces, señores, vean entonces la caída abrumadora que les espera! La casa fue construida precipitadamente, buena e imponente, con muchas ventanas coloridas, con frontones finos y ornamentos raros. Pero viene la inundación, cae la lluvia, y el viento sopla. ¿Dónde está el palacio ahora? Sus fundamentos quedaron en la arena y se desvanecieron como un sueño. Vemos los fragmentos flotando por la corriente mientras los dueños fueron llevados y están perdidos. ¡Así será con sus agradables esperanzas, oh hipócritas y descuidados! ¡Oh, construyan en la roca, en la roca de lo que Cristo hizo: construyan con fe humilde, con amor sincero; no con madera, heno y hojarasca, sino con oro, plata y piedras preciosas de amor, confianza y santo temor! Y, cuando la inundación venga, tú te reirás de ella y cantarás en medio de la tempestad, porque Dios es quien te preserva, y bajo sus alas debes confiar.

¡Ah, me gustaría que todos lo que ahora oyen esta voz pudieran adentrarse en tan brillante esperanza y disfrutar de tal amor! Y, si quieren hacerlo, ¡vean la puerta abierta! La entrada a una buena esperanza es por la puerta del amor divino; y tú verás el amor divino, que brilla en su resplandor, en la cruz donde el Hijo de Dios, hecho carne, dio las manos a los clavos y los pies para ser clavados en el madero. Allí es donde todo vigor es un camino de dolor que siguen los pies, donde todo su cuerpo es torturado con dolores indescriptibles, y donde el alma es presionada bajo los pies de la Divinidad, en el lagar de la ira eterna; allí, pecador, allí está tu esperanza. No tus lágrimas, sino Su sangre; no tus sufrimientos, sino Su angustia; no tu penitencia, sino Su sufrimiento; no tu vida o tu muerte, sino Su muerte y Su vida. ¡Oh, míralo a Él! Hay vida en un mirar hacia el crucificado. ¡Oh, culpable, depravado, tú que no eres nada a no ser un condenado, mira a través de la bruma de las tentaciones de Satanás y del rocío de tus lágrimas! Mira a Jesús muriendo en el Calvario, y vivirás en este día. Dios te ayude por su Espíritu para que mires — será tuya la salvación, y para Él será la honra. Amén y amén.

El ancla

Sermón predicado en la mañana de domingo,
21 mayo de 1876, por el reverendo C. H. Spurgeon,
en el Tabernáculo Metropolitano de Newington.

> *Por lo cual, queriendo Dios mostrar más abundantemente a los herederos de la promesa la inmutabilidad de su consejo, interpuso juramento; para que, por dos cosas inmutables, en las cuales es imposible que Dios mienta, tengamos un fortísimo consuelo los que hemos acudido para asirnos de la esperanza puesta delante de nosotros. La cual tenemos como segura y firme ancla del alma, y que penetra hasta dentro del velo, donde Jesús entró por nosotros como precursor, hecho sumo sacerdote para siempre según el orden de Melquisedec* (Heb 6.17-20).

LA FE ES LA MANERA DIVINAMENTE designada de recibir las bendiciones de la gracia. "El que creyere, será salvo" es una de las principales declaraciones del evangelio. Las maravillas de la creación, los descubrimientos de la revelación y los movimientos de la Providencia están todos destinados a crear y promover el principio de la fe en el Dios vivo. Si Dios revela algo, debemos creerlo. De todos los libros de la Sagrada Escritura, podemos decir que fueron escritos para que nosotros podamos creer, y creyendo, podamos tener vida. Aunque Dios oculte algo, es para que podamos confiar en Él; pues lo que sabemos produce apenas un pequeño espacio de confianza en comparación a lo desconocido. La Providencia nos manda diversas pruebas, todas destinadas a ejercitar y aumentar nuestra fe y, al mismo tiempo, en respuesta a la oración, Él nos trae pruebas variadas de la felicidad divina que sirven como descanso para nuestra fe. Así, las obras y las palabras de Dios cooperan para educar a los hombres en la gracia de la fe. Puedes imaginar, sin embargo, a partir de la doctrina de ciertos maestros, que el evangelio se resume en "Quien duda será salvo", y que nada podría ser más útil u honroso que la mente humana penda en suspenso perpetuo, segura de nada, confiando en la verdad de nadie, ni siquiera del propio Dios. La Biblia levanta un mausoleo a la memoria de sus héroes, y sobre ellos escribe como si fuera un epitafio: *todos ellos murieron manteniendo la fe*. Pero el evangelio moderno ridiculiza la fe y establece en su lugar la nueva virtud de mantenerse actualizado con el pensamiento más reciente de la época. Esa simple confianza en la veracidad de la Palabra de Dios, que nuestros padres inculcaron como base de toda religión, parece estar en desuso ahora con "hombres de espíritu", capaces de lidiar con el "pensamiento moderno". Estos ministros profesos de Cristo, algunos de los cuales están adorando en este santuario, deberían avergonzarse, pues están trabajando con la reputación de ser intelectuales y filosóficos, esparciendo dudas por todos lados. La doctrina de la bienaventuranza de la duda es tan opuesta al evangelio de Jesucristo como las tinieblas son opuestas a la luz, o Satanás al propio Cristo; es opuesta como un silenciador de la consciencia de aquellos hombres orgullosos que se rehúsan a someter su mente al gobierno de Dios.

Ten fe en Dios, pues la fe, en sí misma, es una virtud del más alto orden. Ninguna virtud es más verdaderamente excelente que la simple confianza en el Eterno, en la cual alguien es ayudado a mostrar por la gracia del Espíritu Santo. No, no solo la es una virtud en sí misma, sino que es la madre de todas las virtudes. Quien cree se hace fuerte para trabajar, paciente para sufrir, caluroso para amar, ansioso para obedecer y deseoso por servir. La fe es una raíz de la cual puede crecer todo lo que adorna el carácter humano. Lejos de oponerse a las buenas obras, es la fuente de donde fluyen. Apartemos la fe del cristiano profeso, y tendremos cortada su fuerza, como Sansón tuvo cortadas sus trenzas y quedó sin poder de defenderse o vencer a sus enemigos.

"El justo por la fe vivirá" — la fe es esencial a la vitalidad del cristianismo, y cualquier cosa que debilite esa fe debilita la propia fuente principal del poder espiritual. Hermanos, no solo nuestra propia experiencia nos enseña esto, y la Palabra de Dios lo declara, sino que toda la historia humana muestra la misma verdad. Fe es fuerza. Porque, aun cuando los hombres se engañan, creyendo en el error, muestran más poder que los hombres que conocen la verdad, pero no la consideran de buen corazón; pues la fuerza que un hombre tiene en lidiar con sus semejantes reside en la fuerza de la convicción que sus compañeros tienen sobre su propia alma. Enseñe a un hombre para que todo su corazón crea en el Señor, y le habrá dado tanto el punto de apoyo como la palanca con la cual podrá mover el mundo. Hasta ese exacto momento, la tierra entera está temblorosa como una masa de gelatina bajo los pasos de Lutero, ¿por qué? Porque él era fuerte en la fe. Lutero era un creyente vivo, y los maestros que tuvo que enfrentar eran meros disputadores, y los sacerdotes, cardenales y papas con los cuales él entró en contacto eran meros comerciantes de tradiciones muertas; por tanto, él los arrasó con gran matanza. Todo su coraje acreditaba en lo que él había aprendido de Dios y, como una barra de hierro entre los vasos del alfarero, también estaba entre los fuertes de su época. Lo que ha sido verdad en la historia todo el tiempo ciertamente es verdad ahora. Es creyendo que nos hacemos fuertes: esto es cristalino. Cualesquiera que sean las supuestas excelencias que puedan existir en la elogiada condición receptiva de la mente, en el equilibrio de un intelecto cultivado y en el juicio inestable de la "incredulidad honesta", soy incapaz de discernirla y no veo referencia a estas en las Escrituras. Los escritos sagrados no ofrecen elogios a la incredulidad ni presentan motivos o razones para su cultivo. La experiencia no prueba que esta sea fuerza en la batalla de la vida o sabiduría para los laberintos de la existencia. Es casi semejante a la credulidad y, al contrario de la verdadera fe, está propensa a ser llevada por cualquier falsedad. La incredulidad no produce consuelo para el presente, y su perspectiva para el futuro no es de modo alguno reconfortante. No descubrimos ninguna indicación de una sublime tierra nublada, en la cual hombres con orgullo y presunción eternamente confundirán a sí mismos y a otros; no oímos profecía de un salón celestial de la ciencia donde los escépticos puedan tener nuevos sofismas y forjar nuevas objeciones a la revelación de Dios. *Hay un lugar para el que no cree, pero no es el cielo.*

Volviendo a nuestro texto, cuyo tono está lejos de toda inseguridad, vemos claramente que el Señor no quiere que estemos en una condición incierta, sino que eliminemos toda inseguridad y cuestionamiento. Entre las personas, un hecho es un hecho cuando alguien honesto jura por sí mismo. "Por lo cual, queriendo Dios mostrar más abundantemente a los herederos de la promesa la inmutabilidad de su consejo, interpuso juramento". Condescendiendo con la debilidad de la fe humana, Él mismo jura por lo que declara, y así nos da un evangelio doblemente certificado por la promesa y el juramento del Dios eterno. Ciertamente los ángeles deben haberse preguntando, cuando Dios levantó la mano al cielo para jurar, lo que había prometido, y deben haber concluido que de allí en adelante habría un fin para todos los conflictos, por causa de la confirmación que el Señor dio a su pacto.

Al trabajar nuestro texto, debo dirigir la atención de ustedes a la más notable metáfora. Este mundo es como un mar: inquieto, inestable, peligroso, nunca en estado de quietud. Las actividades humanas pueden ser comparadas a olas agitadas y sacudidas por el viento. En cuanto a nosotros mismos, somos los barcos que siguen en el mar y están sujetos a sus cambios y movimientos. Estamos inclinados a ser arrastrados por corrientes, impelidos por vientos y agitados por tempestades: aunque no hemos llegado a la verdadera *tierra firme*, al descanso que queda para el pueblo de Dios; Dios no nos dejará ser llevados por todos los vientos, por eso, le agradó crear para nosotros un ancla de esperanza más segura y firme, para que podamos superar la tempestad. No voy a intentar predicar con respecto a todo el texto que tenemos por delante, pues eso requeriría siete años por lo menos, y un John Owen o un Joseph Caryl para presentar el diez por ciento de su significado. Nada más voy a trabajar el único conjunto de verdades sugeridas por la imagen de un ancla, y que Dios conceda que, en esta mañana, todos nosotros que conocemos el significado de esa ancla podamos sentir que nos está asegurando con fuerza; y que otros, que nunca han poseído esa ancla antes, puedan echarla al mar esta mañana por primera vez y sentir durante el resto de su vida la fuerte consolación que tal firmeza concede al corazón creyente.

I. En primer lugar, permítanme llamar su atención hacia LA FUNCIÓN DEL ANCLA sobre la cual habla nuestro texto. La finalidad de un ancla, claro, es enganchar el barco firmemente a un lugar cuando vientos y corrientes podrían removerlo. Dios nos dio ciertas verdades que están destinadas a mantener nuestra mente despierta a la verdad, a la santidad, a la perseverancia — resumiendo, a aferrarnos a Él.

Pero ¿Por qué asegurar el barco? La primera respuesta que se sugiere a esta pregunta es *impedir que sea destruido*. El barco puede no necesitar de un ancla en aguas mansas, al estar en mar abierto quedar un poco a la deriva puede no ser algo muy serio; pero hay condiciones climáticas en que un ancla es esencial. Cuando un vendaval está moviéndose hacia la costa, soplando grandes ráfagas, y la embarcación no logra mantener su curso, y seguramente será conducida hacia la costa rocosa, el ancla vale su peso en oro. Si el buen barco no puede ser anclado, nada quedará en poco tiempo, a no ser un larguero aquí y allí; el bello barco quedará hecho pedazos, y todos los marineros se ahogarán; este es el momento de lanzar el ancla, la mejor ancla si se quiere, y dejar que el buen navío desafíe el viento. Nuestro Dios pretende que su pueblo sea formado por náufragos; sin embargo, ese sería su destino si ellos no están seguros en la hora de la tentación. Hermano, si todo viento de doctrina te moviera a su merced, entonces te apartarías de la verdad como está en Jesús y terminarías naufragando; pero costaste muy caro al Señor como para que Él te pierda; Él te compró por gran precio y te ha provisto demasiado como para verte quebrado en pedazos; por tanto, proveyó para ti un apoyo glorioso y, cuando las tentaciones de Satanás, tus propias corrupciones y las pruebas del mundo te golpeen, la esperanza podrá ser el ancla de tu alma, segura y firme.

¡Cuánto necesitamos esta ancla! Pues hemos visto a otros caer en el error perverso, vencidos por la falsedad de la injusticia y dejados para siempre como náufragos sin tener esperanza y sin Dios en el mundo. Si haces negocios en las grandes aguas por un largo período de tiempo, debes estar consciente que, si las verdades eternas no te sostienen, tu alma hace mucho habría quedado encerrada en tinieblas eternas, y las aguas del orgullo ya habrían pasado por tu alma. Cuando las poderosas olas se levantan, tu pobre barco parece bajar hasta el fondo de las montañas y, si no fuera por el amor inmutable y por la fidelidad eterna, tu corazón estaría completamente abatido. No obstante, aquí estás hoy, convocado por la gracia, provisto por la misericordia, guiando por la sabiduría divina e impulsado por el poder celestial. Gracias al ancla, o mejor, al Dios que te la concedió, ninguna tempestad te ha destruido; por el contrario, estás camino al puerto de la gloria.

Un ancla es también necesaria para *evitar la incomodidad en el barco*, pues sería muy malo ser llevado de un lado a otro con el cambio del viento. Infeliz la criatura susceptible a influencias externas, que vuela como espinas al viento o como algo que rueda frente al remolino. Necesitamos un ancla para estabilizarnos, para que podamos habitar en paz y encontrar descanso para nuestra alma. Bendito sea Dios porque tenemos garantizadas verdades sólidas e infalibles que actúan poderosamente en nuestra mente para impedir que sea molestada y desanimada.

El texto habla de *fortísimo consuelo*. ¿No es una palabra gloriosa? No temamos nada más un ánimo cualquiera que nos mantendrá firmes y resistentes contra la tempestad en los tiempos de aflicción, sino un *gran ánimo* para que, cuando la aflicción irrumpa con fuerza inusitada, como un furioso tornado, la fuerte consolación, como un ancla mayor, pueda ser más que una réplica para la fuerte tentación y nos capacite para triunfar sobre todo. Muy tranquilo es el hombre que mucho cree.

"¡Aleluya, yo creo!
Ahora el mundo vertiginoso pasa rápido,
Porque mi alma encontró un ancla
Hasta que la noche de la tempestad pase."

Un ancla también es necesaria *para preservarnos de la pérdida del progreso que hemos logrado*. La embarcación está avanzando muy bien hacia el puerto, pero el viento cambia y sopla fuerte; será llevada al puerto de donde partió o a un puerto igualmente indeseable, a menos que pueda resistir el mal viento; por eso, el capitán lanza su ancla. Se dice a sí mismo: "Llegué hasta aquí y no voy a volver atrás. Echo mi ancla y aquí me quedo". Personas santas son a veces tentadas a volver al país de donde salieron; están inclinadas a renunciar a las cosas que aprendieron y a concluir que nunca fueron instruidas por el Señor en absoluto. Infelizmente, el viejo Adán nos empuja a regresar, y el diablo se esfuerza para hacernos retroceder, y, si no fuera por algo seguro, habríamos vuelto. Si fuera posible probar, como ciertos estudiosos nos quieren hacen creer, que no hay nada seguro; que, aunque el negro sea negro, no es muy negro, y, aunque el blanco sea blanco, no es muy blanco, y, bajo ciertos puntos de vista, sin duda negro es blanco y blanco es negro; si pudiera ser probado, digo yo, que no existen verdades eternas, certezas divinas, verdades infalibles, entonces podríamos renunciar con indiferencia a lo que sabemos o pensamos que conocemos, y vagaríamos por el océano de la especulación, de las vacilaciones y de los desvíos de la mera opinión. Pero, cuando tenemos la verdad, enseñada a nuestra propia alma por el Espíritu Santo, no podemos apartarnos de esta, ni lo haremos, aunque los hombres nos consideren tontos por nuestra firmeza. Hermanos, no aspiren a la caridad que nace de la inseguridad; existen verdades salvadoras y existen *herejías destructoras*; Jesucristo no es sí y no; su evangelio no es una mezcla astuta de la bilis del infierno y de la miel del cielo, con sabor al gusto del mal y del bien. Existen principios fijos y hechos revelados. Aquellos que saben algo experimentalmente sobre cosas divinas echarán sus anclas y, al oír que la corriente pasó, dirán alegremente: "Eso sé y en eso he creído. En esta verdad permanezco firme e impasible. Que soplen los vientos; nunca me moverán de este anclaje. Y todo lo que yo hubiera alcanzado por la enseñanza del Espíritu lo conservaré firme mientras viva".

Además, el ancla es necesaria *para que podamos tener constancia y utilidad*. Quien fácilmente es movido y cree en esto hoy y en aquello mañana es una criatura inconstante. ¿Quién sabe dónde encontrarlo? ¿Cuál es su utilidad para los más jóvenes y para los débiles, o incluso para cualquier otra persona? Como una ola del mar llevada y golpeada por el viento, ¿qué servicio puede prestar en la obra del Señor, y cómo puede influenciar a otros para la eternidad? Si él no cree, ¿cómo puede hacer que otros crean? Creo que el incrédulo ortodoxo es un creador de infidelidad más que el creyente heterodoxo; en otras palabras, no creo que el hombre que sinceramente cree en un error tenga una influencia menos perjudicial sobre los otros que el hombre que es indiferente a la verdad y que es incrédulo secretamente: esa persona es tolerada en compañía piadosa por profesar ser uno de nosotros y, por tanto, bajo su escudo, puede matar la piedad. El hombre no sabe nada, ciertamente, pero solo espera y confía y, al defender la verdad, permite que pueda ser dicho mucho del otro lado para que bese y apuñale al mismo tiempo.

Nuestro Dios nos dio un ancla para mantenernos seguros y que no naufraguemos, para que no seamos infelices, para que no perdamos el progreso que hemos logrado, para que nuestro carácter no se haga inestable y, consecuentemente, inútil. Esos propósitos son gentiles, amables y sabios; bendigamos al Señor que tan graciosamente ha cuidado de nosotros.

II. En segundo lugar, te invito a considerar LA FABRICACIÓN DEL ANCLA — *para que, por dos cosas inmutables, en las cuales es imposible que Dios mienta, tengamos un fortísimo consuelo.*

La fabricación de anclas es un trabajo muy importante. El herrero que hace el ancla tiene un negocio de mucha responsabilidad, pues, si la hace mal, o de material débil, ¡ay del capitán cuando la tempestad llegue! Las anclas no son hechas de hierro fundido, ni de cualquier tipo de metal disponible, sino de hierro forjado, fuertemente soldadas y de material compacto y resistente, que soportará toda la tensión que pueda venir sobre ella en el peor de los tiempos. Si algo en este mundo necesita ser fuerte, debe ser el ancla, pues de ella depende la seguridad y la vida.

¿Cuál es nuestra ancla? Nuestra ancla tiene dos grandes láminas o brazos, y cada una actúa como una resistencia. Está hecha de dos *cosas divinas*. Una es la *promesa* de Dios, segura y estable. Estamos dispuestos a aceptar la promesa de un hombre bueno, pero tal vez el hombre bueno olvide cumplirla o sea incapaz de hacerlo. Nada de eso puede suceder con el Señor; Él no puede olvidar ni puede dejar de hacer lo que dijo. La promesa de Jehová, ¡cuán cierta debe ser! Si tú no tuvieras nada a no ser la simple Palabra del Señor para confiar, ciertamente tu fe nunca vacilaría.

A esta palabra segura es añadida otra cosa divina, o sea, el *juramento* de Dios. Amados, raramente me atrevo a hablar sobre este asunto sagrado. ¡El juramento de Dios, esta solemne afirmación, Su juramento por sí mismo! ¡Concibamos la majestad, el temor, la seguridad de eso! Aquí están dos garantías divinas, que, como los brazos del ancla, nos mantienen firmes. ¿Quién se atreve a dudar de la promesa de Dios? ¿Quién puede tener la audacia de desconfiar de su juramento?

Tenemos como ancla dos cosas que, además de ser divinas, son expresamente consideradas *inmutables* — o sea, dos cosas que no pueden cambiar. Cuando el Señor hace una promesa, Él nunca vuelve atrás — "irrevocables son los dones y el llamamiento de Dios". ¿Él dijo y no hará? ¿Prometió y no permanecerá firme? Él nunca cambia, y su promesa permanece de generación en generación. Entonces viene el juramento, que es la otra cosa inmutable; ¿cómo podría ser alterado? Dios empeñó la honra de su nombre, y no es posible que, en esas circunstancias, se retracte y niegue sus propias declaraciones. Ah, no —

"El evangelio sustenta mi espíritu.
Un Dios fiel e inmutable
Establece los fundamentos de mi esperanza
En juramentos, promesas y sangre."

Observemos que junto a esas dos cosas se dice: "en las cuales es imposible que Dios mienta". Eso es inconsistente con la idea y el pensamiento de que Dios podría ser un mentiroso. Un Dios que miente sería un error de lenguaje, una evidente contradicción. No puede ser, Dios debe ser verdadero, verdadero en su naturaleza, en sus pensamientos, en sus planes, en sus obras y en sus promesas, e indudablemente verdadero en su juramento. *En las cuales es imposible que Dios mienta.* ¡Oh, amados, qué bendito apoyo tenemos aquí! ¿Si la esperanza no puede reposar en tales garantías, sobre qué podría descansar?

Pero, ahora, ¿cuál es esa promesa y cuál es ese juramento? La promesa es la misma que fue hecha a Abraham, de que su simiente sería bendecida, y en esta simiente serían también bendecidas todas las naciones de la tierra. ¿A quién fue hecha esta promesa? ¿Quién es la "simiente"? En primer lugar, la simiente es Jesús, quien bendice a todas las naciones; y, en seguida, nuestro apóstol probó que esta promesa no fue hecha a la simiente según la carne, sino a la simiente según el espíritu. ¿Quiénes, entonces, son las simientes según el espíritu? Ahora, son los que creen; pues él es el padre de los fieles, y la promesa de Dios, por tanto, es confirmada a todos los que demuestran fe como el creyente Abraham. Para el propio Cristo, y para todos los que están en Cristo, está asegurado el pacto de que el Señor los bendecirá para siempre y los hará bendición.

¿Y qué es el juramento? Eso puede referirse al juramento hecho por el Señor a Abraham después que el patriarca ofreció a su hijo (véase el capítulo 22 de Génesis). Pero pienso que estarás de acuerdo si yo digo que es más probable que se refiera al juramento registrado en el Salmo 110, que me gustaría que observaras con mucho cuidado — "Juró Jehová, y no se arrepentirá: Tú eres sacerdote para siempre Según el orden de Melquisedec". Creo que la referencia es a esto, porque el versículo 20 de nuestro texto dice: "donde Jesús entró por nosotros como precursor, hecho sumo sacerdote para siempre según el orden de Melquisedec".

Ahora, amados, quiero que ustedes vean esta ancla. Aquí está uno de sus soportes: Dios prometió bendecir al fiel; Él declaró que la simiente de Abraham, a saber, los creyentes, sería bendecida y transformada en bendición. Entonces viene el otro brazo del ancla, igualmente fuerte para asegurar el alma, esto es, el juramento del sacerdocio, por el cual el Señor Jesús es declarado sacerdote para siempre a nuestro favor; no un sacerdote común, a la manera de Aarón, iniciando y terminando un sacerdocio temporal, mas sin comienzo de días o fin de años, viviendo para siempre; un sacerdote que terminó la obra sacrificial, entró en el velo y está sentado para siempre a la diestra de Dios, porque su obra está completa y su sacerdocio permanece eternamente eficaz. Esta es la bendita ancla del alma: saber que mi Sacerdote está dentro del velo; mi Rey de justicia y Rey de paz está delante del trono de Dios por mí, representándome, y, por tanto, en Él estoy seguro para siempre. ¿Qué mejor ancla el propio Consolador podría inventar para su pueblo? ¿Qué consolación más fuerte pueden desear sus herederos?

III. No tenemos tiempo para demorarnos, aunque seamos tentados a hacerlo, y por eso pido que avancemos en tercer lugar para observar NUESTRA SUSTENTACIÓN DEL ANCLA. No serviría tener un ancla, por mejor que sea, si no tuviéramos cómo agarrarla. El ancla puede ser segura y tener firme adherencia, pero debe haber una fuerte soga para conectarla al barco. Antiguamente era común usar una soga de cáñamo, pero grandes barcos no pueden correr el riesgo de romperse y, por tanto, usan una soga de cadena para el ancla. Es muy importante tener una conexión firme entre tu alma y tu esperanza; tener la confianza que ciertamente es tuya y de la cual nunca serás separado.

Nuestro texto habla claramente sobre esa firmeza del ancla en el versículo 18 — "para que, por dos cosas inmutables, en las cuales es imposible que Dios mienta, tengamos un fortísimo consuelo los que hemos acudido para asirnos de la esperanza puesta delante de nosotros". Debemos asirnos personalmente de la esperanza; la esperanza existe, pero debemos agarrarla con firmeza. Así como en un ancla, la soga debe pasar por el anillo y, de tal forma estar unido a este, la fe debe apegarse a la esperanza de la vida eterna. El griego original significa "posesionarse por la fuerza principal y, así, asegurar para no perder nuestro sustento cuando la fuerza mayor nos arrastre". Debemos apegarnos firmemente a la verdad. Ah, hermanos, por el hecho de que algunos hombres tengan una esperanza nublada, parecen tener una forma muy dudosa de posesionarse de esta, supongo que eso es natural. De mi parte, deseo aprender algo cierto y después oro para tener certeza de que la aprendí. Oh, quiero tener tal apego a la verdad como aquel viejo guerrero tenía por su espada, de modo que, cuando luchaba y vencía, no podía separar la mano de su espada, pues era como si su mano estuviera pegada a ella. Es algo bendito posesionarse de la doctrina de Cristo de tal forma que tendríamos que ser desmembrados para que pudiera ser quitada de nosotros, una vez que haya crecido en nuestro propio ser. Prestemos atención para estar seguros de nuestra ancla segura.

"Bien", dice alguien, "pero ¿*podemos* posesionarnos de ella?" Mi respuesta es lo que el texto dice: *Esta esperanza es para nosotros ancla del alma*. Tú puedes posesionarte de ella porque te fue dada. Si alguno de ustedes estuviera muy debilitado y hambriento y fuera a la casa de alguien, y la persona le dijera: "Siéntate", y tú te sentaras a la mesa, y el dueño de la casa colocara frente a ti carnes apetitosas y algunas frutas agradables, y así por delante, tú no preguntarías si puedes comértelas, sino que deducirías que tienes la libertad de hacerlo porque la comida fue puesta delante de ti. Ciertamente esta es la recepción del evangelio. La esperanza está puesta al frente. ¿Con qué objetivo fue hecho? ¿Para que tú le des la espalda? Ciertamente no. Toma posesión de ella, pues, donde sea que la verdad se encuentre, es nuestro deber y privilegio apegarnos a ella. Toda garantía que un pecador quiere para apegarse a Cristo se encuentra en el hecho de que Dios envió a Cristo para ser una propiciación por nuestros pecados. Querido cristiano, tú estás en una tempestad; aquí está un ancla. Tú preguntarías: "¿Puedo usar esa ancla?" ¡Está puesta delante de ti exactamente para eso! Te garantizo que no existe un capitán entre nosotros, pero, si estuviera en una tempestad y viera un ancla al frente, tal capitán la usaría inmediatamente sin hacer preguntas. El ancla puede no ser de él, puede estar a bordo como mercancía, pero a él lo tendrá sin cuidado. "El barco necesita ser salvo. Aquí esta un ancla; ¡allá va!". Actúa así con la graciosa esperanza que Dios te concede en el evangelio de Jesucristo: agárrala ahora y siempre.

Ahora observemos que nuestro apego al ancla debería ser algo presente y un asunto consciente, pues leemos: "los que hemos acudido para asirnos de la esperanza puesta delante de nosotros". Estamos conscientes de que la tenemos. Nadie entre nosotros tiene el derecho de estar en paz si no sabe que obtuvo una buena esperanza a través de la gracia. Todos ustedes pueden decir: "cuya esperanza tenemos".

Cuán bueno es tener una soga hecha del mismo metal que el ancla; por tanto, es algo bendito cuando la fe nuestra tiene el mismo carácter divino que la verdad sobre la cual se apoya; necesita de una esperanza dada por Dios de nuestra parte para agarrar la promesa dada por Dios, de la cual nuestra esperanza está hecha. El modo correcto de proceder es agarrar la promesa de Dios con una confianza creada por Dios; entonces tú ves que, inmediatamente del barco hasta el ancla, el soporte es una sola pieza, de modo que, en cada punto, está igualmente adaptada para soportar la tensión. ¡Oh, tener una fe preciosa en un Cristo precioso! Una preciosa confianza en una sangre preciosa. Dios te concede eso, y tú puedes ejercitarlo en este exacto momento.

IV. En cuarto lugar, y muy brevemente, vamos a hablar sobre el DOMINIO DEL ANCLA SOBRE NOSOTROS. El barco está amarrado a su ancla por una soga de cadena, pero al mismo tiempo lo más importante es que el ancla esté agarrada al barco; y así, por haber penetrado en el suelo del fondo del mar, asegura al barco firmemente. Hermanos, ¿ustedes saben algo sobre la esperanza que los afirma? Los afirmará si es una buena esperanza; tú no serás capaz de apartarte de ella, pero bajo tentación y depresión de espíritu, y bajo pruebas y aflicción, no solo mantendrás tu esperanza — ese es tu deber —, sino que tu esperanza te mantendrá. "Voy a renunciar a todo", un poder invisible hablará desde las profundidades infinitas y responderá: "Pero yo no renunciaré a ti. Yo tengo un dominio sobre ti, y nadie nos separará". Hermanos, nuestra seguridad depende mucho más de que Dios nos asegure que de nosotros asegurarnos a Él. Nuestra esperanza de que Dios cumplirá su juramento y promesa tiene un gran poder sobre nosotros, mucho más que todos los esfuerzos del mundo, de la carne y del diablo para arrastrarnos lejos.

¿Cómo es que nuestra ancla divina se mantiene tan firme? Es porque en su propia naturaleza *es segura* — "La cual tenemos como segura y firme ancla del alma". Es por sí misma segura en cuanto a su naturaleza. El evangelio no es una fábula inventada astutamente; Dios lo dijo, es una masa de hechos, es puro, pura verdad, como el amplio sello del propio Dios allí depositado. Entonces, también esta ancla es *firme* en cuanto a su fijación; nunca se mueve de su lugar. Es segura en su naturaleza y firme cuando está en uso, y, por tanto, es en la práctica segura. Si tú creíste en Cristo para la vida eterna y esperas que Dios sea tan bueno como su Palabra, ¿no crees que tu esperanza te sustenta y te mantiene en tu posición?

Hermanos, el resultado del uso de esta ancla nos será muy confortable. "La cual tenemos como segura y firme ancla del alma". Esto no impedirá que tú seas sacudido, pues un barco anclado puede agitarse bastante, y los pasajeros pueden quedar muy mareados con el mar, pero el barco no puede ser apartado de sus amarras. Allí está, y sus pasajeros pueden sufrir incomodidad, pero no sufrirán el naufragio. Una buena esperanza a través de la gracia no te librará completamente de conflictos internos; por el contrario, te envolverán; no te protegerá de las pruebas externas, y ciertamente las traerá, pero te salvará de todo peligro real. Puedo decir a cada creyente en Jesús que su condición es muy parecida a la del campesino a bordo de un barco, cuando el mar está un tanto agitado, y dice: "Capitán, ¿estamos en gran peligro o no?" Como no hay respuesta, dice nuevamente: "Capitán, ¿usted no ve nuestro gran miedo?" Entonces el viejo marinero responde ásperamente: "Sí, yo veo mucho miedo, pero ni un poquito de peligro". Frecuentemente eso sucede con nosotros; cuando los vientos soplan y las tempestades están furiosas, hay mucho miedo, pero no peligro. Podemos ser sacudidos de un lado para el otro, pero estamos bien seguros porque tenemos un ancla del alma segura y firme.

Una cosa bendita es que nuestra esperanza nos agarra de tal modo que estamos conscientes de su existencia. En una embarcación, sientes la seguridad del ancla y, cuanto más se enfurece el viento, más sientes que el ancla asegura. Es como un niño con su cometa: la cometa está en las nubes, donde no puede verla, pero él sabe que está allá porque siente que empuja; así nuestra buena esperanza está en el cielo, y nos empuja y nos atrae a sí. No podemos ver nuestra ancla, y sería inútil si pudiéramos verla; su uso comienza cuando está fuera de vista, pero empuja, y podemos sentir la presión celestial.

V. Y ahora, finalmente, lo mejor de todo: LA FIRMEZA INVISIBLE DEL ANCLA, *que penetra hasta dentro del velo*. Nuestra ancla es como cualquier otra: cuando es útil, está fuera de vista. Cuando el ancla es vista, no está haciendo nada, a menos que sea un ancla para un pequeño curso de aguas o para aguas poco profundas. Cuando el ancla es útil, es arrojada al mar y allá abajo, entre los peces, queda firme, fuera de vista. ¿Dónde está tu esperanza, hermano? ¿Crees porque puedes ver? Eso no es creer, de ninguna forma. ¿Crees porque sientes? Eso es sentir, no creer. Pero *bienaventurados los que no vieron y creyeron*. Bienaventurado aquel que cree contra sus sentimientos, sí, y espera contra la esperanza. Esto es algo extraño de hacer, esperar contra la esperanza, creer en cosas imposibles y ver cosas invisibles; quien puede hacer eso aprende el arte de la fe. Nuestra esperanza no es vista, esta en las olas o, como dice el texto, *dentro del velo*. No voy a explicar mucho la figura, pero un marinero puede decir que su ancla está más allá del velo líquido, pues un velo de agua está entre él y esta, y permanece oculta. Tal es la confianza que tenemos en Dios, a quien, no viendo, amamos.

> "Que sople el viento; corran las olas,
> La esperanza es el ancla de mi alma.
> ¿Pero puedo con delicado nudo,
> Una esperanza invisible, confiar en Dios?
> Firme y segura, no puede fallar,
> Entra profunda más allá del velo,
> Se agarra en una tierra desconocida,
> Y me atraca al trono de mi Padre."

Aunque nuestra ancla haya salido del campo visual, gracias a Dios se agarró firmemente y entró *dentro del velo*. ¿Qué promesa puede igualarse a aquella que un hombre tiene acerca de su Dios cuando puede clamar: "Tú prometiste, por tanto, haz como dijiste"? Qué promesa es más firme que esta: "Señor, Tú juraste, no puedes volver atrás. Tú dijiste que quien cree en ti es justificado de todo pecado. Señor, yo creo en ti, por tanto, agrádate en hacer lo que dijiste. Yo sé que Tú no puedes mentir y juraste que Cristo es un sacerdote eterno, y yo estoy descansando en Él como tu sacerdote que hizo completa expiación por mí. Por eso, comprométete con tu juramento y acéptame por causa del sacrificio de Jesús. ¿Tú puedes rechazar un alma por quien tu propio Hijo está implorando? Jesús es capaz de salvar plenamente a los que se acercan a Dios por medio de Él, pues vive para hacer mi intercesión; mi Señor, esta es la posesión que tengo con relación a ti, esta es el ancla que arrojé en las profundidades, los atributos misteriosos de tu naturaleza maravillosa. Yo confío en ti, y Tú no me avergonzarás en mi esperanza". ¡Oh, hermanos, qué poder tenemos sobre el Dios vivo cuando nos apoyamos en su juramento y su promesa! Así tú lo agarras como Jacob agarró al ángel, y tú ciertamente ganarás de sus manos la recompensa.

Observemos en seguida que, cuando un ancla tiene una buena adherencia allí abajo, cuanto más se arrastra el barco, más atado queda. Al comienzo, cuando el ancla se hunde, tal vez caiga sobre una roca dura, y allí no se puede fijar, pero después se desliza de la roca y entra en el fondo del mar; cava el suelo y, a medida que la soga la hala, va cada vez más profundo, hasta casi enterrarse, y, cuando más la halan, más se hunde. Finalmente, el ancla se asegura tanto que parece decir: "Ahora, Bóreas[1], sopla, debes rasgar el fondo del mar antes que el barco se suelte". Tiempos de dificultad envían nuestra esperanza profundamente a las verdades fundamentales. Algunos de ustedes que nunca conocieron aflicciones, personas ricas que nunca conocerán la escasez, personas saludables que nunca han estado enfermas durante una semana, no tienen ni la mitad de la esperanza gloriosa que los experimentados tienen. Gran parte de la incredulidad de la iglesia cristiana proviene de la vida fácil de los que la profesan.

[1]Viento fuerte e impredecible.

Cuando usted se acerca a aquellos que fueron probados, necesita un evangelio sólido. Un hombre hambriento que trabaja duro no puede vivir con sus sopas finas y sus cremas batidas — él necesita algo sólido para nutrirse; y así el hombre probado siente que debe tener un evangelio verdadero, y debe creer que es verdadero, o entonces su alma pasará hambre. Ahora, si Dios promete y jura, ¿no tenemos la más sólida de las garantías? La fe más firme y concebible no es nada más que lo debido al Dios tres veces santo y fiel. Por tanto, hermanos, cuando un problema menor viene, cree con toda seguridad, y, cuando tu barco sea sacudido en aguas profundas, siéntete con aún más confianza. Cuando la cabeza esté doliendo y el corazón esté palpitando, cuando toda la alegría terrenal se vaya y cuando la muerte se aproxime, cree más. Está cada vez más convencido de que tu Padre no puede mentir; sí, *sea Dios veraz, y todo hombre mentiroso*. De esta forma, tú obtendrás la fuerte consolación de que el Señor espera que tú disfrutes todas las bendiciones que Él preparó para sus hijos.

El texto concluye con esta reflexión muy dulce de que, aunque la esperanza esté fuera de nuestra visión, tenemos en la tierra un Amigo invisible en quien nuestra esperanza encuentra su sustento. En momentos de ansiedad, el marinero casi desea poder seguir su ancla y fijarse firmemente. Él no puede hacer eso, pero tenemos un Amigo que resuelve todo para nosotros. Nuestra ancla está dentro del velo, donde no puede ser vista, pero Jesús está allá, y nuestra esperanza está inseparablemente conectada con su persona y su obra. Sabemos con seguridad que Jesús de Nazaret, después de su muerte y sepultura, resurgió de la sepultura y, cuarenta días después, en la presencia de sus discípulos, subió a los cielos, y en una nube fue recibido. Sabemos esto como un hecho histórico; y también sabemos que subió a los cielos como la acogedora simiente de Abraham, en la cual se encuentran todos los fieles. Como *Él* fue para allá, ciertamente *nosotros* lo seguiremos, pues Él es la primicia de toda la cosecha.

De acuerdo con el texto, nuestro Señor Jesús fue dentro del velo como nuestro Sumo Sacerdote. Ahora, el Sumo Sacerdote dentro del velo está en el lugar de la aceptación a nuestro favor. Un Sumo Sacerdote del orden de Melquisedec es Aquel que tiene poder ilimitado para bendecir y salvar al máximo. Jesucristo ofreció un sacrificio cruento por el pecado, a saber, Él mismo, y ahora está sentado para siempre a la diestra de Dios, el propio Padre. Hermanos, Él reina donde nuestra ancla se asió; descansamos en la obra consumada de Cristo, en su poder de resurrección y en su reinado eterno. ¿Cómo podemos dudar de esto?

En seguida, nos informan que Jesús fue dentro del velo como un *precursor*. ¿Qué es un precursor si no hay otros que lo sigan? Él fue a preparar el camino; es el pionero, el líder del gran ejército, las primicias dentro de los muertos y, si Él fue al cielo como un precursor, entonces nosotros que le pertenecemos lo seguiremos. ¿Esa reflexión no debería alegrar nuestro corazón?

Nos dicen después que nuestro Señor, como precursor, entró en el cielo — es decir, entró para tomar posesión en nuestro nombre. Cuando Jesucristo entró en el cielo, lo hizo como si mirara alrededor hacia todos los tronos, todas las palmeras, todas las arpas y todas las coronas, y dijera: "Yo tomo posesión de todo esto en nombre de mis redimidos. Yo soy su representante y reivindico los lugares celestiales en su nombre". Tan cierto como Jesús está allá, como el poseedor de todo, así también cada uno de nosotros irá a su herencia en su debido momento.

Nuestro Señor Jesús, por su intercesión, está atrayéndonos hacia el cielo, y solo tenemos que esperar un poco y luego estaremos con Él donde Él está. Él llama para llevarnos a nuestra casa, y eso sucederá muy pronto. A ningún marinero le gusta que su ancla vuelva a casa, pues, si lo hace en una tempestad, las cosas parecerán muy mal; nuestra ancla jamás volverá, pero Él está llevándonos a casa, no bajo las olas devoradoras, sino arriba, hacia alegrías extáticas. ¿No sientes eso? ¿Tú, que estás envejeciendo, no sientes los llamados del hogar? Muchas sogas nos mantienen aquí, pero están cada vez más escasas — la querida esposa ya falleció, o el querido esposo se fue; muchos de sus hijos también se fueron, así como muchos amigos. Todo eso ayuda a atraernos hacia arriba. Pienso que, en este exacto momento, tú debes sentir como si tu barco estuviera listo a cambiar, por el poder mágico, de un barco que flota en las aguas a un águila que puede volar. Ya debes haber tenido el deseo de subir mientras cantas:

> "¡Oh, que ahora podamos entender nuestro guía!
> ¡Oh, que la palabra fue dada!
> ¡Ven, Señor de los ejércitos, atraviesa las olas,
> Y desembárcanos en el cielo!"

Mi soga está más corta últimamente, muchos de sus hilos desaparecerán, y estoy más cerca de mi esperanza que cuando creí por primera vez. Todos los días la esperanza se acerca a la fruición. ¡Que nuestra alegría en ella se haga más exultante! Algunas semanas o meses más, y habitaremos allí arriba. Y, aunque no necesitemos de ancla para mantenernos firmes, bendeciremos eternamente la condescendencia divina que produjo tanta firmeza para nuestra mente inestable mientras era sacudida sobre este mar de cuidados.

¿Qué harán ustedes, los que no tienen ancla? Pues una tempestad se acerca. Yo veo las nubes bajas y oigo a lo lejos el huracán. ¿Qué harás? Que el Señor te ayude a huir inmediatamente en busca de refugio en la esperanza puesta delante de ti. Amén.

La esperanza reservada en el cielo

Sermón predicado en la mañana de domingo, 13 de octubre de 1878, por el reverendo C. H. Spurgeon, en el Tabernáculo Metropolitano de Newington.

> *A causa de la esperanza que os está guardada en los cielos, de la cual ya habéis oído por la palabra verdadera del evangelio* (Col 1.5).

Tres gracias deben ser siempre perceptibles en los cristianos — fe, amor y esperanza. Cada una de ellas son mencionadas por Pablo en los versículos de apertura de la epístola de que trata nuestro texto. Estas gracias encantadoras deben ser tan visibles en todo creyente al punto de ser mencionadas y, consecuentemente, oídas incluso por aquellos que nunca nos han visto. Esas flores deben producir un perfume tan dulce que su fragancia puede ser sentida por los que nunca las han contemplado. Así fue con los santos de Colosas. Pablo dice: "Siempre orando por vosotros, damos gracias a Dios, Padre de nuestro Señor Jesucristo, habiendo oído de vuestra fe en Cristo Jesús, y del amor que tenéis a todos los santos, a causa de la esperanza que os está guardada en los cielos". ¡Que nuestro carácter sea tal que pueda ser relatado sin que nos haga ruborizar! Pero eso jamás acontecerá si estas virtudes esenciales están ausentes. Si estas cosas están en nosotros y en abundancia, no seremos estériles o infructíferos, pero, si faltan, somos como ramas secas. Debemos, por tanto, ser ricos en fe, que es la raíz de toda gracia; y, para ese fin, debemos orar diariamente: "Señor, aumenta mi fe". Debemos esforzarnos para ser llenos e incluso rebosantes de amor, que es de Dios y nos hace iguales a Dios. Debemos también ser ricos en esperanza, la esperanza celestial que hace que un hombre se purifique diligentemente para la herencia superior. Cuidemos que ninguna de estas tres hermanas divinas sea desconocida para nuestras almas; más bien, dejemos que la fe, la esperanza y el amor hagan morada en nuestro corazón.

Notemos, sin embargo, el carácter especial de cada una de estas gracias, como existen en el cristiano. No es toda fe, amor y esperanza que nos servirán, pues de todas las cosas preciosas existen falsificaciones. Existe un tipo de *fe* en todos los hombres, pero nuestra es *fe en Cristo Jesús*, fe en Aquel a quien el mundo rechaza, cuya cruz es una piedra de tropiezo y cuya doctrina es una ofensa. Nosotros tenemos fe en el Hombre de Nazaret, que es también el Hijo de Dios, fe en Aquel que, habiendo hecho expiación con su propia sangre, de una vez por todas, está ahora exaltado a la diestra de su Padre. Nuestra confianza no está depositada en nosotros mismos, ni en algún sacerdote humano, ni en las tradiciones de nuestros padres, ni en las enseñanzas de sabiduría humana, sino solamente en Cristo Jesús. Esta es la fe de los elegidos de Dios.

El *amor* de los cristianos es igualmente especial, pues, aunque un cristiano sea movido por una benevolencia universal y por el deseo de hacer el bien a todos, aún así tiene un amor especial *por todos los santos*, y a estos el mundo no ama, porque no ama a su Señor. El verdadero creyente ama al perseguido, al difamado, al despreciado pueblo de Dios por causa de Cristo. Él los ama a todos, aunque pueda pensar que algunos de ellos están equivocados en cosas de menor importancia; ama a los neófitos tanto como a los adultos en la fe. Ama incluso a los santos cuyas enfermedades son más manifiestas que sus virtudes. Él los ama no por su posición o por su amabilidad natural, sino porque Jesús los ama y porque ellos aman a Jesús. Tú ves que la fe está en Cristo Jesús, pero el amor se extiende más allá del propio Cristo, a todos aquellos que están en unión con Él, mientras la esperanza hace un recorrido todavía más amplio e incluye el futuro eterno en su circuito. Así, nuestras gracias aumentan tanto en alcance como en número.

Nuestra *esperanza*, también, sobre la cual vamos a hablar esta mañana, es especial, porque es una esperanza *reservada para nosotros en el cielo*; una esperanza, por tanto, por la cual el mundano no se interesa en lo más mínimo. Él espera que el mañana pueda ser como este día y todavía más abundante, pero no le interesa la tierra en la cual el tiempo cesó de fluir. Espera riquezas, fama, vida larga o prosperidad; espera placer y paz en el hogar; toda la gama de su esperanza está en su campo de visión. Pero nuestra esperanza va más allá del campo visual; de acuerdo con la palabra del apóstol: "porque lo que alguno ve, ¿a qué esperarlo? Pero si esperamos lo que no vemos, con paciencia lo aguardamos". Nuestra esperanza no exige nada del tiempo o de la tierra, sino que busca todo en el mundo por venir. Es sobre esta esperanza que vamos a hablar. Que el Espíritu Santo nos conduzca a una provechosa meditación.

La conexión de nuestro texto parecer ser esta: el apóstol se alegró mucho al ver a los santos de Colosas teniendo fe, amor y esperanza, de forma que agradece a Dios y ora por ellos. Vio esos sellos de Dios sobre los colosenses, las tres señales de que ellos eran un pueblo realmente convertido y que su corazón estaba feliz. Todos los fieles ministros de Cristo se regocijan en ver a su pueblo adornado con las joyas de la fe, del amor y de la esperanza, pues son los ornamentos para el presente y la preparación para el futuro. Creo que esta es la conexión, pero, aún así, en la forma del lenguaje, queda claro que el apóstol pretendía confirmar que el amor de ellos por los santos era producido por la esperanza que estaba puesta en el cielo. Observemos las palabras "a causa" colocadas aquí: "el amor que tenéis a todos los santos, a causa de la esperanza que os está guardada en los cielos". No puede haber duda de que la esperanza del cielo tiende a promover el amor a todos los santos de Dios. Nosotros tenemos una esperanza común; tengamos un afecto común. Estamos camino a Dios; marchemos en compañía amorosa. Seremos uno en el cielo; seamos uno en la tierra. Uno es nuestro Maestro, y uno es nuestro servicio; uno es nuestro camino, y uno es nuestro fin; estemos unidos como un solo ser. Todos nosotros esperamos ver a nuestro Bienamado cara a cara y ser como Él es; ¿por qué no debemos amar ahora a todos aquellos en quienes hay algo de Cristo? Hermanos, viviremos juntos para siempre en el cielo; es una pena que tengamos que pelear. Estaremos para siempre con Jesucristo, participantes de la misma alegría, de la misma gloria y del mismo amor; ¿Por qué debemos ser limitados en nuestro amor uno por el otro? Camino a Canaán tenemos que enfrentar al mismo enemigo, publicar el mismo testimonio, soportar las mismas pruebas y buscar el mismo Ayudador. Por eso, amémonos unos a otros. No fue difícil mostrar que la esperanza que está reservada en el cielo debe producir amor entre los santos de la tierra. Esta conexión de mi texto con la proposición inmediatamente anterior no impide que sea considerado en el sentido que mencioné, a saber, que era motivo de alegría para el apóstol que los colosenses tuvieran fe, amor y esperanza. Él se alegraba, no obstante, porque la fe de aquellos hermanos era fomentada por su esperanza. El apóstol elogia esas dulces gracias, que están tan maravillosamente entrelazadas entre sí y dependientes la una de la otra. No habría amor a los santos sino hubiera fe en Cristo Jesús y, si no hubiera fe en fe en Cristo Jesús, no habría esperanza reservada en el cielo. Si no tuviéramos fe, sería seguro que no tendríamos esperanza verdadera y, si no tuviéramos esperanza, la fe ciertamente estaría ausente. Si acogemos una de las gracias, debemos recibir sus hermanas, porque no pueden estar separadas. Aquí están tres brillantes en el mismo escenario dorado, y nadie debe quebrar la joya preciosa. Y ahora permanecen la fe, la esperanza y el amor, y bienaventurado aquel que los tiene habitando en su propio corazón.

Ahora vamos a dejar la fe y el amor esperando un poco, y hablemos sobre la esperanza, la esperanza mencionada en nuestro texto, la esperanza que está reservada para ti en el cielo. En primer lugar, se trata de una *maravillosa esperanza*; en segundo lugar, es una *esperanza segura*; y, en tercer lugar, es una *esperanza poderosamente influyente*. Que el Espíritu Santo bendiga estos tres pensamientos para todos nosotros.

I. En primer lugar, entonces, vamos a hablar de la esperanza reservada para nosotros en el cielo como UNA ESPERANZA MARAVILLOSA, y así es en realidad, si consideramos que es un gran acto de gracia que los pecadores tengan alguna esperanza. Es maravilloso que, cuando alguien haya quebrantado la ley del Creador, pueda quedarle esperanza; este es un pensamiento que debería hacer saltar de gratitud a nuestro corazón. ¿No recuerdas cuando sentiste eso? Cuando el pecado reposó pesadamente sobre tu consciencia, Satanás vino y escribió sobre el dintel de tu puerta: "Sin esperanza", y la sentencia sombría habría permanecido allí hasta hoy si una mano amorosa no hubiera tomado el hisopo y, con la aspersión de la preciosa sangre, no hubiera removido la negra inscripción. Por eso, recuerda que en aquel tiempo estabas sin Cristo, sin esperanza y sin Dios en el mundo. Esa era nuestra condición; y es algo maravilloso que eso haya sido completamente cambiado, y que la seguridad haya tomado el lugar del desespero. En nuestro estado carnal, muchas falsas esperanzas, como el fuego fatuo, bailaban frente a nosotros, nos engañaban y nos llevaban a pantanos de presunción y error, pero realmente no teníamos esperanza. Esta es una terrible condición para cualquiera; es, de hecho, la peor de todas cuando en el aullido del viento la persona oye distintivamente las palabras "Sin esperanza". Sin embargo, en la oscuridad espesa de ninguna esperanza, una vez seguimos nuestro curso y, en cada ocasión en que intentábamos confiar en buenas obras, ceremonias externas y buenas resoluciones, quedábamos nuevamente desairados, y las palabras sonaban en nuestra alma con pavorosa monotonía: "Sin esperanza, sin esperanza", hasta nos dispusimos a echarnos y morir. Ahora, aunque seamos pecadores, nosotros tenemos una esperanza. Desde que por la fe miramos a Jesús en la cruz, una esperanza llena de gloria tomó posesión de nuestro corazón. ¿No es esto maravilloso?

Más maravilloso aún es que *nuestra esperanza se atreva a estar asociada al cielo*. ¿Puede haber cielo para personas como nosotros? parece casi presuntuoso que un pecador que tanto merece el infierno al menos pueda levantar sus ojos en dirección al cielo. Él podría tener alguna esperanza del purgatorio, si existiera tal lugar, pero esperanza del cielo, ¿eso no es demasiado? No obstante, hermanos, no tenemos miedo del infierno o del purgatorio ahora, sino que esperamos probar las alegrías reservadas en el cielo. No hay purgatorio para nadie, y no hay infierno para los santos; el cielo aguarda a los creyentes en Jesús. Nuestra esperanza es futura porque está vinculada a la gloria de Cristo, con quien esperamos estar en breve; ¿tú lo esperas entonces, tú, que estabas sucio de lujuria? "Sí, eso espero", dice el creyente. ¿Tú, que te revolcaste en toda forma de impureza, esperas ver a Dios, pues nadie, a no ser los puros de corazón, pueden verlo? "Sí, yo puedo", dice, "y no solo verlo, sino ser como su Hijo, cuando lo vea como Él es". ¡Qué divina esperanza es esta! No que podamos sentarnos a las puertas del cielo y oír notas dispersas de los cánticos allá dentro, sino que cantaremos con la feliz orquesta; no que demos un vistazo ocasional dentro de las puertas de perla y sintamos nuestro corazón ansioso por las alegrías indescriptibles dentro del recinto sagrado, sino que entraremos real y personalmente en los corredores del palacio y veremos al Rey en su belleza en la tierra que está mucho más allá. Esta es una esperanza alentadora, ¿verdad? Ahora, esta esperanza aspira a todo lo que los mejores santos recibieron; busca la misma visión de gloria, el mismo éxtasis de deleite; hasta desea sentarse en el trono de Cristo, de acuerdo con la promesa: "Al que venciere, le daré que se siente conmigo en mi trono, así como yo he vencido, y me he sentado con mi Padre en su trono". La esperanza considera estar entre los vencedores y participar de su entronización. Esta es la maravillosa esperanza para que un creyente luchador medite; además, no es presunción, sino confianza garantizada por la Palabra de Dios. ¿No es un milagro del amor que pobres criaturas como nosotros puedan así ser habilitadas a esperar en Dios?

Esta esperanza es más maravillosa por ser tan *sustancial*. En nuestro texto, el apóstol apenas parece estar hablando de la gracia de la esperanza, ya que difícilmente se puede decir que ella está reservada en el cielo, pero habita en nuestro seno; él prefiere hablar sobre el *objeto* de la esperanza, y es claro que, en su mente, la gracia de la esperanza y el objeto deben haber sido pretendidos, porque aquello que está reservado en el cielo no es una esperanza, excepto para aquellos que la esperan. Y es claro que ningún hombre tiene una esperanza depositada en el cielo, a menos que tenga esperanza dentro de sí. La verdad es que las dos cosas — la gracia de la esperanza y su objeto — son aquí mencionadas bajo un término que puede tener la intención de enseñarnos que, cuando la esperanza es trabajada en el corazón por el Espíritu Santo, la cosa por la cual se espera, así como la fe, es la cosa en la cual se cree, porque la realiza y la asegura. Así como la fe es la sustancia de las cosas esperadas y la evidencia de las cosas no vistas, la esperanza también es la sustancia de aquello que se espera, y la evidencia de aquello que no puede ser visto.

Pablo, en este caso, como en muchos otros, usa el lenguaje más adecuado con el sentido teológico que él aceptaría que con el uso clásico de la lengua griega. Las palabras de un pueblo pagano deben ser un poco tensas con relación a su uso anterior si quisieran expresar la verdad divina, y Pablo así las extiende al máximo posible en este caso. La esperanza del verdadero creyente es tan sustancial que Pablo habla con respecto a esta como si fuera una cosa en sí, y que fue puesta en el cielo. Muchos hombres tienen una esperanza de riqueza, pero esa esperanza es algo diferente de ser rico. Hay muchos tropiezos entre el vaso y los labios, dice el viejo proverbio, ¡tan verdadero! Un hombre puede tener una esperanza de vejez, pero tal vez nunca alcance ni la mediana edad y, por tanto, queda claro que la esperanza de una vida larga no es en sí misma longevidad; pero aquel que tiene la esperanza divina, que crece de la fe y el amor, nunca se decepcionará, de modo que el apóstol habla de ella como la cosa esperada, y la describe como algo reservado en el cielo. ¡Qué maravillosa esperanza es esta que nos consuela mucho antes de su realización y es mencionada como un tesoro reservado en los cofres del cielo!

Un maravilloso punto con respecto a nuestra esperanza es este: la esperanza es el asunto *de la revelación divina*. Nadie podría jamás haber inventado esta esperanza, pues es demasiado gloriosa para ser confundida con la imaginación. El príncipe de los soñadores jamás podría haber soñado con ella, ni el maestro del arte de la lógica la habría deducido por raciocinio; imaginación y entendimiento son dejados en el suelo, mientras la idea bíblica del cielo se eleva como un ángel de alas fuertes. La esperanza eterna tuvo que ser revelada a nosotros; jamás la habríamos conocido de otra forma, porque el apóstol dice: "habiendo oído la palabra de verdad, el evangelio de vuestra salvación". Que un pecador tenga la esperanza de apreciar la bienaventuranza perfecta del paraíso es algo que no debería ser meditado, si el Señor no lo hubiera prometido. Digo nuevamente: ni con el mayor esfuerzo de la imaginación llegaríamos a eso, ni podríamos tener la presunción que tal felicidad pudiera estar reservada a hombres tan indignos e inmerecedores, si no hubiéramos sido asegurados por la Palabra de Dios. Pero ahora la Palabra de Dios abrió una ventana en el cielo y nos permite dar una mirada y esperar por el tiempo en que beberemos de sus fuentes de agua viva y nunca más saldremos de allí.

Esto es maravilloso, y aún más maravilloso es pensar que "esta esperanza vino a nosotros simplemente por el oír. La esperanza que os está guardada en los cielos, de la cual ya habéis oído por la palabra verdadera del evangelio". Y la esperanza viene por la fe; así, la divina esperanza de estar en el cielo vino a nosotros por el oír — no por las obras, no por el merecimiento, no por penitencia y sacrificio, sino simplemente por oír diligentemente la Palabra divina y creer en la vida. Oímos que la mano traspasada de Jesús abrió el reino de los cielos a todos los creyentes, y nosotros creímos, y vimos el camino de entrada para el lugar santísimo por su sangre. Oímos que Dios preparó, para aquellos que lo aman, alegrías indescriptibles, y nosotros creímos en el mensaje, confiando en su Hijo. Nuestra confianza está en la Palabra que oímos, porque está escrito: "oíd, y vivirá vuestra alma"; y nosotros descubrimos que, por el oír, nuestra confianza es fortalecida, y nuestro corazón se llena de seguridad interior y alegre expectativa; por tanto, nosotros amamos la Palabra cada vez más. ¿No apreciamos al máximo la Palabra sagrada que nos trajo tanta esperanza? Sí, la apreciamos. Incluso cambiamos el oír por el ver, y el mensaje de Jesús por el propio Jesús, siempre tendremos oídos dispuestos al testimonio de Jesús.

Esta esperanza es maravillosa, una vez más, porque *su sustancia es más extraordinaria*. Hermanos, ¿cuál es la esperanza reservada para nosotros en el cielo? Serían necesarios muchos sermones para presentar todas las fases del placer que pertenece a esa esperanza. Es la esperanza de victoria porque venceremos a cada adversario, y Satanás será pisoteado bajo nuestros pies. Una rama de palmera está preparada para nuestras manos y una corona para nuestra cabeza. Nuestra lucha por la vida no terminará en derrota, sino en completo y eterno triunfo, pues venceremos por la sangre del Cordero. No esperamos solo la victoria, sino que poseeremos la *perfección* personalmente.

Un día vamos a abandonar el lodazal del pecado y seremos vistos en la belleza de nuestra vida recién nacida. Verdaderamente, todavía no parece lo que será, pero, cuando pensamos en el incomparable carácter de nuestro Señor Jesús, quedamos radiante por la seguridad de que *seremos como Él*. ¡Qué honor y felicidad para los hermanos más jóvenes ser como el Primogénito! ¿A qué honor más alto podría Dios exaltarnos? No sé de nada que pueda superar eso. ¡Oh, alegría inigualable por ser tan santo, inocente e inmaculado como nuestro propio amado Señor! ¡Cuán delicioso es no tener propensión a pecar, no permaneciendo en nosotros ningún vestigio de que alguna vez estuvimos allá! ¡Cuán feliz es sentir que nuestros deseos y aspiraciones sagrados no tienen debilidad o defecto! Nuestra naturaleza será perfecta y totalmente desarrollada, e toda su excelencia, sin pecado. ¡Amaremos a Dios, como hacemos ahora, pero, oh, con más intensidad! Nosotros nos regocijaremos en Dios, como hacemos ahora, pero, oh, ¡qué profundidad habrá en esa alegría! Tendremos placer en servirle, como hacemos ahora, pero no habrá frialdad de corazón, ni letargo de espíritu, ni tentación de apartarnos. Nuestro culto será tan perfecto como el de los ángeles. Entonces debemos decirnos a nosotros mismos sin miedo de alguna falla interior: Oh, alma mía, bendice al Señor; y todo mi ser bendiga su santo nombre. No habrá afecto desleal; ningún juicio erróneo, ninguna pasión perdida, ninguna lujuria rebelde. Nada quedará que pueda contaminar, debilitar o distraer. Seremos perfectos, totalmente perfecto. Esta es nuestra esperanza — la victoria sobre el mal y la perfección en todo lo que es bueno. Si eso fuera toda nuestra esperanza, sería maravilloso, sin embargo, hay más para ser desarrollado.

También esperamos disfrutar *seguridad* de todos los peligros. Como no habrá mal en nosotros, de igual modo no habrá nadie a nuestro alrededor o sobre nosotros para alarmarnos. Ningún mal temporal, como dolor, luto, tristeza, trabajo o censura, se acercará a nosotros. Todos tendremos seguridad, paz, descanso y placer. Ningún mal mental nos invadirá en el cielo; sin dudas, sin dificultades sorprendentes, sin miedos, sin confusiones que nos causen angustia. Aquí vemos a través de un espejo empañado y conocemos en parte; allí veremos frente a frente y conoceremos como somos conocidos.

¡Oh, ser libre de problemas mentales! ¡Qué alivio será para muchos Tomases dudosos! Esta es una esperanza maravillosa. Y entonces ningún enemigo espiritual nos atacará, ningún mundo, ninguna carne, ningún demonio, estropeará nuestro descanso allá arriba.

¿Qué harán ustedes, experimentados, con eso? Sus sábados[1] son muy tranquilos ahora en la tierra, pero, cuando terminen, ustedes deberán retornar a su mundo frío nuevamente; pero allá su sábado nunca tendrá fin, y su separación del perverso será completa. Será una sensación extraña no encontrar las mañanas de domingo, ningún cuidado para renovar, ningún trabajo para hacer, ningún arnés que abrochar nuevamente; por encima de todo, ningún pecado que temer, ninguna tentación de la cual escapar. El cielo es tan sereno que las tempestades de la tierra son desconocidas allá, las agitaciones de la carne nunca son sentidas, y los aullidos del perro del infierno nunca son oídos. Allá todo es paz y pureza, perfección y seguridad para siempre.

Con esta seguridad, vendrá el *descanso* perfecto; "Sí, dice el Espíritu, descansarán de sus trabajos". El descanso celestial es bastante consistente con el *culto continuo*, pues, como ángeles, descansaremos en los brazos del Señor y encontraremos descanso para servir a Dios día y noche, pero allí "no trabajarás hasta que el sudor llene tu rostro, ni el sol te herirá, ni el calor". Ningún miembro cansado o cerebro insolado acompañará el servicio bendecido de la tierra de la gloria. Es un paraíso de placer y un palacio de gloria; es un jardín de delicias supremas y una mansión de amor permanente; es un eterno descanso sabático que nunca puede ser roto, que permanece para el pueblo de Dios; es un reino en el cual todos son reyes, una herencia en la cual todos son herederos. Mi alma lo ansía. ¿Esta no es una esperanza encantadora? ¿Yo no describí bien cuándo declaré que es maravillosa?

Y eso no es todo, hermanos, pues esperamos disfrutar en el cielo de una *felicidad* incomparable. Lo que ojos no vieron, ni oídos oyeron, ni entró en el corazón humano; sobrepasará toda alegría carnal. Poco sabemos de esto, pues el Señor nos la reveló por el Espíritu que examina todas las cosas, incluso las más profundas; pero lo que

---

[1]Días de reposo.

sabemos es apenas una mera degustación del banquete del matrimonio; lo suficiente para hacernos desear más, solo que de manera algunas lo suficiente para darnos una idea completa de todo el banquete. Si es tan bueno predicar sobre Cristo, ¿qué será verlo y estar con Él? si es tan agradable ser arrebatado por la música de su nombre, ¿qué será estar en su seno? Ahora, si los racimos de uvas de Escol de vez en cuando traídos hasta nosotros son tan dulces, ¿cómo será estar en la viña donde crecen todos esos racimos de uvas? Si aquel balde de agua del pozo de Belén tenía un sabor tan dulce que casi no nos atreveríamos a beberlo, sino que lo derramaríamos delante del Señor en gratitud, ¿qué alegría será beber directamente del pozo para siempre? ¡Oh, estar eternamente a la diestra de Dios, donde hay placeres para siempre!

Esta es nuestra esperanza, y todavía hay más, porque tenemos la esperanza de la eterna *comunión* con Cristo. Yo daría diez mil mundos, si los tuviera, a cambio de un vistazo de aquel querido rostro que fue desfigurado por el dolor, por mi causa. Sentarme a los pies de mi Señor y mirar su rostro y oír su voz y nunca, nunca entristecerlo, sino participar de todos sus triunfos y glorias para siempre jamás —¿cómo será ese cielo? Allí tendremos comunión con todos sus santos, entre quienes Él es glorificado y por quienes su imagen es reflejada; y así veremos nuevas demostraciones de su poder e irradiaciones de su amor. ¿No es esa felicidad inigualable? ¿No fue lo que dije cuando declaré que nuestra esperanza es maravillosa? Si yo fuera elocuente y pudiera acumular buenas palabras, y un poeta pudiera ayudarme con su canción más dulce, para hablar de la bienaventuranza y la alegría del mundo eterno, aun así el predicador y el poeta deberían confesar su incapacidad de describir la gloria a ser revelada en nosotros. El intelecto más noble y el discurso más dulce no podrían transmitirte ni la milésima parte de la bienaventuranza en el cielo. Aquí dejo la primera división. Es una esperanza maravillosa.

II. En segundo lugar, observemos que es UNA ESPERANZA MUY SEGURA. Eso de acuerdo con el texto, según el cual está *guardada* o garantizada. Las recientes calamidades que ocurrieron en el banco de la ciudad de Glasgow dejaron a los hombres de negocios muy cuidadosos sobre dónde depositar sus tesoros, pero nadie puede tener miedo de la seguridad de aquello que el propio Dios asume bajo su responsabilidad. Si su esperanza está depositada en Él, es pecaminoso dudar de su seguridad. Está *reservada*, dice el texto, y esto significa que está escondida en un lugar seguro como un tesoro bien guardado. Creemos que es difícil guardar nuestros valores en seguridad en este mundo porque los ladrones roban y hurtan; el cofre de hierro, la caja fuerte y todos tipos de invenciones son empleados para evitar el crimen; pero, cuando Dios es el guardián de nuestro tesoro, Él lo guarda donde nadie lo puede tocar, ningún hombre o demonio lo puede robar. Nuestra esperanza es depositada, así como las coronas y guirnaldas eran guardadas en los juegos griegos para quien las ganara; nadie podía arrancarlas de sus legítimos dueños; las recompensas eran preservadas para los vencedores, y eran distribuídas cuando la competición terminaba. Todavía no ves tu esperanza, amado, pero está reservada, está oculta con Cristo en Dios y mantenida tan segura como el trono del propio Dios.

Observemos la próxima palabra: está guardada *para vosotros*. Es muy bueno tener la esperanza reservada, pero es aún mejor tenerla reservada *para mí*. Es decir, una esperanza guardada para aquellos cuya fe está en Cristo Jesús y que tiene amor por todos los santos. Hay una corona en el cielo que jamás será usada por ninguna otra cabeza que no sea la tuya; existe un arpa en la gloria que nunca será tocada por ningún otro dedo que no sea el tuyo. No te engañes; la esperanza está reservada en el cielo *para ti*, y es mantenida por el poder de Dios, por la fe en la salvación. Para *ti*. "No temáis, manada pequeña, porque a vuestro Padre le ha placido daros el reino". Deja el estrés de lado y deléitate en la miel de la esperanza reservada *para ti*.

¿Dónde está guardada la esperanza? La palabra siguiente nos dice: "que os está guardada en los cielos, donde", dice el Salvador como si estuviera exponiendo este texto, "ni la polilla ni el orín corrompen". Esto significa que ningún proceso de deterioro hará que tu tesoro se haga obsoleto o desgastado; ninguna polilla comerá los trajes de los cortesanos celestiales; y ningún orín machará el brillo de sus coronas. Nuestro Señor añade: "y donde ladrones no minan ni hurtan". No podemos imaginar un ladrón derrumbando los muros del cielo.

No podemos imaginar al propio Satanás minando los baluartes de la Nueva Jerusalén o saltando sobre los bastiones que guardan la ciudad del gran Rey. Si tu esperanza está depositada en el cielo, debe estar perfectamente segura. Si tu esperanza está en un banco, podría romperse; si está en un imperio, puede derretirse; si está en una propiedad, los documentos pueden cuestionarse; si está en alguna criatura humana, la muerte puede quitártela; si está en ti mismo, es totalmente engañosa. Pero, si tu esperanza está en el cielo, está absolutamente segura. Alégrate y bendice al Señor.

Para mostrar cuán segura es nuestra esperanza, el apóstol dice que tenemos un incuestionable certificado para esta: *de la cual ya habéis oído por la palabra verdadera del evangelio*. Observemos estas tres palabras enfáticas — *palabra, verdad, evangelio*.

Primero, *la palabra*. ¿Qué palabra es esa? ¿Palabra del hombre? Las palabras de los hombres son muy vacías. Pero esta es la Palabra de Dios, la misma palabra que hizo el cielo y la tierra, una palabra de poder que no puede fallar ni mentir. Esta bendita esperanza es oída primero a través de la Palabra de Dios, y ella es la mejor evidencia. Sabes cómo es cuando una persona dice: "Cree en mí". Aquí tú tienes el "Cree en mí" de Dios. Aceptamos espontáneamente la palabra de un hombre bueno, ¿y no vamos a aceptar la Palabra de Dios mucho más dispuestos? Tú tienes la Palabra de Dios para la esperanza segura de que los creyentes en Cristo Jesús serán bendecidos para siempre. ¿No es suficiente esa seguridad?

Nuestro texto continúa: *la palabra verdadera*. Así, entonces, no se trata de una palabra de suposición, conjetura o probable inferencia, sino una verdad infalible. Mis hermanos de la escuela moderna, mis sabios hermanos, tengan una palabra de entusiasmo, resultado y desarrollo; pero la palabra del apóstol fue la palabra *verdadera* — algo positivo, dogmático, cierto. Por más fea que la palabra pueda parecer, el Señor concede que nunca tengamos vergüenza de lo que es llamado dogmatismo hoy en día, que no es otra sino la fe en la verdad de Dios. Creemos en la Palabra de Dios no solo por ser verdad, sino por ser *la palabra verdadera*. "Sea Dios verdadero, y todo hombre mentiroso". Puede haber otras cosas verdaderas en el mundo, pero la Palabra de Dios es la esencia de la verdad, *la* verdad más allá de todas las cosas que puedan ser verdaderas, porque Él dijo: "Cielo y tierra pasarán, pero mis palabras no pasarán". Y el apóstol dijo en otro lugar: "Porque: Toda carne es como hierba, Y toda la gloria del hombre como flor de la hierba. La hierba se seca, y la flor se cae; Mas la palabra del Señor permanece para siempre. Y esta es la palabra que por el evangelio os ha sido anunciada".

Notemos la siguiente palabra: la palabra verdadera, *el evangelio*, o las buenas nuevas. Esto quiere decir que la suma y la sustancia de las buenas nuevas se encuentran en esta esperanza gloriosa. Si separas lo esencial del evangelio y obtienes la verdad que es el germen central de las buenas nuevas, alcanzarás la esperanza bendita, más segura y firme, que entra dentro del velo.

Ahora, entonces, antes que tu esperanza creada por Dios pueda hablar, la Palabra de Dios tendrá que ser quebrada, pero la Palabra de Dios no puede ser quebrada; la verdad tendrá que hablar, pero la verdad permanece para siempre y es por la fuerza de su propia eterna naturaleza; y el evangelio tendrá que ser refutado, pero eso no puede suceder, ya que la gloria de Dios se sustenta aquí. Ya has oído de esto, entonces, de la *palabra verdadera*, el *evangelio*. ¿Qué otra seguridad necesitas? Agárrate a ella y alégrate en ella, y nunca te avergonzarás de tu esperanza.

III. Cierro diciendo que es UNA ESPERANZA MÁS PODEROSAMENTE INFLUYENTE. Hermanos, ya les dije que esta esperanza es *el padre y la enfermera del amor*, porque el texto afirma: "el amor que tenéis a todos los santos, a causa de la esperanza que os está guardada en los cielos". Esta no es una fuente insignificante de acción que lleva los corazones creyentes al amor, pues el amor es siempre una gracia que trabaja. ¡Oh, que haya más amor en este mundo enloquecido! Cualquier cosa que en este mundo promueva el amor cristiano debe ser admirada y, como la esperanza de estar juntos para siempre frente al trono de Dios nos eleva por encima de las pequeñas diferencias de la sociedad y nos hace afectuosos el uno con el otro, esto es algo para cultivar con cuidado.

El amor es una parte de la poderosa operación de la esperanza sobre nosotros mismos, pero *la esperanza afecta también a los otros*.

Donde la esperanza de los santos es evidente, lleva a ministros y personas amables a dar gracias a Dios. Pablo dice: "damos gracias a Dios, Padre de nuestro Señor Jesucristo, habiendo oído de vuestra fe en Cristo Jesús, y del amor que tenéis a todos los santos, a causa de la esperanza que os está guardada en los cielos". No conozco alegría mayor que un pastor puede tener que la idea de que su pueblo entre en la felicidad del cielo y encontrar a todos allá. Poco tiempo tenemos para conocernos aquí; nos amamos mutuamente en el Señor y nos esforzamos juntos en la obra de Dios, y algunos de nosotros somos viejos soldados ahora, después de muchos años de guerra; ¡cuán agradable será estar juntos en el mundo eterno! Algunos ya se fueron a la casa, personas a quienes amamos tiernamente, y los habríamos retenido con nosotros si pudiéramos; y hay otros entre nosotros que, por orden de la naturaleza, pronto serán trasladados. Felices somos nosotros que no podemos quedar separados por mucho tiempo. La edad de algunos de nosotros profetiza su rápida partida y preanuncia que ellos pronto pasarán para la mayoría; pero es algo muy bendito saber que todos nosotros que estamos en Cristo nos encontraremos allá arriba. Tendremos amplio espacio y nos acercaremos lo bastante a la comunión cuando alcancemos la eternidad, ¡y cuál será nuestra alegría entonces! Tal vez algunos de ustedes me digan cuando conversemos en lenguaje celestial: "Recuerdas que hablamos con respecto a la bendita esperanza aquella linda mañana de domingo, pero no sabías mucho al respecto… Diremos entonces: 'Ni siquiera la mitad nos fue dicha'; pero ahora percibimos que no nos dijiste ni la centésima parte. Aun así, quedaremos felices en compartir la alegría de lo poco que sabíamos y la esperanza bendita de saber más". Oh, sí, queridos amigos, porque la esperanza del cielo nos ayuda a hacer que otras personas agradezcan a Dios por nosotros; es una gracia dulce y poderosamente influyente y, cuanto más tengamos, mejor.

Además, oír que la *esperanza de ellos llevó al apóstol a orar* y, si lees las palabras que siguen en el texto, veremos lo que deseaba para sus amigos en Colosas. En el versículo 9, ves por lo que oró: "Por lo cual también nosotros, desde el día que lo oímos, no cesamos de orar por vosotros, y de pedir que seáis llenos del conocimiento de su voluntad en toda sabiduría e inteligencia espiritual". Habiendo creído en Jesús y amando a su pueblo, tú vas al cielo; y así Pablo dice: "Yo deseo que ustedes se llenen del conocimiento de su voluntad", y puede bien desearlo, ya que hacer esta voluntad es la alegría y el objetivo del cielo. ¿No es nuestra oración: "Hágase tu voluntad, como en el cielo, así también en la tierra"? Hermanos, aprendamos cuál es la voluntad del Señor y, así, seremos instruidos para el cielo. Aquí debemos pasar por nuestro aprendizaje, para que podamos asumir nuestra libertad como ciudadanos de la Nueva Jerusalén. Aquí estamos en la escuela, preparándonos para obtener nuestro diploma entre los santos instruidos por Dios. ¿Debemos entrar en el cielo ignorando cuál es la voluntad del Señor? Ciertamente debemos saber algo sobre los caminos del lugar; sobra las reglas del tribunal. Esta parte de nuestra vida aquí abajo es un preludio para nuestra vida allí arriba, una preparación para la perfección. Aquí abajo estamos afinando los instrumentos. En el cielo no debe haber notas disonantes. No, vamos a hacer todo eso aquí. Vamos a afinar nuestras arpas aquí abajo, para que, cuando lleguemos a la orquesta de los cielos, podamos tomar el lugar correcto y tocar directamente la nota apropiada. Una buena esperanza debe dejarte ansioso por conocer la voluntad del Señor. Eso debe purificarte tanto como Cristo es puro, y dejarte ansioso por comenzar el servicio perfecto del cielo mientras todavía estás aquí abajo.

Entonces, el apóstol ora para que "andéis como es digno del Señor, agradándole en todo". ¿No es lo correcto que tú, que vas a subir al cielo de Enoc, andes como él lo hizo y tengas ese testimonio para que agrades a Dios? Tú habitarás a la diestra de Dios, donde hay delicias perpetuas; ¿no te gustaría hacer todo lo posible para agradar a tu Señor antes de verlo? Eres hijo de un Rey y aunque no te has puesto tu vestimenta brillante, tu corona aún no está en tu cabeza, ciertamente deseas comportarte como alguien que está predestinado para tanta honra y gloria. Si un hijo está en un país distante, al volver a casa, comienza a pensar: "¿Qué debo llevar a casa? ¿Qué puedo hacer para agradar a mi amado padre, a quien pronto veré?" Comienza, amado, a ver qué puedes hacer para agradar a Dios, porque pronto entrarás en su placer y habitarás con aquellos que usan vestiduras blancas, pues son dignos.

A continuación, el apóstol dice: "llevando fruto en toda buena obra". Bien, si hay una recompensa tan rica de la gracia, vamos a producir todo el fruto agradable que podamos, y, si el tiempo de trabajo termina temprano, estemos listos en todas las obras sagradas mientras tenemos tiempo. ¿Quién quiere ir al cielo con las manos vacías? ¿Quién desea pasar el tiempo de su permanencia aquí en la ociosidad? ¡Oh, no! Procuremos ser fructíferos para la gloria de Dios, de modo que podamos tener una entrada abundante en el reino.

El apóstol añade: "y creciendo en el conocimiento de Dios". Si voy a vivir con Dios, permítanme conocer un poco más acerca de Él; permítanme examinar su Palabra y ver cómo se reveló; permítanme esforzarme en tener comunión con Él y su Hijo Jesús para que yo pueda conocerlo. ¿Cómo puedo entrar en el cielo siendo un completo extraño para Él, el Rey del cielo? ¿El conocimiento de Dios no es tan necesario como deseable? Los que tiene una buena esperanza del cielo, desde el menor hasta el mayor, no descansarán sin conocer al Señor. Si alguien te diera de regalo una gran propiedad, sin importar en qué país esté situada, tendrías interés en la tierra y sus alrededores y, antes que anochezca, te estarías preguntando sobre el lugar. No importa cuán rústico sea el barrio o cuán remota sea la localidad, pensarías en ello si supieras que la propiedad es tuya. Como de costumbre, uno de los documentos más áridos del mundo es el testamento de un hombre rico. Si has oído la lectura de un testamento, sabrás cómo es echo de manera rígida por los abogados. Pero, si has tenido la oportunidad de presenciar la lectura del testamento para una familia, observa cómo los ojos de "mi hijo John" brillan cuando se trata la cláusula que se refiere a él y cómo incluso su semblante envejecido de "mi fiel sierva Jane" se ilumina cuando su pequeño legado es mencionado. Todo el mundo está alerta cuando sus propios intereses son afectados. Así, aquel que tiene esperanza en el cielo e intereses en el gran testamento de Cristo, inmediatamente se interesará por las cosas divinas y deseará aumentar el conocimiento de Dios.

Una vez más, el apóstol dice: "fortalecidos con todo poder, conforme a la potencia de su gloria, para toda paciencia y longanimidad". La esperanza del cielo es un poderoso fortalecedor para soportar los males de la vida y las persecuciones del adversario. "Pronto terminará", dice un hombre que busca el cielo y, por tanto, no está sobrecargado de pesar. "Es un alojamiento malo", dice el viajero, "pero me iré por la mañana". Podemos ser fortalecidos con todo el poder por la esperanza del cielo; ¿no es más la razón por la que el excesivo peso de la gloria arroja su sombra sobre esta leve aflicción, que es apenas momentánea?

Tal vez venga a tu mente la pregunta: "¿Pero no has insertado esta parte del capítulo en tu discurso sin ninguna garantía?" No. Mi justificativa está en el siguiente versículo: "con gozo dando gracias al Padre que nos hizo aptos para participar de la herencia de los santos en luz". Yo seguí el hilo evidente del pensamiento del apóstol. El Señor nos da una esperanza de gloria, y entonces nos da una satisfacción por eso, y esa satisfacción es ampliamente realizada en nosotros por el Espíritu Santo a través de la instrumentalidad de nuestra esperanza. Cultiven, entonces, su esperanza, queridos hermanos. Hagan que brille tan claramente en ustedes que su pastor pueda ver su esperanza y alegría; hagan que los observadores observen, porque ustedes hablan del cielo y actúan como si realmente esperaran ir allá. Hagan que el mundo sepa que ustedes tienen una esperanza del cielo; hagan que los mundanos sientan que ustedes son creyentes de la gloria eterna y que esperan estar donde Jesús está. Sorpréndanlos siempre al ver lo que llaman simplicidad en ustedes, pero que en verdad es su sinceridad al tratar como realidad la esperanza que les está reservada en el cielo. Que el Señor les conceda eso, en nombre de Jesucristo. Amén.

Los tres cuáles

Sermón predicado por el reverendo C. H. Spurgeon en el Tabernáculo Metropolitano de Newington, una noche en que el Tabernáculo fue abierto a todos los que llegaban, los oyentes regulares desocuparon su lugar para la ocasión.

> *Alumbrando los ojos de vuestro entendimiento, para que sepáis cuál es la esperanza a que él os ha llamado, y cuáles las riquezas de la gloria de su herencia en los santos, y cuál la supereminente grandeza de su poder para con nosotros los que creemos, según la operación del poder de su fuerza, la cual operó en Cristo, resucitándole de los muertos y sentándole a su diestra en los lugares celestiales* (Ef 1.18-20).

VEMOS QUE EL TEXTO COMIENZA con una experiencia personal en la mente y en el juicio — "Alumbrando los ojos de vuestro entendimiento". Todo depende del ojo abierto; la escena puede ser clara, y la luz puede ser brillante, pero, si la visión está perdida, todo es en vano. El rey de Babilonia le sacó los ojos a Sedequías y después fue llevado a la ciudad imperial, pero, aunque pudiera disfrutar de todo el esplendor de aquel lugar, habría sido mejor si estuviera en un desierto. Había vastos salones y palacios, jardines suspendidos y una muralla en la ciudad que era la maravilla del mundo, de modo que Babilonia es llamada por el profeta de "la joya de los reinos, el esplendor y el orgullo de los babilonios". El monarca ciego vio, sin embargo, toda la grandeza de la ciudad de oro, y para él era como si toda esa riqueza no hubiera existido.

Así sucede con nosotros; por naturaleza, no tenemos aprehensión de las cosas espirituales, ni poder para discernir el bien eterno, pues nuestro corazón torpe está oscurecido. Por tanto, el Señor debe primero iluminar los ojos de nuestro entendimiento, o entonces, por más preciosa y clara que sea la verdad, nunca seremos capaces de apreciarla.

Esta traducción del texto dice así: "que los ojos de vuestro corazón sean iluminados", y me parece que esta versión es la correcta, porque las cosas divinas generalmente son mejor comprendidas por el corazón que por la razón. Existen millares de cosas reveladas por Dios que nunca entenderíamos, y aun así podemos conocerlas por una experiencia amorosa y confiable. Nuestro Salvador dice: "Bienaventurados los de limpio corazón, porque ellos verán a Dios". La purificación del corazón es la iluminación de los ojos espirituales. Por más extraño que pueda parecer, el verdadero ojo del hombre renovado está más establecido en el corazón que en la cabeza; los afectos santos nos posibilitan ver y, tanto como sea posible, comprender las cosas divinas. Oro para que en cada uno de nosotros los ojos de nuestro corazón sean iluminados y podamos conocer las cosas espirituales como son mejor conocidas.

Ahora bien, la oración de nuestro texto fue hecha por cristianos —por personas convertidas, por aquellos que tenían fe en Cristo Jesús y amaban a todos los santos; pero Pablo dice que nunca cesaba de orar para que los ojos de ellos pudieran ser iluminados. ¡Sí, hermanos, quien lo siente necesita tener los ojos iluminados para ver todavía más, pues cuán poco algunos de nosotros vemos de su gloria! Aun aquel peregrino que fue conducido por los pastores al pico de la montaña para ver desde allá, con un telescopio, las glorias de la tierra de Emanuel, también apenas comenzó a percibir las cosas que Dios preparó para aquellos que lo aman. Oro a Dios para que, si ya vemos, podamos ver más, hasta que nuestros ojos sean tan fortalecidos que el brillo de la Nueva Jerusalén no sea demasiado fuerte para nosotros, mas, en medio del esplendor de Dios que ofusca el sol, nos encontremos en casa.

Pero, si los creyentes necesitan tener los ojos iluminados, ¡mucho más los no convertidos! Ellos están ciegos y, consecuentemente, su necesidad de iluminación es mucho más grande. Ellos nacieron ciegos, y el dios de este mundo tiene cuidado de dejar su mente aún más oscura. Alrededor de ellos, hay una media noche multiplicada por siete, la oscuridad de la muerte espiritual. "Palpamos la pared como ciegos, y andamos a tientas como sin ojos; tropezamos a mediodía como de noche". ¡Oh ciego, que Jesús te toque! Que el Espíritu traiga su sagrado colirio para los ojos y te haga ver, que el Señor, durante este sermón, pueda darte ojos para entender nuestra predicación. Tal vez incluso el relato de estas cosas pueda hacerte ansiarlas y, cuando apenas tengas ese deseo, Dios te oirá. Si ese deseo se transforma en oración, y la oración fuera encendida por una chispa de fe, ese deseo será el comienzo de luz para tu alma, y verás la salvación de Dios.

Esta noche, entonces, hay dos puntos que analizaremos aquí, primero *lo que debe ser visto y conocido de acuerdo con el texto* y, entonces, *por qué nuestro deseo es que todos aquí vean y conozcan estas cosas.*

I. Primero, ¿QUÉ DEBE SER VISTO Y CONOCIDO DE ACUERDO CON EL TEXTO? Cuando me oíste leer el texto, debes haber observado que contiene tres "cuáles" (o "cuál"): "alumbrando los ojos de vuestro entendimiento, para que sepáis cuál es la esperanza a que él os ha llamado", y cuáles "las riquezas de la gloria de su herencia en los santos", y cuál la "supereminente grandeza de su poder para con nosotros, los que creemos". De estos tres "cuáles" intentaré tratar esta noche, y que el Espíritu Santo hable por medio de mí a todos ustedes.

Nuestro primer punto es: *¿Cuál es la esperanza de su llamado?* Muchas personas nunca piensan con respecto a la religión por no creer que existe mucho en esta. Si tuvieran la mínima idea de lo que ganaría ahora y de la indescriptible bendición que vendrá de esta por toda la eternidad, ciertamente su propio deseo de beneficiarse los inclinaría diligentemente a considerarla, aunque no fueran más allá. Valdría la pena por lo menos investigar asunto tan promisorio, pues sería una gran pena perder la felicidad presente y eterna si pudiera ser evitado. Pero no, ellos suponen que es algo muy pequeño e insignificante, adecuado solo a la mente de los sacerdotes, las mujeres y personas débiles, y así la ignoran, despreciándola y buscando otras ocupaciones.

Esta noche, intentaré decir cuál es la esperanza del llamado del cristiano y, valientemente pido su mejor consideración. Si el predicador no puede pedirla por su propia cuenta, ciertamente puede pedirlo con el argumento de que su tema lo merece. Mientras estemos tratando del valor de esta esperanza, y tú estés oyendo atentamente, que el Señor pueda llevarte a buscar su rostro. ¿No está escrito: "Inclinad vuestro oído, y venid a mí; oíd, y vivirá vuestra alma"? Muchos hombres han sido tentados a iniciar un viaje oyendo hablar sobre la tierra hacia la cual navegan. Elogia tus productos, y encontrarás los compradores. Ese es nuestro deseo ahora: nos gustaría hablar de la esperanza de nuestro llamado para atraer a aquellos que están ansiosos por probar y ver que el Señor es bueno.

La idea del texto me parece bien ilustrada por el patriarca Abraham. Él vivía en la casa de su padre en Ur de los Caldeos cuando recibió un llamado. Ese llamado vino de Dios. Abraham debía separarse completamente e ir a una tierra que nunca había visto. ¿Cuál fue la esperanza de ese llamado? Fue la esperanza de que Dios le daría una descendencia, y daría a esa descendencia una tierra en la cual habitar. Entonces el Señor le dijo: "Y haré de ti una nación grande, y te bendeciré, y engrandeceré tu nombre, y serás bendición. Bendeciré a los que te bendijeren, y a los que te maldijeren maldeciré; y serán benditas en ti todas las familias de la tierra". La gran nación que brotaría de él poseería la tierra en la cual él estaba vagando como peregrino y extranjero, de acuerdo con la palabra del Señor — "Y te daré a ti, y a tu descendencia después de ti, la tierra en que moras". Por causa de esa esperanza, él abandonó todo y habitó en tiendas, como un peregrino y viajero con Dios, viviendo enteramente por la fe; pero grandiosa y sublimemente, así llegó a ser el padre de todos los creyentes en todas las épocas, más grande que un príncipe entre los hijos de los hombres.

Ahora, llega a todo hombre que es un verdadero cristiano un llamado de Dios. Nos referimos a eso por el nombre de "llamamiento eficaz". El Espíritu de Dios aplica personalmente la verdad de las Escrituras al corazón y hace que el escogido sienta que le pertenece. El creyente siente que está separado de los otros por la soberana gracia de Dios, y que, por lo tanto, necesita salir del mundo y no vivir más por lo que ve u oye, sino vivir por la fe en Dios, como si viera lo que es invisible. Esto hace al creyente muy diferente del resto de la humanidad. Los que viven con los ojos no lo entienden. Ellos generalmente lo malinterpretan y frecuentemente lo odian, pero él se contenta con ser desconocido, pues recuerda que está escrito: *Porque habéis muerto, y vuestra vida está escondida con Cristo en Dios*. Por tanto, el mundo no nos conoce porque no ha conocido a Dios.

Pero ¿cuál es la perspectiva que lleva al creyente a esta vida?, ¿cuál es la esperanza de su llamado? Hermanos, permítanme describir la esperanza de aquellos que salieron para andar por la fe en Cristo Jesús. Ya obtuvimos abundancia suficiente para recompensarnos por la obediencia al llamado, y, aunque nada hubiera en la mano cerrada de la Esperanza, su mano abierta nos enriquece grandemente. Hombre cristiano, tú ya tienes el perdón de tu pecado, la aceptación en Cristo, la adopción en la divina familia y la naturaleza, la posición y los derechos de un hijo de Dios. Tú ya posees lo que te hace uno de los seres humanos más felices y, con frecuencia, sientes que, si no hay nada más en el futuro y si mueres como un perro, tu fe en Dios todavía te dará tal consuelo y tamaña fuerza, tal paz y tanta alegría que bendecirías a Dios por haberla tenido. Nuestra esperanza no nos perjudicó ni en cuanto al carácter ni en cuanto a la felicidad, y, aunque eso se mostrara falso al final, estamos por lo menos tan bien como los incrédulos. Todavía nuestra principal promesa está en la esperanza. Tenemos una bolsa de dinero para gastar, pero la mayor parte de nuestra riqueza está depositada en el Banco de la Esperanza. ¿Cuál es entonces la esperanza del cristiano?

Bueno, primero él espera y cree que estará bajo la protección divina para siempre y que será el objeto del amor divino, en el descanso del alma y cuando el tiempo no exista más. Espera que todo concurra para su bien en el futuro de la misma forma que ve como fue en el pasado y está persuadido que ocurre ahora. Espera un viaje turbulento, pero, porque Cristo está al control del timón, espera llegar finalmente a refugios seguros. Espera ser tentado, pero aguarda ser apoyado; espera ser calumniado, pero aguarda ser declarado inocente; espera ser desafiado, pero aguarda el triunfo. Sustentado por esta esperanza, no teme el trabajo ni las dificultades.

> "Él no dialoga con miedos cobardes,
> En que el deber condesciende,
> Con confianza condice,
> Enfrenta mil peligros a su llamado,
> Y, esperando en su Dios, todos los supera."

Su esperanza es que, durante toda la vida, sea larga o corta (y no importa mucho el número de años), debajo de él estarán los brazos eternos. Él espera que el Señor venga a ser su pastor y que nada le falte. Espera que la bondad y la misericordia lo sigan todos los días de su vida. Por eso, no tiene miedo de morir, pues espera entonces entrar en la posesión real de su mejor herencia. Él busca las mejores cosas al final. Cree que, cuando sea el momento de su partida, Jesús vendrá a recibirlo, y el pensamiento de ese encuentro aparta toda idea de los terrores sombríos de la sepultura. Su esperanza salta sobre la tumba y lo lleva a una resurrección gloriosa. ¿La esperanza de nuestro llamado no se extiende grandemente?

Nosotros también esperamos, y tenemos buen fundamento para eso, que, después de la muerte, el día del juicio, tendremos, como creemos que es ahora, una justificación perfecta. Un terrible juicio será realizado. Sobre un gran trono blanco reflejando todas las cosas, y brillante con su pureza, Jesús, el Juez de todos, se sentará y separará a la humanidad en dos partes, como un pastor divide las ovejas de las cabras. Sabemos que en ese día Él discernirá a aquellos que creyeron en Él, confiaron en Él y lo obedecieron, y buscaron ser como Él, y esperamos ser de ese número bendito. Para nosotros no habrá sentencia de condenación, pues está escrito: "Ahora, pues, ninguna condenación hay para los que están en Cristo Jesús". Nosotros esperamos una sentencia de absolución y, por tanto, enfrentamos el juicio que otros tienen. Vestidos con la justicia divina, aguardamos con ansias el día en que el impío deseará nunca haber nacido. La esperanza toma en consideración el más temido de todos los eventos, y lo transforma en su canción. El fin de todas las cosas no es el fin de la esperanza. ¿No es esta una espera valiente? La esperanza de alguien que canta para siempre — viviendo en el círculo del amor divino, muriendo bajo la protección del poder divino y permaneciendo justificado en el juicio por la justicia divina, acepto en el Amado y amado por el Padre.

¿Qué más esperamos? Esperamos una absoluta perfección. El Dios que cambió nuestro corazón continuará la buena obra de santificación hasta haber sacado de nosotros todo pecado, todo deseo por el pecado y toda posibilidad de pecado. Esperamos que Él renueve nuestra mente y nos impida cometer tantos errores de juicio. Esperamos que Él renueve nuestro corazón para que se haga totalmente dedicado a las cosas divinas y celestiales. Esperamos que renueve todo nuestro espíritu para que, cuando el príncipe de este mundo llegue, no encuentre nada en nosotros — ningún pábilo para sus chispas, ninguna corrupción para sembrar su simiente maligna. Esperamos ser perfectos como Dios es perfecto; como Adán, cuando salió de las manos de su Creador, así seremos, y algo más, pues tendremos una vida en Cristo que nuestro progenitor no conoció antes de la caída en el paraíso.

Esperamos también que nuestro cuerpo sea perfeccionado. Se quedará en la sepultura y se transformará en polvo, a menos que nuestro Señor Jesús venga antes de la hora de nuestra muerte. Prestamos poca atención a esto, no teniendo el deseo intenso de evitar la sepultura donde estuvo nuestro glorioso Redentor. No tenemos nada que perder, sino mucho que ganar con la muerte, pues en esta prorrogamos nuestra mortalidad para que, en la resurrección, podamos asumir la inmortalidad.

> "La corrupción, la tierra y los gusanos
> Purificarán esta carne,
> Hasta que, cuando el Señor, nuestro Salvador venga,
> La coloquemos de nuevo."

Esperamos que este nuestro cuerpo sea elevado — cambiado, pero todavía el mismo en identidad. Para nosotros es la promesa de las Escrituras: "De la mano del Seol los redimiré, los libraré de la muerte". Cuando nuestro cuerpo despierte, aunque sembrado en corrupción, será resucitado en incorrupción; aunque sembrado en debilidad, será resucitado en poder; aunque sembrado como cuerpo adecuado solo para el alma, será resucitado un cuerpo para nuestra naturaleza más elevada, para nuestro espíritu. Al llevar la imagen de lo terreno, también llevaremos la imagen de lo celestial. Nuestro cuerpo será formado como el cuerpo del propio Jesucristo. Estamos ansiosos por un momento en que habremos terminado con los dolores y sufrimientos, con el cansancio y la decadencia, con la vejez y sus enfermedades, y con toda deficiencia, incluso la muerte. Esperamos que la juventud eterna sea nuestra herencia, y que la alegría vibre a través de todos los nervios y tendones de nuestra estructura, la cual ahora, infelizmente, muchas veces se vuelve el teatro de la agonía. Sí, esta es nuestra esperanza, la perfección del espíritu, del alma y del cuerpo; pues Cristo redimió todo, y Él tendrá el todo por su herencia, y en la totalidad de nuestra humanidad su gloriosa imagen será eternamente reflejada.

¿Qué más puede ser la esperanza de nuestro llamado? Pues bien, siendo así declarados inocentes en el juicio y hechos absolutamente perfectos, disfrutaremos para siempre — pues la duración de la gloria de nuestra herencia es eterna — y eternamente de infinita felicidad. No sabemos qué forma asumirán las alegrías de la eternidad, pero sabemos que nos hará las más felices de las criaturas. Tendremos lo mejor del cielo, sí, lo mejor de Dios, ¿y qué más puede imaginar alguien entre nosotros, aun usando todo su conocimiento y dando alas a la imaginación? Antes bien, como está escrito: "Cosas que ojo no vio, ni oído oyó, Ni han subido en corazón de hombre, Son las que Dios ha preparado para los que le aman. Pero Dios nos las reveló a nosotros por el Espíritu". Y hasta donde comprendemos esa revelación, nos enseña que entraremos en un estado de completo descanso y perfecta paz; un estado de santo deleite y actividad serena y feliz; un estado de perfecta alabanza; un estado de satisfacción; un estado, probablemente, de progreso, pero todavía de plenitud en cada centímetro del recorrido; un estado en que seremos tan felices como seamos capaces de serlo, en el cual todo recipiente, pequeño o grande, estará lleno hasta el borde.

Seremos supremamente bendecidos pues a la diestra de Dios hay placeres eternos. Esta es la esperanza de nuestro llamado.

Aún no llegamos al final, pues todavía queda algo. Tú dices: "¿Puede haber más?" Sí, esperamos estar siempre en una condición de poder, honra y relación con Dios. Esperamos estar tan cerca de Dios que todo el universo verá claramente que somos cortesanos del palacio del gran Rey, sí, príncipes de sangre real de los cielos. Estaremos muy cerca de Dios, pues estaremos con Jesús donde Él está y nos sentaremos en su trono. Serviremos a nuestro Dios y veremos su rostro mientras le servimos; su gloria será reflejada en nosotros y desde nosotros, y seremos sus queridos hijos e hijas en Cristo Jesús para siempre jamás. No existe un ángel en el cielo con quien el peor de los santos quiera cambiar su lugar, pues, aunque los ángeles nos superan ahora, ciertamente los superaremos en el mundo venidero. Estaremos más cerca del trono eterno que cualquiera de ellos, en la medida en que Cristo Jesús es nuestro hermano, y no hermano de los ángeles. Él es Dios y hombre en una sola persona, y nunca hubo Dios y ángel en la misma unión. Estaremos cercanos al Creador — vamos a hablar con respiración calmada, pero con el corazón palpitante. Estaremos al lado del Dios eterno, uno con su Hijo unigénito, que es uno con Él mismo. Esa es la esperanza de nuestro llamado.

¿Oh, señores, no vale la pena tener esto? ¿No vale la pena luchar por ello? Cuando calculas el costo, ¿qué costo vale la pena calcular? ¿No puede alguien dar por ello todo lo que tiene, sí, y también su vida, para obtener esta perla de alto precio? ¿Y si tú pudieras hacerlo? ¿Qué? ¿Perder eso? Si pudiera ser probado, como nunca lo será, que no hay sufrimiento en el infierno ni ira eterna, ¿aun así valdría la pena perder esa inmortalidad de gloria, honra y semejanza con Dios? Que ninguno de nosotros jamás sienta el dolor de esa pérdida, pues es un infierno perder el cielo, es una miseria infinita perder la felicidad infinita. Estar a una pulgada de una inmortalidad de bienaventuranza y honra, y dejarla escapar, ¿no será eso un tormento sin fin para el alma? Para agarrar los placeres del momento, por más impregnados que estén del mundo terrenal, ¿renunciaremos a los éxtasis de la eternidad? Para tomar las burbujas que se rompen antes que podamos agarrarlas, ¿debemos perder las glorias sin fin? Nada más para escapar de ese pensamiento, ¿dejaremos pasar bendiciones sin límites, considerándonos indignos de estas? Oro para que sepas "cuál es la esperanza de tu llamado" y que, cuando lo sepas, puedas gritar: "Yo la quiero. Si puede ser tomada, por la gracia de Dios, la quiero ahora". Así sea, por el amor de Cristo.

Y ahora voy para el segundo "cuál" del texto, y este es todavía más maravilloso. Tengo la seguridad de que no puedo predicar todo el texto — es demasiado grande para mí; pero aquí está — "para que sepáis cuál es la esperanza a que él os ha llamado, y cuáles las riquezas de la gloria de su herencia en los santos".

Prestemos mucha atención al hecho de que el pueblo de Dios es, por la gracia, hecho para ser su pueblo santo, su pueblo escogido y, por eso, es visto como su herencia. El mundo entero es de Dios. El ganado en millares de montes y todas las tierras y todos los mares son de Él, y los mundos más allá de las estrellas, que en profusión son sembrados en el espacio, son todos suyos; pero Él concede llamar a hombres y mujeres santificados su herencia en un sentido especial. Ellos son su tesoro peculiar, las joyas de su corona, queridas y preciosas para Él. "Porque la porción de Jehová es su pueblo; Jacob la heredad que le tocó". Quiero que pienses en esta gran verdad, porque de allí fluyen resultados prácticos. Si tú y yo somos creyentes en Jesús, somos la herencia de Dios, y el Señor tiene lo que el apóstol llama "las riquezas de la gloria de su herencia en los santos". Pero ¿cómo Dios puede hacer riquezas a partir de pobres hombres y mujeres? Ellos son creyentes en Jesús, pero ¿qué hay en ellos que Dios considera riquezas — riquezas de gloria?

Nosotros respondemos, primero, que Él gastó una riqueza de amor sobre ellos porque los ama, pobres como son, enfermos y desolados como generalmente están. Él los amó desde antes de la fundación del mundo, y tú sabes cuánto se vuelve preciosa una cosa cuando es amada. De ese recuerdo tú no te separarías ni por un montón de oro. Esta puede tener poco valor intrínseco, pero, si tú desde hace tanto tiempo le dedicas tu corazón, ¡cuán valioso se torna para ti! Dios ama a su pueblo hace tanto tiempo y con tanta intensidad, con un amor tan ilimitado, que hay en ellos una riqueza en su corazón. ¡Oh, si supiéramos algo de "las riquezas de la gloria de su herencia en los santos" medidas por el Medidor del amor!

Además de esto, el Señor gastó una riqueza de sabiduría con sus santos. Un material al principio puede casi no tener valor, pero, cuando un hombre sabio ejerce su pensamiento y habilidad sobre este, su valor puede aumentar mil veces. Y Dios pensó en sus santos para siempre. La sabiduría eterna encontró placer en los hijos de los hombres y se ocupó en favorecerlos antes de la fundación del mundo. "¡Cuán preciosos me son, oh Dios, tus pensamientos! ¡Cuán grande es la suma de ellos!" La sabiduría de Dios se exhibió en su descenso en el plan de redención. Poco se le oye hablar deliberando para un solo fin, la salvación de su pueblo; y de este asunto leemos continuamente sobre "el consejo de su voluntad", para mostrarnos que, hablando a la manera humana, el Señor luchó consigo mismo sobre cómo salvar a su propio pueblo. Sus pensamientos de sabiduría y prudencia fueron ejercidos sobre sus santos y por eso hay una riqueza de gloria sobre ellos.

Aún más, cuando las riquezas de su amor y de su sabiduría fueron dadas, fue necesario que Él entregara una vida de sufrimiento por ellos. Mira hacia los gloriosos paisajes de rocas y colinas, valles y montañas; desvía la mirada de la pradera verde hacia la cumbre nevada, brillando al sol y, mientras admiras todas las cosas, recuerda que Dios tiene obras más valiosas que esas. Nada de eso costó al Señor una encarnación y una muerte. Mira, si quieres, hacia los majestuosos salones del cielo, donde las lámparas de la gloria están encendidas con esplendor supremo, pero ni un ángel, querubín, serafín costó al Señor un sudor sangriento. Después mira hacia este pueblo; mira *su herencia en los santos*, pues es allí donde el Hijo de Dios, asumiendo la naturaleza humana, suspiró y gimió y sudó grandes gotas de sangre sintiendo las agonías de la muerte. Cuando el Señor mira hacia todo lo que hizo, no ve nada que le haya costado sufrimiento y muerte hasta llegar a su pueblo. Jesús sabe lo que los santos le costaron. Él los estima por la medida usual de los hombres, que dicen: "El precio es lo que fue conseguido", y Jesús sabe lo que su pueblo consiguió al redimirlos entregándose por ellos. Medido por esta regla, Dios tiene de hecho riquezas de gloria en su herencia en los santos.

Y entonces hay gran gloria a Dios de la obra que Él pone en su pueblo. Cuando Dios hizo el mundo, fue con una voz. Él habló, y fue hecho. Cuando hizo las cosas que son, apenas quiso, y se manifestaron; pero, en la formación de un cristiano, es preciso el trabajo de la Divinidad: Padre, Hijo y Espíritu Santo deben trabajar todos para crear una nueva criatura en Cristo Jesús. El Padre debe engendrar, el Hijo debe redimir, el Espíritu debe regenerar; e, cuando todo eso es hecho, la omnipotencia de la Divinidad debe ser presentada para mantener al cristiano vivo, perfeccionarlo y presentarlo "sin mancha delante de su gloria con gran alegría".

Un artesano puede colocar en un pequeño pedazo de hierro, sin valor alguno, tanto trabajo que será estimado en decenas de libras esterlinas, y el Dios trino puede colocar tanto trabajo en nuestra naturaleza pobre que un hombre será más precioso que el oro de Ofir. Considerando toda esa valorización, el Señor puede muy bien hablar de "las riquezas de la gloria de su herencia en los santos".

Ahora quiero llevarlos a cierto sentido de esa gloria por un minuto, mientras hablo con algún cuidado, y mucho entusiasmo, sobre aquello que el cristiano llega a ser cuando Dios perfecciona su obra sobre él.

Observemos entonces, que, cuando finalmente el creyente haya sido perfeccionado por la obra del Espíritu, como realmente será, el hombre será una criatura extraordinaria. Veamos. Dios creó la materia, y sobre la materia imprimió su voluntad, y, desde la menor partícula al más portentoso planeta, la materia nunca desobedece la ley que Dios le impuso. Este es un gran triunfo. Lo llamamos "ley de la gravitación", o como sea, lo cierto es que toda la naturaleza inanimada se somete a la ley del Altísimo y nunca se rebela. Enorme como este universo es, Dios tiene poder completo sobre este, así como tú tienes poder sobre la pelota que lanzas con tu mano. Eso es glorioso, pero aun así es una pequeña gloria en comparación con la que Dios obtiene de su pueblo cuando ellos llegan al cielo, pues ellos no serán solo muertos, materia inerte gobernada por leyes, sino que estarán llenos de vida y libertad moral y, sin embargo, estarán tan completamente sujetos a la mente divina como los átomos de la materia. Esta será de hecho una conquista — haber producido agentes libres que no estarán bajo control de la fuerza, pero perfectamente en libertad, y que serán para siempre absolutamente obedientes a la voluntad divina.

Oye nuevamente. Los santos perfeccionados serán criaturas de forma muy peculiar, pues no serán puro espíritu, disociados de la materia. Entiendo a los espíritus que están delante del trono en obediencia, porque no tienen materialismo para estorbarlos y halarlos hacia abajo. Los ángeles son espíritus sin cuerpo material, y obedecen a Dios, oyendo sus mandamientos; pero un santo perfeccionado es una criatura en la cual lo material está unido a lo espiritual. Ahora somos así, y supongo que, en cierta medida, debemos permanecer así, y aun así no habrá pecado en nosotros, ni violación del mandamiento divino. El hombre es una mezcla extraña. Está cercano a la Divinidad, y aun así es hermano del gusano. Somos participantes de la naturaleza divina e hijos de Dios; sin embargo, en cuanto a nuestro cuerpo, estamos unidos a las rocas, piedras y cosas más grotescas. El hombre renovado por la gracia toca el centro en Cristo Jesús, pero, siendo todavía hombre, abarca el límite de la criatura e incluye dentro de sí un resumen de toda la creación. Fue llamado del microcosmos, o pequeño mundo, y de hecho lo es. Dios ahora está perfeccionando a esa criatura. Un ser en el cual el polvo y la divinidad tienen parentesco. Tal ser, purificado de máculas, glorificará grandemente a Dios.

Piensen, nuevamente, queridos amigos. Cierta vez, había un espíritu brillante en el cielo, líder de los ángeles, pero el lugar era demasiado alto para él, y el hijo de la mañana cayó del cielo y arrastró a otros consigo. Dios está creando, por su gracia, seres que permanecerán al lado de su trono, pero reverentemente leales para siempre. Ellos serán colegas en su reino, pero nunca serán orgullosos o ambiciosos. Nosotros, mis hermanos, aunque en plena posesión de nuestro libre albedrío, nunca caeremos de nuestra gloria eterna, sino que seremos fieles para siempre. Habremos pasado por tal experiencia de pecado, sentiremos tan intensamente nuestra deuda con la gracia, amaremos con tanto fervor al querido Redentor, que echaremos nuestras coronas a sus pies y atribuiremos nuestra alegría solamente a Él, y así nunca soñaremos en rebelarnos. Dios está así haciendo seres a quienes será seguro exaltar honores tan cercanos a los suyos; ¿no será este un triunfo del poder y la bondad? ¿Puedes imaginar esto: ser una de las criaturas favorecidas, si de hecho eres un creyente?

Estos seres habrán conocido el mal. Piénsalo. Los ángeles no caídos nunca conocieron el mal, pero en el hombre restaurado se cumplirá la mentira del diablo hecha en la verdad de Dios: "seréis como Dios, conociendo el bien y el mal". Ellos odiarán el mal, como el niño quemado teme el fuego, y amarán la justicia, porque por la justicia fueron salvos y en la justicia fueron creados de nuevo. Cuán maravillosa será esa criatura que conoció el pecado y permanece un agente libre, y aun así nunca cederá a la locura, sino que permanecerá para siempre en santidad, mantenida por los lazos del amor. ¡Oh, cuando pienso en el destino de un hijo de Dios, mis ojos brillan, pero mi lengua se reúsa a pronunciar lo que pienso! ¡Qué hombre eres, oh hombre! ¿Quién eres para que Dios se acuerde de ti? Él te hizo *un poco más pequeño que los ángeles*, pero en Cristo Jesús te coronó con gloria y honra, y te dio dominio sobre todas las obras de sus manos; sí, en Cristo Él te levantó y te hizo sentar con Él en los lugares celestiales, mucho más arriba de los principados y potestades, y tu tiempo para reinar y triunfar para siempre está cercano. ¡Cuán glorioso es Dios en su pueblo! Dios en Cristo Jesús, visto en la Iglesia, ¿quién es semejante a Ti?

Ahora, el punto es que, si esa es la riqueza de la gloria de Dios en su herencia en los santos, tú puedes comprenderla de otra manera y decir: Esta también es la riqueza de nuestra herencia, ¿pues que seremos si Dios nos tiene por herencia?

¿Vas a perdértelo? Si eso es un sueño, me gustaría morir, en vez de tener la ilusión disipada. Pero es un hecho, así como la Palabra de Dios es verdadera. Entonces ¿te lo vas a perder? Oh, si hubiera coronas para distribuir, la mayoría de los hombres son lo suficientemente ambiciosos para buscar una, aunque pudiera serles una maldición. Si hubiera oro, o si hubiera fama, basta a los hombres oír el tintineo del metal o el toque de la trompeta, y muchos se esforzarían por la conquista; pero aquí hay honra, gloria e inmortalidad en Cristo, y esto se consigue simplemente creyendo y confiando en Jesucristo. ¿Tú lo tendrás? ¡Oh, mano escondida que no está extendida para recibir la herencia! ¡Oh, corazón fingido que no ora por ello! Dios permita que tú conozcas cuáles son "las riquezas de la gloria de su herencia en los santos", para que puedas hacer parte de esa herencia y puedas buscarla ahora.

Ahora, el tercer "cuál": "y cuál la supereminente grandeza de su poder para con nosotros los que creemos, según la operación del poder de su fuerza, la cual operó en Cristo, resucitándole de los muertos y sentándole a su diestra en los lugares celestiales". Creo haber oído a alguien decir: "¡Ay de mí! ¡Ay de mí! Oigo lo que el hombre puede ser, oigo lo que Dios puede hacer de él, pero ay de mí; eso nunca me alcanzará. Soy tan débil, tan inconstante, tan fluctuante, tan frágil. ¡Ay de mí! Estoy perdido. No tengo fuerzas". Ahora, el tercer "cuál" es este: "cuál es la supereminente grandeza de su poder para con nosotros los que creemos".

Ahora, aprende una cosa: en la conversión, preservación y salvación de cualquier persona, Dios exhibe el mayor poder que manifestó cuando resucitó a Jesucristo de entre los muertos y lo puso a su diestra en los lugares celestiales. Nadie en el mundo es salvo por sus propias fuerzas. Es por el poder de Dios, pues *fuimos creados por Él*. esto debería aliviarte mucho, a ti que estás desanimado; para ti es imposible, pero no es imposible, ni siquiera difícil, para Dios. Quien nos hizo idénticos fue Dios, que es capaz de trabajar en ti, mi querido oyente, como trabajó en la vida del apóstol Pablo. Dios puede hacer todo. Ahora, cuando nuestro Señor Jesús descendió al sepulcro, estaba muerto, pero Dios lo resucitó. Jesús estuvo preso en la tumba, y la piedra puesta a la entrada fue sellada y guardada; pero la piedra fue removida, los guardias quedaron asustados, y el Señor de la vida resucitó de entre los muertos. Todo pecador está encerrado en la tumba del pecado por malos hábitos, pero Cristo puede rodar la piedra, y el pecador puede salir como un hombre vivo. Nuestro Señor continuó en la tierra entre los hombres durante varios días; pero, a pesar de la enemistad humana, nadie lo hirió, pues había recibido una vida y una gloria a la cual ellos no podían acercarse. Los santos también habitan aquí entre los hombres y muchos buscan destruirlos, pero Dios les dio una nueva vida que jamás podrá ser destruida, porque Él la protege de todos sus adversarios. Todos los poderes de las tinieblas lucharon contra el Señor Jesucristo, sin embargo, por el poder de Dios, Él los venció a todos. Creo que ahora lo veo subiendo a lo alto y llevando consigo el cautiverio en el poder de Dios. Entonces, mi hermano, tendrás oposición de los poderes de las tinieblas y de tu propio corazón maligno; pero vencerás, pues Dios ejercerá en ti el mismo poder que manifestó en su querido Hijo, y tú también llevarás cautivo el cautiverio. Veo al Señor Jesús entrando por las puertas de perla, subiendo a su trono y sentándose allí, de donde nadie puede quitarlo. Y tú también, que crees en Jesús, tendrás el mismo poder para pisar a todos tus enemigos, tus pecados, tus tentaciones, hasta que te levantes y te sientes donde Jesús está sentado, a la diestra de Dios. El mismo poder que resucitó a Cristo está esperando para levantar al borracho de su embriaguez, sacar al ladrón de su deshonestidad, elevar al fariseo de su justicia propia y librar al saduceo de su incredulidad. Dios tiene poder entre los hijos de los hombres, y extiende ese poder para hacerlos un pueblo que mostrará su alabanza. ¡Oh, que ustedes conozcan la suprema grandeza de su poder para con nosotros, lo que creemos, porque entonces huirán del desespero! No les resta nada en este caso a no ser someterse al poder divino. Dios trabajara en ustedes; estén dispuestos a ser trabajados. ¡Oh, Espíritu del Señor, obra en nosotros esta buena voluntad! Póstrate como arcilla moldeable a los pies del alfarero, y te pondrá en la rueda y te moldeará a su placer. Está dispuesto, es todo lo que Él te pide; confía, es todo lo que el evangelio requiere de ti y, de hecho, tanto el querer como el confiar, Él mismo lo da. "Si quisiereis y oyereis, comeréis el bien de la tierra". Disponte a dejar el pecado que te arruina; disponte a aprender la verdad que te renovará; está dispuesto a sentarte a los pies de Jesús; disponte a aceptar una salvación definitiva en sus manos; y todo el poder que desea elevarte de este lugar hacia las puertas brillantes del cielo estará esperando para ser derramado sobre ti. Dios te permitió saberlo y así descansar en Jesús y ser salvo.

II. La última palabra debe estar en el segundo título: POR QUÉ DESEAMOS VER Y SABER TODO ESTO. En verdad, vengo aplicando todo el tiempo este segundo título en el desarrollo del sermón y, por eso, no necesito detenerme aquí por mucho tiempo, excepto con una recapitulación práctica.

Quiero que tú conozcas la *esperanza de tu llamado* y no la ignores, ni pongas nada en competencia con ella. Intenté con mis pobres palabras decir qué esperanza da el llamado de Dios al cristiano. Insisto. No la dejes pasar. Probablemente nunca más encontraré a la mayoría de ustedes y, si alguien les preguntara después: "Bien, ¿qué dijo el hombre?", me gustaría que fueran compelidos a decir: "Él dijo que existe un futuro delante nuestro de una gloria tal que nos responsabilizó por no perderla. Hay posibilidades de un deleite tan intenso para siempre, que nos pidió garantizar ese deleite al aceptar a Cristo y su camino de salvación".

A continuación, queremos que tú creas en "las riquezas de la gloria de su herencia en los santos" para que puedas ver dónde está tu esperanza. Tu esperanza reside en no ser más tuya, sino en ser del Señor y, así, realizar las riquezas de la gloria de la herencia de Dios en los santos. Los santos pertenecen al Señor; tu salvación será encontrada en saber experimentalmente que tú no eres tuyo, por haber sido comprado por un precio; sí, está en admitir en este momento que tu honra y tu felicidad residen en el hecho de que tú eres del Señor. Si tú fueras tuyo, te gastarías y serías arruinado, pero si eres de Cristo, Él cuidará de ti. Oh, si yo pensara que el cabello de esta cabeza pertenece solo a mí, yo lo arrancaría; pero pertenece a Jesús completamente, espíritu, alma y cuerpo, soy hombre de Cristo en la totalidad de mi ser, esto es gloria, inmortalidad y vida eterna. Si eres de ti mismo estás perdido; si eres de Cristo, estarás salvo.

El pensamiento final es este. Queremos que tú conozcas "la supereminente grandeza de su poder", que no dudes, no te desanimes ni te desesperes, sino que vengas ahora y te arrojes sobre el Dios encarnado y dejes que Él te salve. Entrégate a Él, para que la gran gloria de su poder se manifieste en ti y en el resto de su pueblo. Estoy ansioso de que tú avances hasta haber realmente escondido estas cosas en tu corazón para continuar ponderándolas por días. Pongo el pan frente a ti, no solo para que lo mires, sino para que comas una porción ahora y lleves el resto a tu casa para que comas en secreto.

Nuestra pregunta es muy parecida a la de un violinista. Las personas vienen a ver cómo se hace y después lo olvidan. No me importa lo que tú pienses de *mí*, pero me importa mucho lo que tú piensas de Cristo, de ti mismo y de tu estado futuro. Oro para que olvides la manera como yo pongo las cosas, pues puedo ser desastroso y defectuoso; pero, si hay algo en estas cosas, considéralas con cuidado. Si juzgas que la Biblia es un fraude y que no hay cielo para ser disfrutado, entonces vete, practica deportes y ríe cuanto quieras, pues solo actúas de acuerdo con tu imaginación errónea; pero, si crees que la Palabra de Dios es verdadera y existe una esperanza gloriosa relacionada con el alto llamado del cristiano, en nombre de la prudencia y del buen sentido, ¿por qué no la buscas? No te duermas ni cedas al letargo hasta encontrarla. Pido al pueblo de Dios aquí presente — y sé que existen muchos en el auditorio esta noche — que oren para que esta apelación pueda tener un efecto sobre muchos en esta gran multitud, para que ellos busquen al Señor inmediatamente con todo propósito de corazón. Oh, Espíritu de Dios, hazlo, en nombre de Jesucristo. Amén.

Salvados en la esperanza

Sermón predicado en la mañana de domingo, 28 de agosto de 1881, por el reverendo C. H. Spurgeon, en el Tabernáculo Metropolitano de Newington.

> *Porque en esperanza fuimos salvos; pero la esperanza que se ve, no es esperanza; porque lo que alguno ve, ¿a qué esperarlo? Pero si esperamos lo que no vemos, con paciencia lo aguardamos* (Rom 8.24-25).

DE ACUERDO CON NUESTRA VERSIÓN BÍBLICA, somos *salvos por la esperanza*, pero eso difícilmente está de acuerdo con otras partes de la Sagrada Escritura. En toda parte en la Palabra de Dios se nos informa que somos salvos por la fe. Veamos el primer versículo del quinto capítulo de Romanos: "Justificados, pues, por la fe". La fe es la gracia salvadora, y no la esperanza. Esto impediría la mala comprensión si el pasaje fuera traducido así; pues como el eminente crítico Bengel bien dice: "Las palabras no describen los medios, sino la manera de la salvación; estamos tan salvos que todavía resta algo que podemos esperar, tanto de salvación como de gloria". Los creyentes reciben la salvación de su alma como fin de su fe, y es de la fe que puede ser la gracia. Son salvos por la fe y en la esperanza[1].

En el presente momento, los creyentes son salvos y, en cierto sentido, completamente salvos; son completamente salvos de la culpa

---

[1] En este párrafo el autor se está refiriendo a la versión bíblica en inglés usada por él, que dice: *For we are saved by hope* (Porque fuimos salvos por la esperanza). La mayoría de las versiones en español dice: en esperanza fuimos salvos; como la versión usada aquí.

del pecado. El Señor Jesús tomó el pecado de ellos y lo cargó en su propio cuerpo en el madero, y ofreció una expiación aceptable por la cual la iniquidad de todo su pueblo es descartada de una vez y para siempre. Por la fe, somos inmediatamente salvos de la corrupción del mal y tenemos libre acceso a Dios, nuestro Padre. Por la fe, somos salvos del poder reinante del pecado en nuestros miembros. Como dice la Escritura: "Porque el pecado no se enseñoreará de vosotros; pues no estáis bajo la ley, sino bajo la gracia". La corona es quitada de la cabeza del pecado, y el brazo de su fuerza es quebrado en el corazón de cada cristiano por el poder de la fe. El pecado se esfuerza por obtener dominio, pero no puede vencer cada día, pues aquel que es nacido de Dios no comete pecado con deleite o como hábito diario, sino que se mantiene separado para que el mal no lo toque. En cuanto a la penalidad del pecado, fue soportada por nuestro gran Sustituto, y por la fe nosotros aceptamos su sacrificio, y "el que en él cree, no es condenado". Nos regocijamos, pues, en este momento, en la salvación ya obtenida y disfrutada por la fe en Cristo Jesús. Sin embargo, estamos conscientes que hay algo más que eso. Hay salvación en un sentido más amplio que todavía no vemos; pues en el presente momento nos encontramos en este tabernáculo, gimiendo porque estamos sobrecargados. A nuestro alrededor, la creación está evidentemente en trabajo de parto; hay señales de eso en una cierta inquietud, agitación y angustia de la creación. Las cosas no están como Dios originalmente las hizo. Los espinos están en los surcos de la tierra, una plaga cayó en sus flores, hay moho en sus granos. Los cielos lloran y saturan nuestras cosechas, las entrañas de la tierra se mueven y golpean nuestras ciudades. Calamidades y desastres frecuentes son presagios de un gran futuro que nacerá de este trabajo de parto. En ningún lugar de la tierra se encuentra un paraíso perfecto. Nuestras mejores cosas esperan algo mejor. Toda la creación gime y sufre dolores con nosotros. También nosotros, que recibimos las primicias del Espíritu, y por eso somos bendecidos y salvos, gemimos así, esperando algo más, una gloria aún no vista. Todavía no la alcanzamos, pero seguimos hacia delante. Nuestra primera sed de alma como pecadores fue saciada; pero hay dentro de nosotros ansias mayores e insaciables, por las cuales tenemos hambre y sed de justicia. Antes de comer el pan del cielo, teníamos hambre de puras cáscaras; pero ahora nuestra naturaleza recién nacida nos trajo un nuevo apetito, que el mundo entero no puede satisfacer.

¿Cuál es la causa de esa hambre? No tenemos ninguna dificultad en responder a esa pregunta. Nuestras tristezas, ansias y deseos insatisfechos están reunidos principalmente en dos cosas. Primero, deseamos estar totalmente libres del pecado en todas sus formas. El mal que existe en el mundo es nuestro fardo; aborrecemos la conversación maligna de los impíos y nos entristecemos por sus tentaciones y persecuciones. El hecho de que el mundo descansa en el impío y que los hombres rechazan a Cristo y perecen en incredulidad es fuente de mucha aflicción para nuestro corazón. Decimos con David: *¡Ay de mí, que moro en Mesec, Y habito entre las tiendas de Cedar!* Podríamos desear un alojamiento en un desierto, lejos de los terrores de los hombres, para que pudiéramos, en paz, tener comunión con Dios y no oír más blasfemias, murmuraciones, libertinaje y crímenes. Este no es nuestro descanso, pues está contaminado, y hasta ahora buscamos una gran liberación, cuando seremos sacados de este mundo para habitar en perfecta compañía. Sin embargo, la propia presencia de los impíos sería algo pequeño si pudiéramos ser completamente librados del pecado dentro de nosotros mismos. Eso está entre las cosas todavía no vistas. Si un hombre estuviera libre de toda tendencia a pecar, no sería más susceptible a la tentación, ni necesitaría estar vigilante contra ella. Aquello que no puede ser quemado o ennegrecido no necesita temer al fuego. Sentimos que debemos evitar la tentación, porque estamos conscientes de que hay material dentro de nosotros que en breve podrá prenderse en fuego. "Viene el príncipe de este mundo", dice nuestro Señor, "y él nada tiene en mí"; pero, cuando llega hasta nosotros, no encuentra una cosa cualquiera, sino algo muy agradable para su propósito. Nuestro corazón muy fácilmente hace eco de la voz de Satanás. Cuando él siembra la cizaña, los surcos de la antigua naturaleza pronto producen una cosecha. El mal permanece aún en el regenerado e infecta todos los poderes de la mente. ¡Oh, que podamos librarnos de la memoria del pecado! Qué tormento es para nosotros recordar partes de canciones y palabras de mal gusto. ¡Oh, si nos libráramos de la imaginación del pecado! ¿Lamentamos lo suficiente los pecados del pensamiento y de la fantasía? Un hombre puede pecar, y pecar horriblemente, en pensamiento, y aun así puede no pecar en acto. Muchos hombres cometerán fornicación, adulterio, robo e incluso asesinato en su imaginación, encontrando placer en sus pensamientos, y, sin embargo, pueden nunca haber caído en ninguno de los dichos actos. ¡Oh, que nuestra imaginación, y todas nuestras partes internas, sean purgadas de la materia corrupta que hay en ellas y que nos pudren hacia la suciedad! Existe en nosotros lo que nos hace gritar día tras día: "¡Miserable de mí! ¿quién me librará de este cuerpo de muerte?" Si alguien aquí dijera: "Yo no siento tales emociones", oro para que Dios pronto pueda hacérselo sentir. Los que están contentos consigo mismos saben muy poco de la verdadera perfección espiritual. Un hijo perfecto crece, y de la misma forma ocurre con un perfecto hijo de Dios. Cuanto más cerca estemos de la perfecta pureza del corazón, más lamentaremos el menor punto de pecado, y más veremos que ese es el pecado que una vez disculpamos. Quien más se parece a Cristo es más consciente de la imperfección, y más se inquieta con que la menor iniquidad se planee sobre él. Cuando alguien dice: "Alcancé la meta", dudo que haya comenzado a correr. En cuanto a mí, sufro los dolores del crecimiento y me siento mucho menos satisfecho conmigo mismo de lo que solía sentirme. Tengo la firme esperanza de algo mejor; pero, si no fuera por la esperanza, debería considerarme verdaderamente infeliz por estar tan consciente de la necesidad y tan atormentado por los deseos. Esta es la gran fuente de nuestro lamento. Estamos salvos, pero no completamente librados de las tendencias del pecado, no hemos alcanzado la plenitud de la santidad, "y todavía hay mucha tierra por conquistar".

Otra causa de este invierno de nuestro descontento es nuestro cuerpo. Pablo lo llama "el cuerpo de la humillación nuestra", y de hecho lo está comparando con lo que será cuando sea hecho a la imagen de Cristo Jesús. No es humillante por si solo visto como criatura de Dios, pues está maravillosamente hecho; y hay algo muy noble en el cuerpo de un hombre, hecho para andar recto, mirar hacia arriba y fijarse en el cielo. Un cuerpo tan maravillosamente preparado para ser la habitación de la mente y obedecer las órdenes del alma no debe ser despreciado. Un cuerpo que puede ser el templo del Espíritu Santo no es una estructura mezquina; por tanto, no lo despreciemos. Debemos estar eternamente agradecidos por haber sido hecho hombres, si también fuimos hechos hombres nuevos en Cristo Jesús. El cuerpo quedó bajo el poder de la muerte a través de la caída, y así continúa; y, permaneciendo así, su destino es morir más temprano que tarde, a menos que el Señor aparezca repentinamente. Y, aun así, el cuerpo necesita ser cambiado, pues carne y sangre, como son, no pueden heredar el reino de Dios. Y así, pobre cuerpo, no estás bien combinado con el alma recién nacida, pues no naciste de nuevo. ¡Eres una habitación un tanto sosa y triste para un espíritu nacido en el cielo! Con dolores y sufrimientos, cansancio y enfermedad, tu necesidad de sueño, comida y ropa, tu susceptibilidad al frío, calor, accidentes, decadencia, como también al trabajo excesivo y exhaustivo, tú eres un siervo lamentable del alma santificada. Arrastras y estorbas un espíritu que puede volar más alto. ¡Cuántas veces una carencia de salud reprime la noble llama de la alta resolución y de la santa aspiración! ¡Cuántas veces el dolor y la debilidad congelan la corriente genial del alma! ¿Cuándo seremos emancipados de las cadenas de este cuerpo natural y nos pondremos el vestido de novia del cuerpo espiritual? Con el pecado que habita en nuestro pecho y esta vestimenta de arcilla mortal, estamos contentos de que nuestra salvación esté ahora más cerca que cuando creímos, y deseamos entrar en el pleno gozo de ella.

Aquí, el texto nos da un buen ánimo. De las fuentes de nuestro presente gemido, hay una liberación completa, una salvación tan amplia, que cubre toda el área de nuestras carencias, sí, de nuestros deseos. Una salvación nos espera, y su extensión es la eternidad y la inmensidad. Todo lo que nuestra capacidad mental puede desear está allí contenido, y sobre eso el texto dice: "en esperanza fuimos salvos". Aquella más grande y más amplia salvación, la conquistamos por la esperanza. Gloria a Dios por eso.

Este, entonces, es el asunto de nuestra presente meditación: la esperanza que abarca la mayor salvación que ansiamos.

I. Comencemos recapitulando el primer título, EL OBJETIVO DE ESTA ESPERANZA. Ya examinamos los principales puntos. La esperanza, en primer lugar, abarca *nuestra absoluta perfección*. Volvemos el rostro en dirección a la santidad y, por la gracia de Dios, no descansaremos hasta alcanzarla. Todo pecado en nosotros está condenado no solo a ser vencido, sino a ser muerto. La gracia de Dios no nos ayuda a esconder nuestras debilidades, sino a destruirlas. Lidiamos con el pecado, como Josué hizo con los cinco reyes cuando entraron en la caverna en Maceda. Mientras estaba ocupado en la batalla, dijo: "Rodad grandes piedras a la entrada de la cueva". Nuestros pecados, por un tiempo, son silenciados por la gracia concedida, como en una caverna, y grandes piedras son rodadas a la boca de la cueva; pues escaparían si pudieran y una vez más arrebatarían las riendas. Pero, en el poder del Espíritu Santo, pretendemos lidiar con estos de manera más eficaz, poco a poco. "Abrid la entrada de la cueva, y sacad de ella a esos cinco reyes, dijo Josué, después de esto Josué los hirió y los mató, y los hizo colgar en cinco maderos". Por la gracia de Dios nunca estaremos satisfechos hasta que nuestras inclinaciones naturales por el pecado sean totalmente destruidas, excomulgadas y abominadas. Esperamos un día cuando no quedará en nosotros ninguna mancha del pecado pasado o una inclinación hacia el futuro de pecado. Todavía tendremos voluntad y libertad de decisión, pero escogeremos solo el bien. Los santos en el cielo no son seres pasivos, guiados por el camino de la obediencia por un poder que no pueden resistir; más bien, como agentes inteligentes, eligen libremente ser santos para el Señor. Disfrutaremos para siempre de la gloriosa libertad de los hijos de Dios, que consiste en la constante elección voluntaria de aquello que debe ser escogido, y en una consecuente felicidad ininterrumpida. La ignorancia también habrá pasado, pues todos seremos enseñados por el Señor y conoceremos tanto como somos conocidos. Perfectos en el servicio y limpios de toda voluntad propia y deseo carnal, estaremos cerca de nuestro Dios y nos agradaremos de Él. Como Watts dijo:

> "El pecado, antes mi peor enemigo,
> No importunará más mis ojos ni oídos;

> Todos mis enemigos internos serán muertos.
> Ni siquiera Satanás quebrará mi paz nuevamente."

¡Qué cielo será ese! Pienso que, si yo pudiera librarme de toda sujeción al pecado, no habría escogido donde morar, sea en la tierra o en el cielo, en el fondo del mar con Jonás o en la mazmorra con Jeremías. Pureza es paz, y santidad es felicidad. Quien es santo como Dios es santo, por consiguiente, será feliz como Dios es feliz. Este es el principal objetivo de nuestra esperanza.

El otro objetivo de nuestro deseo es la *redención del cuerpo*. Leíamos en los versículos donde Pablo nos enseña esa verdad:

> "Pero si Cristo está en vosotros, el cuerpo en verdad está muerto a causa del pecado, mas el espíritu vive a causa de la justicia. Y si el Espíritu de aquel que levantó de los muertos a Jesús mora en vosotros, el que levantó de los muertos a Cristo Jesús vivificará también vuestros cuerpos mortales por su Espíritu que mora en vosotros".

Al morir, dejamos nuestro cuerpo atrás por un tiempo. No seremos, por lo tanto, en cuanto a toda nuestra humanidad, perfectos en el cielo hasta la resurrección. Seremos moralmente perfectos, pero, como un hombre completo está hecho de cuerpo y alma, no seremos físicamente perfectos mientras una parte de nuestra persona permanece en el sepulcro. Cuando la trompeta de la resurrección suene, este cuerpo se levantará, pero lo hará redimido; y, como nuestra alma regenerada es muy diferente de nuestra alma bajo la servidumbre del pecado, así el cuerpo, cuando sea levantado, será muy diferente del cuerpo como es ahora. Las debilidades causadas por la enfermedad y por la edad serán desconocidas entre los glorificados, pues son como los ángeles de Dios. Nadie entrará en la gloria cojo o mutilado, decrépito o malformado. No tendrás ojos ciegos allá, mi hermana; ningún oído sordo allá, mi hermano; no habrá temores de parálisis u órganos gastados por el uso. Allí tendremos la juventud eterna; el cuerpo que es sembrado en debilidad será elevado en poder e inmediatamente volará a las órdenes de su Señor. Pablo dice: "Se siembra cuerpo animal" (o con alma) adecuado para el alma; "resucitará cuerpo espiritual", adecuado para el espíritu, la más alta naturaleza del hombre. Supongo que habitaremos un cuerpo que los querubines usan cuando vuelan sobre las alas del viento; o el que puede ser adecuado para un serafín, cuando, como una llama de fuego, brilla a la orden de Jehová. Seas lo que seas, tú serás muy diferente que ahora. Eres la lámpara marchita que será echada en la tierra, pero te levantarás como una flor gloriosa, un cáliz de oro para asegurar la luz del sol en el rostro de Jehová. Todavía no conoces la magnitud de esa gloria, excepto que serás formado como el cuerpo glorioso del Señor Jesús. Este es el segundo objetivo de nuestra esperanza, un cuerpo glorificado para asociarse a nuestro espíritu purificado.

Visto bajo otra luz, el objetivo de nuestra esperanza es este: *que entremos en nuestra herencia*. Pablo dice: "Y si hijos, también herederos; herederos de Dios y coherederos con Cristo". Si tenemos poco o mucho en esta vida, nuestra propiedad no es nada comparada con la que tenemos a cambio, garantizada para nosotros el día cuando lleguemos a la mayoría de edad. La plenitud de Dios es la herencia de los santos; todo lo que puede hacer a un hombre bendito, noble y completo está reservado para nosotros. ¡Mide, si puedes, la herencia de Cristo, que es heredero de todas las cosas! ¿Cuál debe ser la porción del bienamado Hijo del Altísimo? Sea lo que sea, es nuestro, pues somos herederos junto con Cristo. Estaremos con Él y contemplaremos su gloria; vestiremos su imagen y nos sentaremos en su trono. No puedo decirte más, pues mis palabras son alcanzadas por la pobreza. Me gustaría que todos meditáramos en lo que las Escrituras revelan sobre este asunto, hasta que sepamos todo lo que puede ser conocido. Nuestra esperanza busca muchas cosas, sí, todas las cosas. Ríos de placer están fluyendo eternamente para nosotros a la diestra de Dios.

Pablo habla sobre "la gloria venidera que en nosotros ha de manifestarse" y nos dice en otro lugar que es "incomparable, de valor eterno". Qué palabra es esta: ¡Gloria! Gloria que debe ser nuestra. De nosotros mismos, pobres pecadores. La gracia es dulce, pero ¿qué será la gloria? Y debe ser revelada en nosotros, con respecto a nosotros y a través de nosotros por toda la eternidad.

Pablo habla también sobre "la libertad gloriosa de los hijos de Dios". ¡Oh palabra encantadora: libertad! Amamos oír el toque de las trompetas de plata de aquellos que luchan contra los tiranos, pero ¡qué será cuando las trompetas del cielo proclamen el jubileo eterno para todo esclavo espiritual! ¡La libertad de los hijos de Dios! Libertad para entrar en el lugar santísimo, habitar en la presencia de Dios y contemplar su rostro para siempre jamás.

El apóstol habla además sobre "la manifestación de los hijos de Dios". Aquí estamos escondidos en Cristo como piedras preciosas en un cofre; pero en breve seremos revelados como joyas en una corona. Como Cristo tuvo su tiempo de manifestación a los gentiles después de permanecer algún tiempo oculto, también nosotros, que ahora somos desconocidos, debemos tener una manifestación frente a los hombres y los ángeles. Entonces los justos brillarán como el sol en el reino de su Padre. Cuál será nuestra manifestación, oh hermanos y hermanas, no lo puedo decir; ojos no lo han visto, ni oídos lo han oído, ni ha penetrado en el corazón del hombre; y, aunque Dios nos lo haya revelado por su Espíritu, todavía una pequeña parte de esa revelación nuestro espíritu es capaz de recibir. Supongo que solo aquel que vio el hogar de los perfectos puede decirnos cómo es, e imagino que ni siquiera él podría hacerlo, pues el lenguaje no podría definirlo. Cuando subió al paraíso, Pablo oyó palabras, pero no nos dice cuáles fueron, pues dice que no se le permite al hombre mencionarlas; eran demasiado divinas para la lengua mortal. No todavía, pero en breve el objetivo de nuestra esperanza será claro para nosotros. No pensemos menos porque decimos: "en breve", pues el intervalo de tiempo es un asunto insignificante. Pronto desaparecerá. ¿Qué son algunos meses o años? ¿Y si algunas centenas de años se interponen antes de la resurrección? En breve serán barridos por nosotros como el ala de un pájaro, y entonces, ¡ah, entonces! Lo invisible será visto, lo indecible será oído, lo eterno será nuestro para siempre. Esa es nuestra esperanza.

II. Vamos ahora a reflexionar SOBRE LA NATURALEZA DE ESA ESPERANZA. Somos salvos en la esperanza. ¿Qué tipo de esperanza es esta en la cual somos salvos?

Primero, nuestra esperanza consiste en tres cosas — creencia, deseo y expectativa. La esperanza de ser limpios del pecado en nuestra alma y rescatados de toda enfermedad en cuanto a nuestro cuerpo surge de una garantía solemne de que así será. La revelación de Aquel que trajo a luz la vida y la inmortalidad nos testifica que también obtendremos gloria e inmortalidad. Seremos creados a imagen de Cristo y participaremos de su gloria. Esta es nuestra creencia, porque Cristo resucitó, está glorificado y somos uno con Él. Esto también deseamos, ¡y cuán ardientemente! Lo deseamos tanto que a veces queremos morir para que podamos entrar allí. En todos los momentos, pero especialmente cuando tenemos un vistazo de Cristo, nuestra alma ansía estar con Él. Este deseo es acompañado de expectativa confiada. Esperamos tanto ver la gloria de Cristo y compartirla, como esperamos ver el mañana; o, mejor, tal vez no veamos el sol mañana, pero ciertamente veremos al Rey en su hermosura en el cielo y en la tierra que está muy lejos. Creemos en esto, lo deseamos y esperamos. Esta es la naturaleza de nuestra esperanza. No es un deseo indefinido, nebuloso y sin fin de que todo saldrá bien, como aquellos que dicen: "Espero que todo me salga bien", aunque vivan descuidadamente y no busquen a Dios; más bien, es una esperanza hecha de conocimiento, creencia firme, deseo espiritual y expectativa garantizada.

Esta esperanza está fundamentada en la Palabra de Dios. Dios nos lo prometió; por tanto, lo creemos, deseamos y esperamos. Él dijo: "El que creyere y fuere bautizado, será salvo", y el sentido más amplio que podemos dar a la palabra "salvo" debe ser el sentido que Dios le da, ya que sus pensamientos son siempre superiores a los nuestros. Esperamos que Dios haga lo que dijo en el más amplio sentido de su promesa, porque Él nunca se retractará de su Palabra, ni fallará a su compromiso. Comprometemos nuestra alma con el Salvador, que declaró que salvará a su pueblo de sus pecados. Confiamos en nuestro Redentor, y nuestra creencia es que Él vive y que, aunque nuestro cuerpo permanezca en la tierra hasta el último día, aunque los gusanos hayan destruido este cuerpo, aún en nuestra carne veremos a Dios. Muchas y preciosas son las palabras de Dios para el mismo resultado, y nosotros nos apegamos a ellas, estando seguros de que lo que Él prometió también es capaz de realizarlo.

Moriremos sin la duda de que resucitaremos, así como ya entregamos al polvo muchos seres queridos en la esperanza segura de su resurrección para la vida eterna. Así como el labrador arroja su grano en la tierra y no tiene duda de verlo nuevamente levantarse, nosotros también enterramos los cuerpos de los santos, y así renunciamos a nuestro propio cuerpo, en la expectativa segura que vivirá nuevamente. Esta es una esperanza que vale la pena tener, pues está fundamentada en la Palabra de Dios, en la fidelidad de Dios y en su poder para cumplir su propia promesa; es, por tanto, una esperanza segura y firme, que no avergonzará a nadie que la posea.

Esta esperanza es producida en nosotros por el Espíritu de Dios. Jamás habríamos conocido esa esperanza si el Espíritu Santo no la hubiera encendido en nuestro pecho. Hombres impíos no tienen esa esperanza, y nunca la tendrán. Solamente cuando los hombres son renovados, esa esperanza entra, con el Espíritu Santo habitando en ellos. Y aquí estoy con una alegría indecible, pues, si mi esperanza de perfección e inmortalidad fue ejercida en mí por Dios, entonces debe ser cumplida, pues Él nunca inspiraría una esperanza que avergüence a su pueblo. El Dios verdadero nunca da a los hombres una falsa esperanza. Eso no puede ser. El Dios de la esperanza, que te enseñó, mi hermano, a esperar la salvación del pecado y de todos sus efectos, te hará de acuerdo con la expectativa que Él mismo despertó; por tanto, confía y espera pacientemente el día alegre de la aparición del Señor.

Esta esperanza obra en nosotros de manera santa, como todo lo gracioso y santo que viene de Dios debe hacer. Nos purifica, como dice Juan: "Y todo aquel que tiene esta esperanza en Él, se purifica a sí mismo, así como Él es puro". Tenemos tanta seguridad de esa herencia que nos preparamos para ella, dejando de lado todas las cosas contrarias y asumiendo todas las que le convienen. Nos esforzamos por vivir en la perspectiva de la gloria. Cuántas veces se me ocurrió, y no dudo que a ustedes también, mis hermanos, preguntar: "¿Cómo será eso el día del juicio?" E hicimos ese acto de generosidad o de consagración no porque nos interesara lo que el hombre pensaría, sino porque lo miramos a la luz de la gloria venidera. Para nosotros, el estímulo más grande es que será puesta una corona de vida que no perece.

Esta bendita esperanza nos hace sentir que pecar es una vergüenza para nosotros, una vergüenza que haría a los príncipes de sangre imperial de los cielos revolverse en el lodo como hijos de la alcantarilla. Debemos vivir como aquellos que están destinados a habitar bajo las llamaradas de la luz inefable. No podemos andar en las tinieblas, pues debemos habitar en un esplendor frente al cual el sol palidece; debemos bautizarnos en la comunión de la propia Divinidad. ¿Debemos, por tanto, ser esclavos de Satanás, o siervos del pecado? ¡Dios nos libre! Esta bendita esperanza nos atrae hacia Dios y nos saca de la cueva del pecado.

III. Habiendo descrito el objetivo y la naturaleza de esta bendita esperanza, me acerco todavía más al texto para observar el anticipado PODER DE ESTA ESPERANZA, pues el apóstol dice: "Porque en esperanza fuimos salvos"; es decir, conseguimos la mayor salvación, con respecto a la cual estamos ahora hablando, cuando fuimos enseñados a conocer esta esperanza. Obtuvimos la primera parte de la salvación, el perdón del pecado y la justificación, *por la fe*, y tenemos comunión con Dios y acceso a las incontables bendiciones, *por la fe*. Algunos de nosotros estamos tan conscientes de esto como comemos y bebemos. Pero, además de todo esto, tenemos *en la esperanza* una gama más completa de salvación, liberación total del alma del pecado y redención plena del cuerpo del dolor y de la muerte. Tenemos esta salvación *en la esperanza* y nos regocijamos *en la esperanza* de la gloria de Dios. ¿Cómo se explica esto?

Primero, *la esperanza ve todo garantizado por la promesa de la gracia*. Tan pronto creemos en Cristo, nuestra esperanza garantiza el perdón, y nosotros exclamamos: "Aún no estoy libre de las tendencias del pecado, pero, en la medida en que creo en Cristo para salvación, ciertamente seré perfeccionado, pues Cristo no habría venido a darme salvación parcial e imperfecta. Él perfeccionará lo que dijo con respecto a mí". Así, la esperanza ve en la promesa de salvación muchas cosas más que todavía no han sido probadas. Sabiendo que toda la promesa es de igual certeza, la esperanza aguarda la misericordia futura tan seguramente como la fe disfruta de la presente bendición.

Además, *la esperanza ve la cosecha completa en las primicias.* Cuando el pecado fue subyugado por la gracia, la esperanza pensaba verlo totalmente exterminado. Cuando el Espíritu Santo vino a habitar en el cuerpo, la esperanza concluye que el cuerpo será entregado tan seguramente como el alma. En el momento en que la fe introduce la esperanza en el corazón, canta: "Yo tengo la salvación completa — no en gozo real, sino en una segura inversión en Cristo Jesús". La esperanza saludó el primer rayo y, así, tomó posesión de la cosecha. Pregunta a cualquier labrador que asegura un puñado de espigas de trigo maduras si él tiene trigo maduro, y te dirá que sí. "Pero todavía no has cosechado". "No, todavía no, pero es mío, y en el debido tiempo yo lo cosecharé; estas espigas llenas son una garantía total de la existencia del trigo y del hecho que está madurando". Entonces, cuando Dios nos da a ti y a mí amor por Jesús y liberación del dominio del mal, esas primicias representan una salvación perfecta que será revelada en nosotros. Nuestra primera alegría fue afinar nuestras arpas para una música eterna. Nuestra primera paz fue la luz de la mañana de un día sin fin. Cuando vimos a Cristo por primera vez y lo adoramos, nuestra adoración fue la primera reverencia frente al trono de Dios y del Cordero. Así, en la esperanza fuimos salvos; nos trajo el principio de la perfección, la garantía de la inmortalidad, el comienzo de la glorificación.

Además, la esperanza es tan segura en cuanto a ese próximo favor que *lo considera obtenido*. Recibiste el aviso de un comerciante con quien negociaste más allá del mar. Él dice: "Busqué la mercancía que me encomendó y las mandaré en el siguiente barco, que probablemente llegará en el tiempo determinado". Otro comerciante entra en contacto y te pregunta si quieres comprar tales y tales mercancías, y respondes: "No, ya las tengo". ¿Dices la verdad? ¡Ciertamente! Porque, aunque no las tengas en tu haber, ya están facturadas; sabes que están en camino; estás tan acostumbrado a confiar en tu correspondiente extranjero que consideras tuya la mercancía. El acto realizado las hace tuyas. Así es con el cielo, con la perfección, con la inmortalidad; la acción está hecha, lo que la hace la herencia de los santos. Yo tengo los avisos de Alguien en quien no puedo dudar, exactamente de mi Señor, que fue al cielo a preparar lugar para mí y volverá y me recibirá para sí mismo. Tan segura es la esperanza de ese hecho, que permite comparaciones y conclusiones prácticas. Un buen y viejo proverbio nos dice: "No cuente con el huevo dentro de la gallina", pero aquí está un caso en el cual tú puedes hacerlo, ya que el apóstol dice: "Pues tengo por cierto que las aflicciones del tiempo presente no son comparables con la gloria venidera que en nosotros ha de manifestarse". Tiene seguridad de ello que mantiene una cuenta débito y crédito; anota los sufrimientos de este tiempo presente en sus gastos y la gloria que será revelada entre sus bienes, y declara que aquella es tan vasta, mientras los otros son tan absolutamente insignificantes que no son dignos de ser anotados.

No, el apóstol no solo está seguro de evaluarlo, sino que suspira por eso. Nosotros, que estamos en este cuerpo, suspiramos por la adopción completa. Nuestros gemidos no surgen de la duda, sino de la santidad; somos impelidos por nuestra expectativa confiada hacia la vehemencia del deseo. Es inútil llorar por aquello que nunca se tendrá. El niño que llora por la luna es tonto. Pero suspirar por lo que tengo certeza que es adecuado y apropiado muestra la fuerza de mi fe.

El apóstol tiene tanta seguridad que incluso *triunfa* en ello. Dice que somos más que vencedores, por medio de Aquel que nos amó — o sea, aunque todavía no seamos perfectos y nuestro cuerpo aun no esté libre de dolor, tenemos tanta certeza de la perfección y liberación completa que soportamos con alegría todas las cosas, triunfando sobre todas las dificultades. Amigo, tú no quedarás pobre por muchas semanas; habitarás donde las calles están pavimentadas con oro. Tu cabeza no dolerá por muchos meses, pues estará cercada por una corona de gloria y bienaventuranza. No importa la vergüenza, los otros no podrán reírse de ti por mucho tiempo; tú estarás a la diestra de Dios, el propio Padre, y la gloria de Cristo te revestirá para siempre. ¡Oh, es una bendición infinita tener esa esperanza y la certeza de que Él anticipará sus alegrías antes que realmente lleguen hasta nosotros! Fuimos salvos en la esperanza.

IV. Vamos a observar por un momento LA ESFERA APROPIADA DE LA ESPERANZA. La esfera de la esperanza significa "las cosas no vistas". Esperanza que es vista no es esperanza, pues, si el hombre ve, ¿por qué todavía espera? Por eso, hermanos, la promesa real del cristiano no es lo que ve. Supón que Dios te haga prosperar en este mundo y tengas riquezas; estarás agradecido, pero confiesa que ese no es tu tesoro. Una hora con el Señor Jesucristo traerá más satisfacción al creyente que la mayor medida de riqueza. Aunque pueda haber prosperado en este mundo, el santo ridiculizará la idea de hacer del mundo su porción. Mil mundos con toda la alegría que puedan producir son como nada comparados con nuestra herencia designada. Nuestra esperanza no lidia con niñerías; deja las ratas del granero a los búhos y vuela en las alas del águila, donde las alegrías más nobles la esperan.

> "Más allá, más allá de este cielo,
> Donde hay eternidad;
> Donde placeres estables nunca mueren
> Y frutos inmortales banquetean el alma."

Pero está claro que en el presente no disfrutamos de esas cosas gloriosas que esperamos. El mundano clama: "¿Dónde está tú esperanza?", y nosotros confesamos que no vemos los objetos de nuestra esperanza. Por ejemplo, no podemos alegar ya ser perfectos, ni esperamos serlo mientras estemos en este cuerpo, pero creemos que seremos perfeccionados a la imagen de Cristo en el tiempo designado por el Padre. De ninguna forma nuestro cuerpo está libre de enfermedades en este momento; dolores, sufrimientos y cansancio nos recuerdan que nuestro cuerpo está sujeto a la muerte debido al pecado. Sin embargo, nuestra firme convicción es que tendremos la imagen de lo celestial, así como ahora tenemos la imagen de lo terrenal. Estos son asuntos de la esperanza y, por tanto, están fuera de la experiencia actual. No quedemos abatidos porque es así; debemos tener algo reservado para que la esperanza se alimente. No podemos tener todo el cielo y aún así permanecer en la tierra. Amado, si tú te sientes atormentado por el pecado que habita en ti, y tu santidad parece estar desgastada y manchada, debes estar completamente convencido que Aquel que prometió es capaz de cumplirlo.

Deja, entonces, de juzgar por lo que haces, ves, sientes o eres. Sube a la esfera de las cosas que serán. ¿No puedes hacerlo? Cuando no hay alegría en el presente, hay una alegría infinita en el futuro. No digas: "Oh, pero está muy lejos". No es así. Muchos de ustedes tienen sesenta, setenta u ochenta años; su tiempo para la visión de Cristo en su estado sin el cuerpo no puede estar lejos, pues el hilo de la vida se está rompiendo. Algunos de nosotros estamos en la mediana edad y estamos obligados a considerar que la concesión que nos fue dada está terminando; y, como mucho son arrebatados en el auge de la vida, podemos a cualquier momento llegar a la tierra por la cual esperamos. No debemos preocuparnos con lo que haremos de aquí a diez años, pues es probable que, en aquel tiempo, hayamos entrado en el descanso prometido y estemos sirviendo al Señor día y noche en su templo y contemplando su rostro con alegría indecible. Aun suponiendo que cualquiera de nosotros esté condenado a ser exiliado del cielo por cincuenta años más, el tiempo de nuestra permanencia pronto desaparecerá. Vamos a trabajar al máximo para la gloria de Dios mientras estemos aquí, pues los momentos desaparecen. ¿Recuerdas esa época del año pasado, cuando el otoño estaba en pleno desarrollo? Parece que fue ayer. Ustedes, niños y niñas, piensan en un largo año, pero los viejos tienen otra opinión. No tememos largos años ahora que estamos quedando canosos. Para mí, el tiempo pasa tan rápido que los punteros del reloj se calientan por la velocidad. El miedo grita: "¡Ah, un poco de espacio para respirar!" Pero la esperanza responde: "No, deja que los años vuelen, pronto estaremos en casa". Hay apenas un paso entre nosotros y el cielo; no nos preocupemos con las cosas de aquí abajo. Somos como personas en un tren expreso que ve un paisaje desagradable en los campos, pero pasa antes que tengan tiempo de pensarlo. Si hubiera alguna incomodidad en el transporte, si hubieran sido puestos en un compartimento de tercera clase cuando recibieron el billete de primera clase, no tendrán problemas si es un viaje corto. "Mira", dice alguien, "acabamos de pasar la última estación y luego estaremos en el terminal; no importa". Vamos a proyectarnos hacia el futuro. No necesitamos mucho esfuerzo de la imaginación para elevarnos, podemos saltar esa pequeña distancia por la esperanza y sentarnos entre los tronos allí arriba. Decidan, mis hermanos, que, por lo menos hoy, ustedes no se fijarán en este tiempo nublado y terrestre, sino que estarán en la eternidad brillante y sin nubes. Es necesario dejar esas corrientes turbias y bañarse en el río de la esperanza cuyas corrientes cristalinas fluyen de la fuente pura de la alegría divina.

V. Nuestro tiempo se agotó, y debemos terminar este sermón observando el EFECTO DE ESTA ESPERANZA, que es así descrita: "con paciencia lo aguardamos". Nosotros aguardamos, y debemos aguardar, pero no como criminales por la ejecución; nuestra espera es más como la de la novia por el matrimonio. Esperamos con paciencia, lealtad, aspiración y sumisión. Es cierto que la alegría vendrá, no tenemos duda de ello; por eso no nos quejamos ni murmuramos, como si Dios hubiera olvidado su compromiso y nos hiciera esperar innecesariamente. No, el tiempo que Dios determinó es el mejor; y estamos contentos con esto. No desearíamos estar aquí ni partir en cualquier momento, a no ser en el momento del Señor. Se dice que el querido Rowland Hill buscó a un amigo anciano que estaba muriendo, para que pudiera enviar un mensaje al cielo, a John Berridge y otros amados Johns que lo precedieron, y bromeó añadiendo una palabra de esperanza de que el Maestro no había olvidado a la anciana Rowland y lo dejaría volver a casa en el debido tiempo; sin embargo, él nunca soñó que podría ser pasado por alto. Entre las últimas expresiones del famoso John Donne estaba esta: "Yo sería infeliz si no muriera". Este sería un mundo horrible, de hecho, si estuviéramos condenados a vivir aquí para siempre. Es una certeza extravagante frente a nosotros. Hace algún tiempo un caballero me dijo que nunca moriría, sino que, en ciertos intervalos, eliminaría los efectos de la edad y negociaría un nuevo período de vida. Gentilmente vino a decirme cómo podría disfrutar del mismo favor; pero, como no soy ambicioso con relación a la inmortalidad terrenal, esa oferta no me tentó. Él me dijo que podría hacerme joven nuevamente por cientos de años, pero rechacé sus condiciones y el beneficio a cualquier precio. No deseo nada de eso; mi perspectiva más confortable sobre esta vida es que se disipará en la vida eterna. Me parece que la cosa más alegre de la vida es que lleva a la otra y a un estado mejor. No estoy infeliz o descontento, pero, como tengo una buena esperanza de perfección para mi alma y cuerpo, y una perspectiva segura de comunión cara a cara con Dios, ¿cómo puedo hablar bien de cualquier cosa que me separe de mi alegría? Sí, Él vendrá, ciertamente vendrá; por eso, esperémoslo pacientemente.

Cuando Satanás nos ataca, cuando la tentación nos vence, cuando la aflicción nos derrota, cuando la duda nos atormenta, vamos a soportar la prueba temporal con firmeza, pues en breve estaremos fuera del alcance de los disparos. La consumación vendrá y, cuando venga, no nos acordaremos más de nuestros dolores por la alegría de que nuestro cielo nació para nosotros y nosotros para él.

Ahora, entonces, tú que no crees en Dios, dime cuál es tu esperanza. Hazla pública en el mundo y deja que todos los hombres la evalúen. ¿Cuál es tu esperanza? ¿Vivir por mucho tiempo? Sí, ¿y después? ¿Tener una familia? Sí, ¿y después? ¿Verlos confortablemente instalados en la vida? Sí, ¿y después? ¿Ser abuelo de una descendencia numerosa? Sí, ¿y después? ¿Alcanzar la vejez extrema en un retiro tranquilo? Sí, ¿y después? La cortina caerá. Déjame levantarla. El cementerio. El trono de Dios. La sentencia de tu alma. La trompeta de la resurrección. La destrucción final. Cuerpo y alma en el infierno para siempre. Tú no tienes una mejor perspectiva. Mira por la ventana y ve lo que tiene que ser visto. El Señor tiene piedad de ti y te da una esperanza mayor. En cuanto a ti, creyente en Cristo, te exijo que comiences a cantar hoy los sonetos del futuro. Encanta tu vida de peregrino con la poesía de la esperanza.

Los cordones y las cuerdas de las carrozas

Sermón destinado a la lectura en el Día del Señor, 8 de febrero de 1885, predicado por el reverendo C. H. Spurgeon, en el Tabernáculo Metropolitano de Newington el 14 de diciembre de 1884.

> *¡Ay de los que traen la iniquidad con cuerdas de vanidad, y el pecado como con coyundas de carreta!* (Is 5.18).

El texto comienza con "ay"; cuando tenemos un "ay" en este libro de bendiciones, comienza una advertencia para que podamos escapar de la angustia. Los "ayes" de Dios son mejores que las felicitaciones del diablo. Dios tiene siempre como propósito el bien del hombre, y solamente pone el mal delante suyo para que pueda desviarse de los peligros de un camino equivocado y, así, escapar del mal que está al final del recorrido. No pienses que soy cruel en este momento porque mi mensaje suena severo y contiene una nota de pesar en vez de alegría. Puede ser muy benéfico para las próximas generaciones, queridos amigos, estar un poco descontentos. Puede hacer que las campanas toquen en sus oídos para siempre, si esta noche, en vez del sonido de la dulce arpa, tú oigas el clarín estridente sorprendiéndolo con la reflexión. Tal vez los "ay, ay, ay", aunque puedan sonar como un ruido terrible en tus oídos, sean el medio de llevarte a buscar y encontrar a tu Salvador, y entonces, por toda la eternidad, ningún "ay" jamás llegará cerca de ti. Que el buen Espíritu de toda gracia traiga poder a mi advertencia para que tú aproveches este sermón.

Este es un texto singular. No es fácil entenderlo a primera vista. Aquí están los que dicen retratar el pecado con cordones de falsedad, que son suficientemente finos, pero aun así lo retratan como una cuerda de carroza, que es suficientemente gruesa. Están equipados para pecar, y los trazos parecen frágiles, insignificantes y quebradizos. Tú podrías tocarlos, pues son una farsa, una ficción, mera vanidad. ¿Qué puede ser más fino u débil que los hilos de la vanidad de la tela de una araña? Sin embargo, cuando intentas romperlos o removerlos, terminan siendo cuerdas de una carroza, adaptadas para soportar la fuerza de un caballo o un buey. Motivos que no tienen fuerza lógica y que no amarrarían a un hombre razonable por un momento son, no obstante, suficientes para mantener el máximo de hombres en cautiverio. Ese hombre es esclavo de la iniquidad que, por motivos indignos y razones indefendibles que no parecen más fuertes que pequeños cordones, lo prende como lazos de acero, y queda unido a la carroza cargada de su iniquidad, como un caballo está atado por una cuerda a la carroza. Este es nuestro tema en este momento, y que Dios lo haga útil para muchos. Por encima de todo, me gustaría verte salvo, tú que estás arrastrando el peso del pecado. Que Dios te conceda esa gracia y que el Espíritu te liberte.

Primero, voy a *explicar la descripción simple* — ampliándola y citando ejemplos de la vida cotidiana. En segundo lugar, ampliaré el *sufrimiento que ciertamente se relaciona al hecho de estar preso al pecado*. Y entonces, en tercer lugar, con la ayuda de Dios, *yo te animaré a salir del camino*. Oro para que tengas estas cuerdas cortadas, para que no estés más detrás de la iniquidad y del pecado. ¡Oh, que esta pueda ser la hora de la salvación para muchos de ustedes, que, como Sansón, puedan quebrar los cordones y las cuerdas con los que fueron amarrados!

I. En primer lugar, déjenme dar la EXPLICACIÓN SIMPLE. Aquí hay personas atadas a la carroza del pecado — presas a este por muchas cuerdas, todas livianas como la vanidad y, sin embargo, fuertes como cuerdas de carrozas.

Déjenme hacer una ilustración. Aquí está un hombre que, siendo joven, oyó el evangelio y creció bajo su influencia. Es alguien inteligente, un lector de la Biblia e incluso un poco teólogo. Frecuentó la Escuela Dominical, fue un alumno aplicado y podía explicar mucho de la Escritura, pero *era dado a la superficialidad.* Se divertía con la religión y bromeaba con cosas serias. Prestaba atención a los sermones para poder hablar sobre ellos y decir que oía al predicador. Después del sermón, mientras los otros quedaban impresionados, él se divertía. Había oído algún error del predicador, en su pronunciación, en la construcción gramatical de una frase o en la citación incorrecta de un poeta, y lo mencionaba con gusto, omitiendo todo lo bueno que había sido hablado. Esta era su forma de ser. No quería lastimar a nadie; por lo menos habría alegado eso si alguien lo hubiera confrontado seriamente.

Él quedó bajo los amarres de esa frivolidad religiosa, pero era una pequeña cuerda de falsedad como un hilo fuerte. Años antes él comenzó a sujetarse a este pecado frívolo, y en el momento presente no estoy seguro si al menos le interesa oír el evangelio o leer la Palabra de Dios, porque pasó a despreciar aquello con lo que se divertía. La burla desenfrenada se degeneró en escarnios maliciosos; su cordón llegó a ser una cuerda de carroza. Su vida es ahora totalmente insignificante. No podrías tomarlo en serio. Pasa el tiempo en una carcajada permanente. Toda cosa santa es ahora objeto de comedia. Como Belsasar, bebe su vino en los vasos sagrados del templo. La sinceridad tiene un placer propio, un espíritu atrevido amarra la alegría y la risa a su carroza, y subyuga todas las facultades de la mente de Dios, incluso el humor; pero este hombre no posee al Señor en su corazón, porque se ríe de las verdades más solemnes y no parece capaz de nada más elevado o superior. Su vida es un escarnio. Él sacaría una pluma del ala de un ángel y la usaría en su gorra. En el solemne día de Pentecostés, dibujaría una lengua cortada en la uña de su pulgar para mostrarla como curiosidad. No hay nada sagrado para él ahora, ni habrá hasta que esté en el infierno, y entonces terminarán sus chistes y burlas. El hábito de ser desdeñoso se hizo una cuerda de carroza que lo amarra de la manera más sarcástica. Yo le digo: "Joven, rompe esas desgraciadas cuerdas de falsedad antes que se fortalezcan y se conviertan en cuerdas de carroza. Mientras todavía hay apenas un fino hilo, sepáralo, antes que el hilo se junte a otro hilo, y aquel a otros, y a otro, hasta que se convierta en un cable que ni siquiera un gigante podrá separar. Hay muchos ejemplos lamentables de burlones que se transforman en escarnecedores, y sería una pena que tú te convirtieras en uno de ellos. Evita burlarte de la religión como evitarías groserías o blasfemias, pues en su esencia son irreverentes y perniciosas".

He visto la misma cosa tomar otra forma, y entonces parece *una pregunta capciosa*. No tenemos miedo de ser examinados sobre cualquier cosa en la Palabra de Dios, pero tenemos un espíritu caviloso. Yo, por ejemplo, creo que, mientras más la Palabra de Dios haya sido tamizada, más completamente será confirmada. El resultado es la mejor comprensión de su enseñanza. El oro puro brilla aun más después de ser puesto en el crisol. Pero hay un hábito que comienza así: "Yo no *lo* veo; yo no lo veo *así*; yo no apruebo *esto*; yo cuestiono *aquello*". Eso hace de la vida un enmarañado de espinas y zarzas, donde diez mil picadas de duda están siempre rasgando la mente. Ese estado de duda recuerda la vieja frase de la serpiente: "¿Conque Dios os ha dicho?" Si la afirmación hecha hubiera sido la opuesta, el caballero la habría cuestionado, pues está obligado a dudar de todo. Él es alguien que puede tomar uno de los lados y refutarlo, o ninguno de los lados y defenderlos. Él podría actuar como el eminente abogado, que, al cometer un error en cuanto a su lado del caso, se levantó y presentó todos los argumentos de manera reveladora, hasta que el abogado de su cliente susurró: "Usted ya lo hizo por nosotros, usted usó todos los argumentos contra su propio cliente". El abogado paró y dijo: "Mi señor, ya le dije todo lo que puede ser dicho contra mi cliente por aquellos del otro lado, y ahora voy a mostrar que no hay nada en ese alegato"; y, con la misma destreza, continuó contestando lo que había probado antes. Existen mentes construidas de tal manera que pueden actuar de todas las formas, excepto de la forma correcta. Su maquinaria es excéntrica, y un enigma de la lengua sería más capaz de describirla. Me gustan las consciencias anticuadas que suben y bajan, sí y no, bueno o malo, verdadero y falso — del tipo simple y sin gran intelecto para entender sus métodos. Estamos creciendo tan cultos ahora que muchos se vuelven como la vieja serpiente: "era astuta, más que todos los animales del campo". Las consciencias de la nueva moda actúan de acuerdo con el principio de la transigencia y de la política, que no tienen ningún principio. A cada pregunta responden: "Sí y no. ¿Qué hora es?", pues es sí y no de acuerdo con el reloj, o de acuerdo con el clima, o de acuerdo con el bolsillo del pantalón. Muchos están diciendo: "¿De qué lado del pan está la mantequilla? Dígannos, y entonces diremos en qué creemos". Personas de ese tipo comienzan con un espíritu inquisidor, después pasan a un espíritu contestón, después a un espíritu presuntuoso, y después a un espíritu perpetuamente esquivo. En el caso al que me refiero, no hay nada serio; pues, cuando un hombre es un indagador sincero y está dispuesto a recibir una respuesta, está en el camino de la verdad; pero, cuando apenas hace preguntas, preguntas y preguntas, y nunca para a fin de obtener una respuesta, todo no pasa de un montón de cavilaciones y no vale la pena vencerlo. Lo último que él quiere es una respuesta, y lo que teme más allá de todo es que sea obligado a creer en algo. Finalmente, tal persona queda presa como si estuviera atada a una cuerda de carroza; se hace un ateo o peor, pues toda la facultad de la fe se va de él. Es tan frívolo como Voltaire, cuyo punto fuerte parecía ser ridiculizar todo. Tú no puedes salvarlo. ¿Cómo puede alcanzarlo la fe? ¿Cómo creer en quien quiere todo explicado? ¿Cómo puede él mismo creer en el propio Cristo cuando exige que, antes que nada, sea sometido a un catecismo u obligado a responder a cavilaciones? Oh, evita amarrar tu alma a las cuerdas de la carroza del escepticismo; ten cuidado con el espíritu de la negación de la verdad. Dios te ayude a romper las ataduras. Investiga, pero cree. Pregunta, pero acepta la verdad y sé sincero en tu decisión de que, si se prueban todas las cosas, también mantendrás firme lo que es bueno. Usar siempre la criba, pero nunca el molino, es trabajo inútil; estar siempre buscando adulteraciones, pero nunca beber la leche genuina, es un hábito tonto. Argumentar con sofismas es una maldición, y censurar es un crimen. Huye de eso mientras no pasa de ser una cuerda de vanidad, para que no se convierta en una cuerda de carro que te ate firmemente.

Oí a alguien decir: "Esto no me importa. No caí en chistes banales ni en preguntas vanas". No, pero tal vez puedas ser un prisionero amarrado con otras cuerdas. Algunos tienen una *antipatía natural por las cosas religiosas* y no pueden ser convencidos a aceptarlas. Déjenme cualificar la afirmación y explicarme. Ellos están preparados para frecuentar un lugar de culto y oír sermones, y ocasionalmente leer las Escrituras, y dar su dinero para ayudar a algunas causas benéficas; pero este es el punto donde ellos trazan la línea — ellos no quieren pensar, orar, arrepentirse, creer o hacer que el corazón se incline hacia el asunto. Pensar, bien sabes, es algo incómodo, y para ellos es un trabajo incómodo porque no hay mucho en su vida que los alegraría si pensaran en eso. Prefieren no ver la desnudez de la tierra. Existe algo feo, de lo que quieren distancia — el arrepentimiento: de eso ellos exigen mucho, pero a eso se oponen. Cuanto más los niños rechazan el remedio, más lo necesitan; y sucede lo mismo con el arrepentimiento. Estas personas prefieren cerrar los ojos e ir a la destrucción que parar, ver el peligro y volver atrás. Pensar en el pasado — bueno, ellos tal vez necesitan lamentarlo, ¿y quién está ansioso por la tristeza? Entonces hay un cambio de corazón, y ellos son un poco tímidos en cuanto a *esto*, porque son casi sin corazón y no les gusta entrometerse. Si hubiera algo que hacer que pudiera ser administrado en un día o dos, si hubiera alguna peregrinación, alguna penitencia que soportar, alguna ropa que usar, a ellos no les importaría; pero pensamiento, arrepentimiento, oración y búsqueda de Dios, esto de buscar ser renovado en el espíritu de la mente — bueno, ellos no tienen cabeza para eso. El mundo está en su corazón, y ellos no tienen voluntad de salir de esa condición. Han oído decir a algunas personas que toda conversación sobre Dios, el alma, la eternidad es un discurso puritano tedioso; entonces, como los papagayos acostumbran a hacer, dicen: "No, no queremos ser puritanos. No queremos ser más precisos y justos". ¡Qué miseria es que haya personas ligadas a cordones de vanidad como estos! Son sentimientos irracionales, aversiones insanas, prejuicios injustificables; oh, Señor, ¡sálvalos y dales una mente para conocerte y un corazón para buscarte! Cuando niño, comencé a sentir una sensación de pecado dentro de mí y resolví que, si había algo como nacer de nuevo, yo nunca descansaría hasta encontrarlo. Mi corazón parecía decidido a saber lo que significaba arrepentimiento y fe, y a conseguir ser completamente salvo; pero ahora percibo que un gran número de mis oyentes rehúsa todos los tratamientos serios consigo mismos y con Dios; ellos actúan como si no desearan ser felices por la eternidad. Piensan mal del buen camino. Ves que es un trabajo radical; la regeneración es tan profunda y deja a un hombre tan pensativo. ¿Quién sabe lo que tiene que ser abandonado? ¿Quién sabe lo que puede ser hecho? Oh, mi oyente, si te entregas a estas objeciones, dilaciones y prejuicios en los primeros días de tu persuasión, puede llegar el momento en que esos pequeños ovillos quedarán tan entrelazados que harán una gran cuerda de carroza, y te harás un opositor de todo lo que es bueno, determinado a quedar para siempre atrapado al gran carro de tus iniquidades, y así perecer. Dios te libre de esto.

Sé que algunas personas están presas a este carro de otra manera, por *deferencia a los compañeros*. Al joven le gustaba todo lo que es bueno, pero no soportaba que alguien dijera el lunes en la mañana: "Entonces estabas en un lugar de culto el domingo". No le gustaba decir abiertamente: "Claro que yo estaba allí; ¿Dónde estabas *tú*?", pero preferiría decir: "Bueno, di una pasada por la Catedral de San Pablo o la Abadía para oír la música". Sí, él dio una pasada por allá por curiosidad, solo para ver el lugar y la multitud. Es como si estuviera avergonzado de adorar a su Creador y ser visto guardando el día de reposo. ¡Oh, pobre cobarde! Aquel joven, en otra época, fue acusado de haber sido visto llorando ante un sermón solemne. Él confesó que fue bastante conmovedor, y que quedó impresionado y bastante conmovido, pero pidió disculpas al diablo e imploró que no hubiera nada más de aquello. Comenzó a dar lugar a sus amigos impíos y pronto se convirtió en el objetivo de ellos. Un compañero tiró de su oreja así, y el otro tiró su oreja de otra forma, y así el desarrolló unas orejas muy largas. Él no se equivocó mucho al comienzo; pero, habiendo permitido que hombres pecadores lo guiaran, ellos cuidaron de dominarlo cada vez más con el pasar de los días. Fue algo que lo llevó a pecar por una especie de cortesía perversa; pero, después de un tiempo, él se volvió complaciente con sus iguales y aduló a sus superiores, cumpliendo sus órdenes, aunque eso le costara su alma. Él estaba mucho más atento a la voluntad y la sonrisa de algún camarada francamente cruel — mucho más atento a la opinión de un necio — que al placer de Dios. Es algo chocante, pero no hay duda de que muchas personas van al infierno por el deseo de ser respetables. No hay duda de que multitudes empeñan su alma y pierden a su Dios y el cielo meramente para permanecer bien en la evaluación de un depravado. Las chicas perderán el alma por mucha vanidad, pecando en la esperanza de garantizar el amor de una juventud sin cerebro y sin corazón. Los jóvenes echarán fuera toda esperanza de salvación para poder ser considerados hombres de cultura; ellos renunciarán a la fe para ser considerados "pensadores libres" por aquellos cuyas opiniones no valen la cabeza de un alfiler. Querido amigo, si estás comenzando a ser esclavo de otras personas, te exijo que rompas esos lazos miserables y degradantes. Yo desprecio la esclavitud mental en la que muchos se glorían. ¿Qué me importa hoy lo que otros piensan de mí? Con respecto a eso, soy el más libre de los hombres. Sin embargo, aún recuerdo cuando, si hubiera cedido al grupo, pronto habría sentido la cuerda de la carroza. Quien peca para agradar al amigo está armando para sí mismo una esclavitud más cruel que el negro jamás conoció. Aquel que debía estar libre para siempre debe quebrar los cordones antes que se transformen en cadenas.

Algunas personas están entrando en esclavitud de otra forma; *están gradualmente formando malos hábitos*. ¡Cuántos jóvenes nacidos y criados en medio de asociaciones cristianas están haciendo esto! Es un pequeño sorbo, y bien poco. "Yo solo bebo media copa". Entonces, ¿Por qué correr riesgos tan grandes por una satisfacción tan pequeña? "El médico dice que debo tomar un poco, y yo hago eso". Poco a poco, el pequeño hilo se hace una cuerda de carroza. Él dirá: "El médico dice que debería hacerlo" ¿volver a casa al anochecer y apenas encontrar el camino para la cama y levantarse con dolor de cabeza por la mañana? Habría hecho mejor si hubiera pedido la gracia de Dios para escapar, aunque tuviera un pequeño placer en el fascinante brandy y fuera el señor de su apetito. Es difícil romper la cuerda de la carroza, como muchos descubrirán, aunque yo los anime por la gracia de Dios a luchar por la libertad.

"Bien", dice el joven, "este no es mi pecado". Me alegra que no lo sea; pero cualquier otro pecado, si insistes en ello, te destruirá. No intentaré describir tu pecado. Descríbelo tú mismo, y piénsalo; pero, por favor, recuerda el engaño del pecado — a la manera como llega a los hombres, como la helada tarde todavía en los meses de invierno llega al lago. La laguna está tranquila, y la helada pide apenas un leve brillo en la superficie. El revestimiento es tan fino que difícilmente podrías llamarlo hielo; pero, después de cubrir la superficie con una película, la capa de hielo se instala; pronto tiene una pulgada de espesor y, en pocas horas, una carroza cargada podrá pasar por allí sin romper el hielo, pues toda la laguna parecer transformada en mármol. Así, los hombres dan lugar a una u otra pasión maligna — este o aquel mal hábito; y el hábito pasa de mal a peor, hasta que los hilos de la vanidad se amplían en lazos de carroza, y ellos no pueden escapar de la carga a la cual están atados.

Temo que algunos tienen la noción ilusoria de que están seguros como están. La *seguridad carnal* está compuesta de cordones de vanidad. ¿Cómo un pecador puede estar seguro mientras no está perdonado? ¿Cómo puede estar en paz mientras es esclavo del mal y enemigo de Dios? Sin embargo, muchos imaginan que son tan buenos como necesitan y mucho mejores que sus vecinos. Ciertamente, deben estar seguros, toda vez que son tan respetables, tan dispuestos y considerados. Un hombre puede acostumbrarse al peligro al punto de no notarlo, y un alma puede acostumbrarse a su condición al punto de no ver ningún peligro en la impenitencia y en la incredulidad. Así como el perro del herrero se echa y duerme mientras las chispas vuelan a su alrededor, el pecador endurecido por el evangelio duerme bajo las advertencias y las apelaciones.

Al comienzo, el portador debe ser violento en su consciencia para escapar de la fuerza de la verdad, pero finalmente está envuelto en acero, y ninguna flecha de la Palabra podrá herirlo. A ustedes que están a gusto en Sion, les pido que oigan mi advertencia y huyan de la seguridad carnal. Oh, Señor, ¡despiértalos de su condición adormecida!

Esta es una palabra de advertencia. No tengo tiempo esta noche para entrar en detalles. Me gustaría tenerlo. Cuidado con los huevos de la serpiente. Recuerda cómo las gotas desgastan las piedras, y cómo pequeños golpes de hacha derriban grandes robles. No juegues con una cobra, aunque tenga solo treinta centímetros de largo. Mantente lejos de la orilla del precipicio. Huye del león antes que salte sobre ti. No forjes para ti una red de hierro ni te hagas constructor de tu propia prisión. Que el Espíritu Santo te libre. Que toques la cruz y encuentres allí el poder que te dejará libre.

II. Pero, oh, cómo me gustaría que todos aquí, que no han encontrado la libertad, porque están presos al pecado, pudieran escapar esta noche, pues — y este es mi segundo punto — EXISTE UNA AFLICCIÓN POR PERMANECER ATRAPADO AL CARRO DEL PECADO, y esa angustia está expresada en nuestro texto.

De por sí es un trabajo arduo empujar la carga del pecado. Si yo estuviera dirigiéndome a alguien aquí que cayó en un gran pecado, sé que se sumergió en una inmensa tristeza. Sé que cayó. Gran parte de la historia está felizmente cubierta con un velo, para que las amarguras secretas no se transformen en miserias abiertas; en caso contrario, el mundo sería demasiado miserable para que un corazón tierno viva allí. Si pudiéramos levantar el tejado de las casas, si pudiéramos mostrar los esqueletos escondidos en los armarios, si pudiéramos quitar las cortinas del pecho de los hombres — qué tristeza veríamos; y la masa de esas tristezas — no su conjunto, sino la masa — se mostraría proveniente del pecado. Cuando el joven se va por los caminos de la falta de castidad o de la deshonestidad, qué sufrimiento siente por sí mismo; qué aflicción, qué miseria. Su enfermedad corporal, su angustia mental, no tenemos ánimo para describirlos. ¡Ah, sí, "el camino de los transgresores es difícil"! Ellos sonríen, hasta dan grandes carcajadas, pero un gusano está rodeando su corazón. Infelizmente, son pobres esclavos. Hacen ruido mientras intentan ahogar sus sentimientos; pero, como el crepitar de las espinas debajo de una olla, tal es la alegría de los impíos — acelerada, ruidosa, momentánea; acaba y nada deja además de cenizas.

No me gustaría que siguieras el camino del pecado si no hay nada peor que lo que ya te ha sucedido. Ciertamente el tiempo pasado puede ser suficiente para la locura; recogiste suficientes manojos sin proseguir con la cosecha. Como hermano, te exhortaría a huir de tu esclavitud presente.

Pero recuerda: si permaneces atado al carro de pecado, *el peso aumenta*. Eres como un caballo que tiene que hacer un viaje y recoger paquetes en cada trecho del camino; estás aumentando el peso de la carga que tienes que arrastrar detrás de ti. Al principio de la vida, el hombre es un poco parecido a un caballo, pero con una carga liviana en la carroza. Sin embargo, a medida que pasa de la juventud a la vida adulta, y de la vida adulta a los años más maduros, se carga con más pecado; ¡y qué peso hay atrás de él ahora! Los demonios sonrientes, cuando traen los paquetes pesados y los amontonan unos sobre otros, deben preguntar si los hombres son tontos al punto de continuar atados y arrastrar la carga terrible como si fuera un buen deporte. Infelizmente, estos hombres pecan con tanta ligereza, como si la autodestrucción fuera un juego divertido que están practicando, mientras que es una pila de ira para sí en comparación con el día de la ira y de la perdición de los hombres impíos.

Además, observemos que, a medida que la carga aumenta, *la calle empeora*, las sendas son más profundas, las colinas más empinadas y los pantanos están más llenos de lodo. En el auge de la juventud, el hombre ve gotas atractivas en la orilla del cáliz del pecado, el vino se mueve correctamente y da su color en el cáliz; pero, a medida que envejece y bebe más, se acerca al pozo, y esos residuos son como miel y ajenjo. Un viejo con lo huesos llenos del pecado de su juventud es una visión terrible de encarar; es una maldición para los otros y una carga para sí mismo. Un hombre que tiene cincuenta años de pecado detrás de sí es como un viajero perseguido por cincuenta lobos aulladores. ¿Oyes el aullido profundo mientras persiguen al infeliz? ¿Ves sus ojos brillando en la oscuridad y flameando como brasas de fuego?

Este hombre es, de hecho, digno de compasión; ¿a dónde va a huir o cómo va a enfrentar a sus perseguidores? Quien continúa descuidado sabiendo cuál destino lo espera es un necio que merece un poco de compasión cuando llegue el día del mal. Tú, que estás empujando la carroza del pecado, ¡te imploro que pares antes de alcanzar los caminos pantanosos de la enfermedad, los tremendos pantanos de la vejez!

Recuerden, amigos, si alguno de ustedes todavía está atado a sus pecados y permanece así durante años, verá el día en que la *carga aplastará el caballo*. Es terrible cuando los pecados que fueron empujados finalmente arrastran al conductor a su frente. En la ciudad donde fui criado hay una colina muy empinada. Es difícil salir de la ciudad sin bajar una ladera, pero una es especialmente empinada, y recuerdo cierta vez haber oído un grito en las calles, porque una enorme carroza había rodado sobre los caballos que estaban descendiendo la colina con ella. La carga había aplastado las criaturas que debían empujarla. Llega un momento en la vida de una persona cuando no es más ella quien consume la bebida, sino la bebida que la consume; la persona se ahoga en sus tazas, sorbida por aquello que ella misma sorbió. Un hombre fue voraz, tal vez, en comer y, finalmente, su gula se lo tragó ; en un pedazo sombrío, bajó por la garganta del viejo dragón de la ganancia egoísta. O el hombre era lascivo y, finalmente, su vicio lo devoró. Es horrible cuando no es el hombre quien sigue al diablo, sino el diablo quien lo lleva delante suyo, como si fuera su asno cargado. El peor ego del hombre, que había sido mantenido en la retaguardia y puesto bajo restricción, finalmente se levanta y llega al frente, y el mejor ego, si es que aún lo tiene, es arrastrado por un cautivo reticente en las ruedas de la carroza de su destructor.

Estoy seguro de que no hay nadie aquí que desee ser eternamente pecador. Ten cuidado, pues *cada hora de pecado trae su dureza y dificultad de cambio*. Nadie aquí quiere entrar en tal condición de no poder dejar de pecar más. No seas tan imprudente al punto de jugar con el pecado. Cuando los frenos morales no están funcionando y el motor está averiado y debe continuar a una velocidad perpetuamente acelerada, entonces el alma está realmente perdida. Estoy seguro de que no hay un hombre aquí que quiera comprometerse con una eternidad de odio a Dios, una eternidad de lujuria, una eternidad de maldad y su consecuente miseria. ¿Por qué entonces continúas endureciendo tu corazón? Si no quieres acelerar el descenso, pisa el freno esta noche. Dios te ayude o, volviendo al texto, quiebra los haces del hilo de la falsedad y arrójalos a un lado; antes que la cuerda del carro te amarre para siempre al carro de la fuerza aplastante de tu pecado y de tu destrucción.

III. Ahora quiero ofrecer algún INCENTIVO PARA LA LIBERACIÓN. Este es en el momento de hacerlo. No quiero predicar un sermón infeliz esta noche, pero deseo ver a todos aquí salvos del pecado. Mi corazón clama a Dios para que yo no predique en vano. Dios sabe que nunca he esquivado decir lo que pienso y hablar de manera muy clara y familiar a ustedes. Nunca subo a este púlpito con la idea de que no debería decir algo ácido para que nadie se ofenda, y que no debería lidiar con pecados comunes, para que nadie diga que soy grosero. No me preocupa la rapidez con que tú hables sobre mí, si abandonas el pecado y te reconcilias con Dios por la muerte de su Hijo. Esto es lo único que mi corazón desea y, para ese fin, hice sinceras advertencias en este momento. No puedo dejar de hablar contigo y, por tanto, quiero impresionarte mientras pueda. ¡Ayúdame, Espíritu de Dios!

Oye ahora. *Hay esperanza para todo esclavo preso por Satanás.* Hay esperanza para aquellos que están más firmemente amarrados. "Oh", dices, "temo haber entrado en el dominio de la cuerda del carro, pues parece que caigo en mi pecado y no puedo librarme de él". Oye. Jesús vino al mundo para rescatar a aquellos que están presos con cadenas. Es decir, Dios mismo tomó sobre sí la naturaleza humana con este propósito — librar a los hombres de sus pecados. Aquel bebé bendito y perfecto, como ninguna madre jamás había visto — el Hijo de la virgen —"y llamarás su nombre JESÚS, porque él salvará a su pueblo de sus pecados". Él vino a este mundo en nuestra naturaleza con el objetivo de salvar a los hombres de sus pecados. Él puede cortar las cuerdas que te atan a la carroza de Satanás. Él puede sacarte de los lazos; puede librarte esta noche. Vienes arrastrándote hace años y piensas que no existe más oportunidad para ti; pero existe más que una oportunidad, existe la seguridad de la salvación si confías en Jesús. Recuerdo haber leído la descripción hecha por un famoso escritor con respecto a un miserable caballo de alquiler, viejo y acabado y, sin embargo, mantenido en su rutina regular de trabajo. Nunca le retiraron el arreo por miedo a que nunca más pudieran colocarlo sobre su pobre y viejo cuerpo. El animal había estado enganchado hacía tanto años que temían que, si lo tiraban, caería en pedazos, y entonces lo dejaron como estaba. Algunos hombres son así. Están presos al pecado por tantos años que imaginan que, si cambian, caerán en pedazos. Pero no es así, viejo amigo. Estamos convencidos de cosas mejores para ti y de cosas que acompañan la salvación. El Señor hará de ti una nueva criatura. Cuando Él corta los lazos y te saca de entre aquellas cuerdas que tanto tiempo te prendieron, entonces no te reconocerás. Cuando las cosas viejas hayan pasado, tú serás una maravilla para muchos. ¿No se dice de Agustín que, después de la conversión, fue encontrado por una mujer vulgar que lo había conocido en su pecado, y él la ignoró? Ella dijo: "Agustín, soy yo", y él se volteó y dijo: "Pero yo no soy Agustín. Yo no soy el hombre que cierta vez conociste, pues llegué a ser una nueva criatura en Cristo Jesús". Eso es lo que el Señor Jesucristo puede hacer por ti. ¿No lo crees? Pero es verdad, lo creas o no. ¡Ah, que mires a Jesús y comiences a vivir! Es la hora de hacer un cambio. ¿Y quién puede cambiarte, a no ser el Señor Jesús?

Déjame decir otra cosa que debe animarte. Tú estás amarrado con los cordones del pecado y, para que todo ese pecado pueda ser efectivamente eliminado, *el Señor Jesús, el Hijo del Altísimo, Él mismo estuvo preso*. Lo prendieron en el jardín de Getsemaní, amarraron sus manos y lo llevaron a Pilato y Herodes. Lo llevaron amarrado frente al gobernador romano. Él estaba amarrado cuando lo azotaron. Estaba amarrado cuando hicieron que cargara su cruz. Fue preso con las manos y los pies atados mientras lo clavaban con los clavos a la cruz. Allí Él fue colgado, amarrado al cruel madero, por pecadores como tú. Si confías en Él esta noche, descubrirás que Él soportó la ira de Dios por ti, pagó el castigo de la muerte por ti, para que pudiera librarte. Él sufrió todo para que tú no sufras; murió para que no mueras. Su sustitución será tu liberación. Oh, ven, todo amarrado y culpable como eres, y mira a su querida cruz, confía en Él, y serás libre.

Dios conceda que puedas hacerlo ahora mismo.

Yo te mostraré otro hecho propicio para ayudarte a vencer tu pecado y romper las cuerdas de la carroza que ahora te ata: — *En este mundo hay un ser misterioso a quien no conoces, pero que algunos de nosotros conocemos, el cual es capaz de obrar tu libertad*. Habita en esta tierra un ser misterioso cuya función es reavivar al caído y restaurar al errante. No podemos verlo ni oírlo, pero habita en algunos de nosotros, como Señor de nuestra naturaleza. Su residencia escogida es un corazón quebrantado y un espíritu contrito. Ese ser muy poderoso es Dios, la tercera Persona de la bendita Trinidad, el Espíritu Santo, que fue dado en el Pentecostés y nunca ha sido revocado, sino que permanece en la tierra para bendecir al pueblo de Dios. Él aún está aquí; y, donde quiera que exista un alma que desee ser libre del pecado, este Espíritu libre espera ayudarla. Donde quiera que exista un espíritu que deteste su propia falta de santidad, ese Espíritu Santo espera purificarlo. Donde quiera que haya alguien que suplique para ser purificado, ese Espíritu está listo para venir y habitar en él, y hacerlo puro como Dios es puro. ¡Oh, mi oyente, él espera bendecirte ahora! Él está bendiciéndote mientras yo hablo. Siento como si la energía divina acompañara esta palabra y entrara en tu alma mientras estás oyendo. Estoy seguro de que no me equivoco. Si tú crees en Jesucristo, el Hijo de Dios, también cree en el poder del Espíritu Santo para hacerte una nueva criatura, para purificarte y librarte de todos los grilletes y hacer de ti el hombre libre del Señor.

Voy a decirte algo más, y terminamos. *Nuestra experiencia debe ser un gran incentivo para ti*. Intenté predicarte, a ti que estás preso en el lazo; pobre caballo de alquiler desgastado por el diablo, caballo de Satanás que parece nunca tener un descanso, arrastrando su carroza de pecados en su espalda a través del lodo de la inmunda ciudad de la Vanidad. La misericordia es que no eres un caballo, sino un hombre nacido para propósitos más nobles. Puedes ser libre, pues algunos de nosotros somos libres. ¡Oh, qué carga tuve en mi espalda alguna vez! Mi carroza de pecado inmundo era realmente pesada. Si no fuera por la gracia de Dios, yo habría perecido en la imposible tentativa de moverla. No creo que mi carga de pecado manifiesto sea como la que algunos de ustedes están arrastrando, pues yo era apenas un niño y aún no me había sumergido en las locuras del mundo; pero yo tenía una voluntad obstinada, un espíritu altivo, una actividad intensa y una mente osada, y todo eso me llevaría a la perdición si el Espíritu de Dios no hubiera trabajado en mí para sujetarme a la voluntad del Señor. Yo sentía dentro de mi espíritu el hervor de aquel caldero secreto de corrupción que está en todo seno humano; y sentía que estaba arruinado delante de Dios, pues no había esperanza para mí. Mi carga del pecado interior a los quince años era tal que yo no sabía qué hacer. Vimos fotos de los árabes arrastrando aquellos grandes toros de Nínive para el señor Layard, centenas empujando lejos; e imaginé cómo los súbditos del faraón, los egipcios, deben haber sudado y sufrido cuando debían arrastrar algunos de los inmensos bloques de los cuales sus obeliscos fueron hechos — millares de hombres arrastrando un bloque de albañilería; y yo parecía tener una carga de esas detrás de mí, que no se movía. Yo parecía estar atrapado en el lodo, y ninguna lucha movería el peso terrible. Las ruedas estaban en surcos profundos. Mi carga no sería removida, y yo no sabía qué hacer. Clamé a Dios en mi agonía y pensé que moriría si no era librado de mi monstruoso obstáculo. No hay peso muerto detrás de mí ahora. Gloria a Dios, no estoy amarrado con una cuerda a la vieja carroza. No tengo ningún obstáculo detrás de mí y, cuando miro atrás, hacia las viejas barrancas donde estuve estancado por tanto tiempo, ni siquiera puedo ver los restos. ¡El enorme peso no está allí! ¡Desapareció completamente! Veo a Aquel que usaba una corona de espinas. Yo lo reconocí por las marcas en las manos y en los pies, y Él dijo: "Confía en mí, y yo te libraré". Yo confíe en Él, y el enorme peso detrás de mí desapareció. Como me fue dicho, Él lo enterró en su sepulcro, y allá está encerrado para nunca más salir. La cuerda de mi carroza se rompió, mis hilos de falsedad se derritieron, yo estaba sin arreos. Entonces dije: "La trampa está rota, y mi alma escapó como un pájaro de la jaula del cazador. Contaré la historia de mi liberación mientras viva". Y puedo decir esta noche:

"Desde que por la fe el riachuelo yo vi
Sus heridas fluyendo suplir,
Amor que rescata es mi tema,
Y hasta morir ha de ser."

¡Oh, mis queridos oyentes, crean en Cristo como yo lo hice! El evangelio llega a cada triste pecador y dice: "Confía en el Salvador, y habrá alegría para ti. Hay solo un velo de gaza entre tú y la paz; mueve la mano de la fe, y ese velo se rasgará en pedazos. Hay solo un paso entre tu miseria y la música y el baile, y una vida de eternas delicias; da ese paso para fuera de sí y entra en Cristo, y todo cambiará para siempre. Pide a Jesús que quiebre tus lazos y, con un toque de su mano perforada, Él te librará como la golondrina en vuelo que ninguna jaula puede encerrar. Tú Lo verás, y nunca más verás tu pecado para siempre jamás".

Dios te bendiga, rompe las cuerdas y remueve los hilos de la falsedad, por el amor de Jesús, amén.

¡Oye ahora! Oh, Señor, ¡hazlo!
Pues Él nos amó hasta la muerte;
Está consumado ¡Él nos salvó!
Confía solo en lo que dice.
¡Él lo hizo! Ven y bendícelo.
Gasta en alabanza tu hálito rescatado
Siempre y siempre."

"¡Oh, cree que el Señor lo hizo"
¿Por qué prorrogarlo? ¿Por qué dudar?
Él mismo apagó toda la nube negra de transgresión
¡Él lo hizo! Ven, bendícelo,
Da gran clamor de acción de gracia,
Siempre y siempre."

El Pentecostés personal y la gloriosa esperanza

Sermón predicado en la mañana de domingo, 13 de junio de 1886, por el reverendo C. H. Spurgeon, en el Tabernáculo Metropolitano de Newington.

> *Y la esperanza no avergüenza; porque el amor de Dios ha sido derramado en nuestros corazones por el Espíritu Santo que nos fue dado* (Rom 5.5).

El PENTECOSTÉS SE REPITE en el corazón de cada creyente. Permítanme traer una breve *analogía histórica* para ilustrar el texto. Los discípulos del Señor fueron llevados a la tristeza en su cruz. El dolor fue la tribulación que los alcanzó cuando ellos pensaban en su muerte y su entierro en el sepulcro de José. Pero, después de una dosis de resignación y experiencia, la esperanza de ellos revivió; porque su Señor resucitó de los muertos, y ellos lo vieron subir al cielo. Sus esperanzas eran brillantes con relación al Señor, que había sido glorificado y les había prometido volver y hacerlos participantes de su victoria. Después que esa esperanza fue generada, ellos se hicieron participantes del Espíritu Santo, cuya influencia divina fue derramada sobre ellos, de modo que fueron colmados con su poder. Entonces ellos llegaron a ser valientes. No se avergonzaron de su esperanza, sino que la proclamaron por la predicación de Pedro y de los demás entre ellos. El Espíritu Santo los visitó y, así, sin miedo, proclamaron al Señor Jesús al mundo, su esperanza de gloria.

La historia se repite. La historia de nuestro Señor es el preámbulo de la experiencia de todo su pueblo; lo que le sucedió al Primogénito corresponde de cierta forma a todos los hermanos. Tenemos delante de nosotros, en nuestro texto, un ejemplo admirable. Primero viene nuestra tribulación, nuestra agonía, nuestro cargar la cruz. De nuestra paciencia y experiencia, surge en el debido tiempo una bendita esperanza; somos vivificados por la vida resurrecta de nuestro Señor y salimos de nuestra tristeza; Él nos levanta de la sepultura de nuestra angustia. Después viene la visita divina del Espíritu Santo, y disfrutamos nuestro pentecostés: "el amor de Dios ha sido derramado en nuestros corazones por el Espíritu Santo que nos fue dado". Confío que sabemos lo que eso significa y disfrutamos de ello. Como consecuencia de esa visitación, nuestra esperanza se hace clara y segura, y somos llevados a dar franco y completo testimonio en lo que se refiere a nuestra esperanza y al Bendito, que es su sustancia. Espero que muchos de nosotros ya hayamos probado que no nos avergonzamos, y que otros de ustedes aún lo hagan. Nuestro Dios nos visitó con misericordia y nos dotó con el Espíritu Santo, que es su regalo escogido para sus hijos. El Espíritu Santo que habita en nosotros nos hizo conocer y sentir el amor de Dios, y ahora no podemos dejar de hablar y contar a otros lo que el Señor nos dio a conocer. Así, en pequeña escala, repetimos parte de la historia de la iglesia primitiva en nuestra propia historia personal. Tu verás que no solo en este caso, sino en todos los casos, la vida del creyente es en miniatura la vida de Cristo. Aquel que originalmente dijo: "hagamos al hombre a nuestra imagen" todavía sigue el modelo de Cristo en la nueva creación de hombres escogidos.

Ahora, déjenme destacar un pequeño pasaje del *misterio experimental*. Tenemos aquí un pequeño mapa de la vida interior: "la tribulación produce paciencia; y la paciencia, prueba; y la prueba, esperanza; y la esperanza no avergüenza; porque el amor de Dios ha sido derramado en nuestros corazones por el Espíritu Santo que nos fue dado". Este pasaje solo puede ser completamente entendido por el pueblo de Dios que lo tiene escrito con letras mayúsculas en su propio corazón. "La tribulación produce paciencia", dice el apóstol.

De forma natural, no es así. La tribulación produce impaciencia, y la impaciencia se priva del fruto de la experiencia y marcha en la desesperanza. Pregunta a muchos que entierran a un hijo querido, o que perdieron su riqueza, o que han sufrido dolor físico, y ellos te dirán que el resultado natural de la aflicción es producir irritación contra la Providencia, rebelión contra Dios, cuestionamiento, incredulidad, impertinencia y todos los tipos de males. ¡Pero qué alteración maravillosa sucede cuando el corazón es renovado por el Espíritu Santo! Entonces, pero no hasta entonces, la tribulación produce perseverancia. Aquel que nunca es afligido no puede ejercer perseverancia. Los ángeles no pueden demostrar perseverancia personalmente, pues no son capaces de sufrir. Es necesario tener y ejercitarnos en la perseverancia para ser probados; y un gran grado de perseverancia solo puede venir de un gran grado de prueba. Hemos oído de la perseverancia de Job: ¿él aprendió eso entre sus rebaños, o con sus camellos, o con sus hijos cuando estaban festejando? En verdad, él aprendió eso cuando se sentó entre las cenizas, y se rascaba con un tiesto, y su corazón estaba pesado por causa de la muerte de sus hijos. La perseverancia es una perla que solo se encuentra en los mares profundos de la aflicción; y solamente la gracia puede encontrarla allí, y traerla a la superficie y adornar el cuello de la fe.

Sucede que esta perseverancia produce en nosotros experiencia; o sea, cuanto más soportamos, más probamos la fidelidad de Dios, más probamos su amor y más percibimos su sabiduría. Aquel que nunca ha soportado puede creer en el poder sustentador de la gracia, pero nunca lo ha experimentado. Usted debe ir al mar para conocer la habilidad del divino Piloto, y debe ser golpeado por la tempestad para poder conocer su poder sobre vientos y olas. ¿Cómo podemos ver a Jesús en toda su plenitud de poder, a menos que haya una tempestad para que Él la calme? Nuestra perseverancia hace trabajar en nosotros un conocimiento experimental de la verdad, de la fidelidad, del amor y del poder de nuestro Dios. Nos doblamos en la perseverancia y después nos elevamos en la experiencia feliz del apoyo celestial. ¿Qué mejor riqueza para un hombre puede haber que ser rico en experiencia? La experiencia enseña. Esta es la verdadera escuela para los hijos de Dios. Creo que difícilmente aprendemos algo de verdad sin la vara de la aflicción. Ciertamente conocemos mejor aquello que es para nosotros un asunto de experiencia personal. Necesitamos que esa verdad queme dentro de nosotros con el hierro caliente de la aflicción para que la conozcamos efectivamente. Después de eso nadie puede incomodarnos, pues nuestro corazón carga la marca del Señor Jesús. Así la perseverancia produce experiencia.

Es bastante singular que se deba decir entonces: "y la experiencia produce esperanza". No es singular en el sentido de ser incuestionable, pues no hay esperanza tan brillante como la del hombre que conoce por experiencia la fidelidad y el amor de Dios. Pero ¿no parece singular que esa pesada tribulación, esa atroz aflicción, ese doloroso castigo, deba traernos esa luz particularmente brillante, esa estrella de la esperanza de la mañana, ese mensajero del eterno día de gloria? ¡Hermanos, cuán maravillosamente la alquimia divina obtiene oro fino de un metal que pensábamos era inútil! Oh, Señor, ¡en tu gracia, extiende un sofá para nosotros en medio de la tribulación, y allí, como Boaz, descansemos! Él define como música el rugido de las inundaciones de problemas. De la espuma del mar de la tristeza, hace surgir el espíritu brillante de la *esperanza que no decepciona.*

Este pasaje del cual extrajimos nuestro texto es un extracto escogido de la vida interior de un hombre espiritual, un fragmento del enigma del creyente; que lo lea quien tenga entendimiento.

Antes de sumergirme en el asunto, déjenme destacar que este texto no es otro sino la casa de Dios y la puerta del cielo. He aquí un templo para la adoración de la Trinidad divina en mi texto. Leamos el quinto y sexo versículos juntos: "porque el amor de *Dios* (el Padre) ha sido derramado en nuestros corazones por el *Espíritu Santo* que nos fue dado. Porque *Cristo*, cuando aún éramos débiles, a su tiempo murió por los impíos". ¡He aquí el bendito Tres en Uno! Es necesaria la Trinidad para hacer un cristiano, es necesaria la Trinidad para animar a un cristiano, es necesaria la Trinidad para completar un cristiano, es necesaria la Trinidad para crear en el cristiano la esperanza de la gloria. Me gustan estos pasajes que nos acercan a la Trinidad. Vamos a hacer una pausa y adorar: "¡Gloria al Padre, al Hijo y al Espíritu Santo!

¡Como era en el principio, es ahora, y siempre será! Amén. Es muy agradable ser llamado a ofrecer adoración especial a Dios único en la Trinidad de sus Personas divinas, y sentir el corazón diligentemente inclinado a Él, como hacemos en esta hora. Por la fe, nos inclinamos con las huestes de los redimidos frente al trono glorioso, y adoramos a Aquel que vive para siempre. ¡Cuán sinceramente podemos hacer eso cuando pensamos en la unidad de los Tres Sagrados en nuestra salvación! Tenemos el amor divino concedido por el Padre, manifestado en la muerte del Hijo y derramado en nuestro corazón por el Espíritu Santo. ¡Oh, sentir en este momento la comunión con el Dios trino! Vamos a inclinarnos delante de la sagrada majestad de Jehová y, después, por la enseñanza del Espíritu Santo, entrar en el templo de nuestro texto.

El texto discurre así: "la esperanza no causa decepción, ya que el amor de Dios fue derramado en nuestro corazón por el Espíritu Santo". El apóstol trabajó el asunto hasta llegar a la esperanza de la gloria. Cuando alcanzó este punto, no pudo dejar de hablar más al respecto. Apartándose del asunto principal, como es su costumbre, hace un desvío y nos da algunas frases brillantes sobre la esperanza del creyente.

Nuestra primera parte será *la confianza de nuestra esperanza* — la esperanza no decepciona; en segundo lugar, *la razón de esta nuestra confianza*, que espero estemos disfrutando hoy, pues seguimos confiados en nuestra esperanza que nunca seremos decepcionados por ella, porque el amor de Dios ha sido derramado en nuestro corazón por el Espíritu Santo que nos fue dado. En tercer lugar, tendremos una o dos palabras que decir sobre el *resultado de esa confianza en la esperanza*, pues, por esa causa, damos testimonio al mundo y declaramos que no tenemos vergüenza del evangelio de Cristo.

I. Primero, entonces, consideremos LA CONFIANZA DE NUESTRA ESPERANZA. *No nos avergonzamos de nuestra esperanza*. Algunas personas no tienen esperanza, o solo tienen una esperanza de la cual se avergüenzan. Pregunta a muchos que niegan las Escrituras cuál es su esperanza para el futuro. "Yo voy a morir como un perro", dice alguien. "Cuando muera, será mi fin". Si yo tuviera una esperanza tan miserable como esta, ciertamente no saldría por el mundo proclamándola. Yo no pensaría en reunir una gran congregación como esta y decirle: "Hermanos, regocíjense conmigo, pues todos debemos morir como gatos y perros". Nunca me parecería un asunto del cual gloriarme. El agnóstico no sabe nada y, por eso, creo que no espera nada. Aquí, también, no veo mucho que despierte el entusiasmo. Si yo no tuviera más esperanza que esa, estaría avergonzado. La mejor esperanza del católico romano cuando muera es que pueda ir directo al fin, pero mientras tanto tendrá que pasar por el fuego del purgatorio. No sé mucho con respecto a ese lugar, pues no logro encontrar mención al respecto en la Sagrada Escritura, pero los que lo conocen bien, porque lo inventaron y retienen sus llaves, lo describen como una región sombría a donde incluso grandes obispos y cardenales deben ir. Yo vi, personalmente, invitaciones para que los fieles oraran por el descanso del alma de un eminente cardenal fallecido. Si ese es el destino de los príncipes de la Iglesia, ¿a dónde deben ir las personas comunes? No hay mucha excelencia en esa esperanza. No creo que debería invitarlos para decirles: "Alégrense conmigo, pues cuando muramos, todos iremos al purgatorio". Ustedes dejarían de ver el motivo especial de la alegría. No creo que deba decir mucho al respecto; y, si alguien me cuestionara, yo intentaría huir del asunto y declarar que es un profundo misterio, que sería mejor dejarlo para el clero. Pero no tenemos vergüenza de nuestra esperanza, nosotros, cristianos, que creemos que aquellos que están ausentes del cuerpo están presentes con el Señor. Buscamos una ciudad que tiene fundamentos, cuyo Constructor y Creador es Dios. No tenemos vergüenza de esperar gloria, inmortalidad y vida eterna.

No tenemos vergüenza del objeto de nuestra esperanza. No creemos en grandes placeres carnales como parte de nuestro cielo. No creemos en un paraíso mahometano de placeres sensuales, o podríamos muy bien tener vergüenza de nuestra esperanza. Cualesquiera que sean las imágenes que podamos usar, esperamos una felicidad pura, santa, espiritual y refinada, que el falso profeta no consideraría una carnada suficiente para sus seguidores. Nuestra esperanza es esta:

que nuestro Señor venga una segunda vez, y todos sus santos ángeles con Él; entonces los justos brillarán como el sol en el reino de su Padre. Creemos que, si dormimos antes de ese tiempo, dormiremos en Jesús y seremos bendecidos con Él. "Hoy estarás conmigo en el paraíso" no es solo para el ladrón, sino para todos nosotros que confiamos nuestra alma al Salvador crucificado. En su venida, esperamos una gloriosa resurrección. Cuando Él descienda del cielo con un grito, con la trompeta del arcángel y la voz de Dios, entonces nuestra alma será restaurada en nuestro cuerpo, y nuestra completa humanidad vivirá con Cristo. Nosotros creemos, y tenemos certeza de esto, que de aquel día en adelante estaremos para siempre con Él. Él nos hará participantes de su trono, de su corona y de su cielo, y eso para siempre jamás. Cuanto más hablamos de la felicidad prometida, más sentimos que no podemos avergonzarnos de la esperanza de la gloria. La recompensa suprema de la fe, la recompensa suprema de una vida de rectitud es tal, que nos alegramos y nos regocijamos en su perspectiva. Nuestra gloriosa esperanza contiene pureza y perfección; libertad de todo pecado y posesión de toda virtud. Nuestra esperanza es que seremos como nuestro perfecto Señor, y estaremos con Jesús donde Él está, para que podamos contemplar su gloria. Nuestra esperanza se realiza en esta promesa: "porque yo vivo, vosotros también viviréis". Nosotros no solo existiremos, sino que viviremos, lo cual es un asunto diferente y mayor: nuestra vida será la vida de Dios en nuestro espíritu para siempre. No nos avergonzamos de esta esperanza; Más bien, avanzamos para alcanzarla.

Además, *no nos avergonzamos del fundamento de nuestra esperanza*. Nuestra esperanza reposa en las solemnes promesas de Dios que nos hizo por medio de sus profetas y apóstoles y confirmó en la persona y obra de su amado Hijo. Así como Cristo Jesús murió y resucitó de entre los muertos, nosotros, que somos uno con Él, por la fe estamos seguros de que resucitaremos de entre los muertos y viviremos con Él. Por el hecho de que la resurrección de Cristo es la seguridad de nuestra resurrección, su entrada en la gloria también es la garantía de nuestra glorificación, porque somos hechos uno con Él por el propósito y la gracia de Dios. Cuando caímos en Adán por estar en él, también nos levantamos y reinamos con Jesús porque estamos en Él. Dios no es Dios de los muertos, sino de los vivos; al mismo tiempo, Él es el Dios de Abraham, de Isaac y de Jacob y, por tanto, esos hombres todavía están vivos. Aun más, creemos que todos los que mueren en la fe no han dejado de existir; sino que viven para Él. Nuestra esperanza se basa no en el raciocinio que, posiblemente, puede probar vagamente la inmortalidad del alma y la recompensa futura de los justos, sino en el Apocalipsis, que lo afirma de forma manifiesta y clara, sin dejar espacio para dudas. Si el Libro es una mentira, debemos desistir de nuestra esperanza; pero, en la medida en que no seguimos fábulas engañosamente inventadas, sino que recibimos el testimonio fiel de testigos oculares de la resurrección y ascensión de nuestro Señor, creemos en el registro sagrado y no tenemos vergüenza de nuestra esperanza. Lo que Dios prometió es seguro, y lo que Dios hizo lo confirma plenamente y, por tanto, no tenemos miedo.

Y, hermanos, *no tenemos vergüenza de nuestra apropiación personal de esta esperanza*. Alguien puede decirnos con desdén: "¿En verdad, usted espera estar en la gloria?" Sí, nosotros esperamos y no tenemos vergüenza de la más leve crítica, pues nuestra confianza está bien fundamentada. Nuestra expectativa no se basa en ninguna pretensión orgullosa de merecimiento personal, sino en la promesa de un Dios fiel. Él dijo: "El que oye mi palabra, y cree en el que me envió, tiene vida eterna; y no vendrá a condenación". Nosotros creemos en Él y, por tanto, sabemos que tenemos la vida eterna. Él declaró en su Palabra que "a los que justificó, a éstos también glorificó". Nuestra esperanza no se basa en el mero sentimiento, sino en el hecho de que Dios prometió la vida eterna a los que creen en su Hijo Jesús. Oímos a nuestro Salvador orar: "Padre, aquellos que me has dado, quiero que donde yo estoy, también ellos estén conmigo, para que vean mi gloria, la que tú me has dado". Creemos que el Padre nos dio a Jesús porque fuimos llevados a confiar en Él, y la fe es la señal o el símbolo seguro de la elección divina; por eso, siendo de Cristo, esperamos estar con Él donde Él esté. Leyendo en la Palabra del Señor que "el que oye mi palabra, y cree en el que me envió, tiene vida eterna; y no vendrá a condenación", apeguémonos a esta promesa y sepamos que tenemos la vida eterna. Este nos parece ser un argumento estrictamente lógico: a menos que sea un error, y que Dios no haya dicho que el creyente vivirá para siempre, entonces no estamos engañados en esperar que viviremos. La Palabra de Dios es la cosa más segura que puede existir, y no tenemos vergüenza en apegarnos a cualquier alegato que provenga de ella. Resolvimos creer que Dios mantendrá su Palabra para nosotros y para todos los otros creyentes.

Hermanos, *no tenemos vergüenza de la seguridad absoluta de que nuestra esperanza será realizada*. Creemos que, si de hecho somos justificados por la fe y tenemos paz con Dios, tenemos la esperanza de la gloria que, finalmente, no nos decepcionará, ni en el camino ni hasta el fin. No esperamos ser abandonados ni dejados caer de la gracia, pues Él dijo: "No te desampararé, ni te dejaré". No esperamos ser dejados a nuestra propia suerte, lo que sería nuestra ruina segura e indudable; más bien, esperamos que aquel "que comenzó en vosotros la buena obra, la perfeccionará hasta el día de Jesucristo". Estamos seguros de que Aquel que produce esta esperanza en nosotros justificará esa esperanza cumpliéndola en su debido tiempo. Él nos preservará a lo largo de la vida si quisiéramos vivir por mucho tiempo; mantendrá una esperanza viva en nosotros cuando vayamos a morir; y se acordará incluso de nuestro polvo y cenizas cuando estén escondidos en la tumba. "¿Quién nos separará del amor de Cristo?... del amor de Dios, que es en Cristo Jesús Señor nuestro". Está escrito: "El que creyere y fuere bautizado, será salvo". Y así será. ¿No dijo Él: pondré mi temor en el corazón de ellos, para que no se aparten de mí? Él guarda los pies de sus santos. "Yo les doy [a mis ovejas]", él dijo, "vida eterna; y no perecerán jamás, ni nadie las arrebatará de mi mano". Jamás nos decepcionaremos en nuestra confianza en Jesús. Nadie dirá: "Confié en el Señor Jesucristo para que me guardara, pero Él no me guardó; descansé en Jesús para que preservara mi vida espiritual, y Él no me preservó". Jamás. Nunca nos avergonzaremos de nuestra esperanza.

II. Una vez que les presenté la confianza que hace a los creyentes — los creyentes especialmente probados y experimentados — llenos de la esperanza que no avergüenza, mi segundo objetivo es enfocarme SOBRE LA RAZÓN DE ESA CONFIANZA. ¿Por qué los hombres que poseen la buena esperanza están tan lejos de tener vergüenza al punto de alegrarse en ella?

Mi respuesta es, en primer lugar, *porque esa esperanza tiene como principal fundamento el amor de Dios.* Espero un día sentarme entre los ángeles y contemplar el rostro de mi muy Amado; pero no espero eso por alguna cosa en mí, o que puede haber sido hecha por mí, sino simplemente por al infinito amor de Dios. No confío en mi amor a Dios, sino en el amor de Dios para conmigo. Confiamos en Él porque Él nos ama. Estamos seguros de que Él cumplirá nuestra esperanza porque Él nos ama mucho como para fallar con nosotros. Es en el amor de Dios que comienza toda nuestra esperanza, y es del amor de Dios que depende nuestra esperanza. Si no fuera por el amor del Padre, nunca habría existido el pacto de gracia; si no fuera por su infinito amor, ningún sacrificio expiatorio habría sido establecido; si no fuera por su amor activo, el Espíritu Santo no nos habría despertado y renovado; si no fuera por su amor inmutable, todo lo que es bueno en nosotros pronto habría perecido; si no fuera por su amor todopoderoso, inmutable, ilimitado, nunca deberíamos esperar ver el rostro del Rey en su belleza en la tierra del más allá. Él nos ama y, por eso, nos guía, nos alimenta y nos guarda para siempre. ¿Su corazón no confiesa esto? Si ese amor pudiera ser suspendido por un momento, si sus efectos cesaran por un instante, ¿dónde estaríamos? Recurrimos al amor de Dios como la razón final de nuestra esperanza en Él.

Observen, queridos hermanos, que la causa real de nuestra confianza es que "el amor de Dios fue derramado en nuestro corazón por el Espíritu Santo". Déjenme intentar explicar lo que eso significa. El Espíritu Santo está en el corazón de todo creyente y está ocupado en muchos actos de gracia. Entre otras cosas, Él arroja el amor de Dios en el corazón donde reside. La figura que asume es como un frasco de perfume precioso siendo derramado en un aposento. Ahí está el aroma adormecido dentro del frasco de alabastro; es algo ya escogido, pero nadie aún ha percibido su olor. El amor de Dios introducido en el alma es aquella fragancia rara; pero, hasta que sea derramado en el exterior, no será apreciado. Ahora el Espíritu Santo toma el frasco y lo abre, y el dulce olor del amor divino brota y llena todas las dimensiones del creyente. Ese amor penetra, permea, entra y *ocupa todo el ser*. Un perfume delicioso fluye por toda la sala cuando una fragancia de rosas es derramada; e, igualmente, cuando el amor de Dios es meditado por el corazón devoto, y el Espíritu Santo ayuda en sus meditaciones, el tema llena la mente, la memoria, la imaginación, la razón y los afectos. Es un asunto cautivante, y no debe ser confinado a ninguna facultad, así como no se puede mantener el aroma de las especies en un espacio estrecho.

Además de esto, como el perfume da placer al olfato, el amor de Dios, cuando es derramado en el poder del Espíritu Santo, *confiere una dulzura singular a nuestras emociones*. Todos las vestimentas del Señor del amor olerán a mirra, aloes y casia. ¿Dónde puede haber tanta dulzura como en el amor de Dios? Que el Eterno e Infinito realmente ame a los hombres, y los ame de una manera que Él mismo creó, es una verdad al mismo tiempo sorprendente y agradable. Es una raíz de la cual brota el lirio de la alegría perfecta. Este es un palacio de marfil donde todo habitante se alegra. Tú puedes meditar sobre ese amor hasta que seas arrebatado y llevado por él, y tu alma, siempre que estés consciente, llegue a ser como los carros de Aminadab.

Una vez más, donde sea que el perfume llegue, no solo se esparce hacia el exterior y da placer a todos los que estén en ese lugar, sino que *allí permanece*. Retira el ungüento, si quieres, pero el suave olor quedará por muchas horas en la sala que llenó. Algún perfume parece quedarse para siempre. Fuiste a tu cajón el otro día y sentiste un delicioso olor a lavanda; sin embargo, no había lavanda desde el verano pasado; la fragancia permanece. Algunas gotas de la fragancia verdadera perfumaron un espacio amplio y permanecerán mucho tiempo después de retirado el frasco del cual fue derramada. El amor de Dios, cuando llega al corazón y es derramado por el Espíritu Santo, que es el gran maestro del arte de difundir el amor, permanece en el corazón indefinidamente. Todas las otras cosas pueden cesar; pero el amor permanece. Por un momento, puede parecer que olvidamos el amor de Dios en medio de los negocios de este mundo; pero, tan pronto la presión es removida, y volvemos a nuestro descanso, el suave perfume del amor divino supera la insensibilidad del olor del pecado y nunca desiste del corazón que ya conoció su excesiva delicia. Si cambio de figura, puedo decir que el amor de Dios es derramado en los corazones por el Espíritu Santo como una nube cargada con bendiciones extraordinarias, que derrama una lluvia de innumerables gotas de plata, fertilizando todos los lugares donde cae, haciendo que las hierbas caídas levanten la cabeza y se alegren con el avivamiento enviado por el cielo. Después de algún tiempo, de aquel lugar donde cayó la lluvia, sube al cielo un vapor suave que forma nubes frescas. Así es el amor de Dios derramado sobre nuestro corazón y en nuestra naturaleza, hasta que nuestro espíritu beba y su nueva vida produzca flores de alegría y frutos de santidad, y alabanzas agradecidos crezcan como el incienso que llenaba el templo sobre el altar de Jehová. El amor es derramado en nosotros y trabaja en nuestro corazón para amar a cambio.

Dejando las figuras de lado: el derramamiento del amor de Dios en el corazón por el Espíritu Santo significa esto: Él nos transmite *intensa estima* y sentimiento de ese amor. Oímos hablar sobre él, creemos, meditamos y finalmente somos dominados por su grandeza. "Porque de tal manera amó Dios al mundo, que ha dado a su Hijo unigénito". No podemos mensurar tal amor. Eso nos afecta; estamos llenos de sorpresa y admiración. Su grandeza, su singularidad, su especialidad, su infinitud — todo eso nos sorprende. Es derramado en nuestro corazón. Entonces viene su *apropiación*. Clamamos: "Él *me* amó y se dio por *mí*". Comenzamos a sentir que el amor de Dios no fue solo el amor a los hombres en general, sino el amor a nosotros en particular, y estamos listos para bailar de alegría. La fe siente que así mismo es ese amor, y entonces alabamos al Señor con címbalos resonantes. En seguida, lógica y naturalmente, se da el *retorno del amor* que el corazón humano debe sentir: nosotros Lo amamos porque Él nos amó primero. Dudamos de su amor una vez; no podemos dudar ahora. Si nos preguntaran tres veces: "¿Tú me amas?", deberíamos responder humildemente, pero enfáticamente: "Señor, tú sabes todas las cosas, tú sabes que te amo. Yo no podría vivir sin amarte; preferiría mil veces nunca haber nacido a quedar sin el amor por ti y, aunque no te ame como debería, y mi corazón ansíe por un amor mucho mayor, yo te amo de hecho y de verdad. Tú sabes que te amo;

y yo sería falso con mi propia consciencia si lo negara". Esto es tener el amor de Dios derramado en el corazón por el Espíritu Santo que nos fue dado: conocerlo, disfrutarlo, apropiárselo, regocijarse en él y quedar bajo su influencia divina. ¡Que esta rama de mirra nunca sea removida de la cámara de mi alma!

Pero quiero que *observes la dulzura especial que alcanzó el apóstol*, tan sorprendentemente digna de notar. Él continúa diciéndonos lo que más lo afectó: "Porque Cristo, cuando aún éramos débiles, a su tiempo murió por los impíos". Este es el primer punto para abordar: Dios dio a su Hijo para morir por los impíos. Que Dios hubiera amado a aquellos que lo aman, que Dios ame a su pueblo célebre que lucha por la santidad, es algo realmente agradable; pero el pensamiento más avasallador de todos es que Él nos amó cuando todavía no había nada de bueno en nosotros. Él nos amó desde antes de la fundación del mundo; considerándonos como caídos y perdidos, su amor resolvió enviar a su Hijo para morir por nosotros. Jesús vino no porque éramos buenos, sino porque éramos malos; Él se dio no por nuestra justicia, sino por nuestros pecados. La causa conmovedora del amor en Dios no fue la excelencia en la criatura entonces existente o prevista, sino simplemente la belleza y el placer del Dios del amor. El amor nació del propio Dios. Fue tan grande en el corazón de Dios que

> "Él en la caída nos vio arruinados,
> Todavía a todos nos amó."

Él nos amó cuando nosotros lo odiábamos; Él nos amó cuando nosotros nos oponíamos a Él, cuando lo maldecíamos, cuando perseguíamos a su pueblo y blasfemábamos sus caminos. ¡Hecho maravilloso! ¡Oh, que el Espíritu Santo traiga esa verdad a nuestro corazón y nos haga sentir su energía! No puedo colocar el pensamiento adecuadamente delante de ustedes, mucho menos derramarlo en su interior, pero el Espíritu Santo puede hacerlo, ¡y cómo quedarán encantados, humillados y aún llenos de alabanza al Dios Altísimo!

El apóstol no está satisfecho en presentar este punto a nosotros; no nos haría olvidar que Cristo *murió por nosotros*. Hermanos, que Cristo debiera amarnos en el cielo sería una gran cosa; que Él debiera descender a la tierra y nacer en Belén sería una cosa mayor. Que Él llevara una vida de obediencia por nuestra causa sería algo maravilloso; pero que Él haya muerto, ese es el clímax del sacrificio del amor; el ápice de la cumbre del amor. Algunos puntos turísticos del mundo nos sorprenden una o dos veces y después se hacen comunes; pero la cruz de Cristo crece sobre nosotros: cuanto más la conocemos, más sobrepasa el conocimiento. Para un santo que fue salvo hace dos mil años, el sacrificio del Calvario es todavía más una maravilla que cuando la vio por primera vez. Que el propio Dios tome nuestra naturaleza, y que en esta naturaleza Él muera una muerte como la de un criminal en un soporte de madera para salvarnos, a nosotros que éramos sus enemigos, es algo en que no se podría creer si no nos fuera dicho con menos autoridad que la divina. Es totalmente milagroso; y, si tú dejas que ese amor tome posesión de tu alma hasta que sea derramado en tu corazón por el Espíritu Santo, tú sentirás que no hay nada que valga la pena conocer, creer o admirar cuando se le compara. Nada puede rivalizar en interés con la cruz de Cristo. Estudiemos los libros que podamos, el conocimiento de un Salvador crucificado permanecerá como la más sublime de todas las ciencias.

Además, el apóstol continúa diciendo que *el Señor debe siempre amarnos ahora que estamos reconciliados*. Para él, si Dios nos amó cuando éramos enemigos, ciertamente continuará amándonos ahora que somos amigos. Si Jesús murió por nosotros cuando éramos rebeldes, Él no nos negará nada ahora que nos reconcilió. Si Él nos reconcilió con su muerte, ciertamente puede salvarnos, y nos salvará, por su vida. Si Él murió para reconciliar a enemigos, ciertamente preservará a los reconciliados. ¿Ves el argumento completo? Hay muchas razones para mantener nuestra esperanza de gloria y hacer que no nos avergoncemos de ella. Cuando el gran Dios nos hace sentir la suprema grandeza de su amor, desterramos toda duda y miedo. Deducimos a partir del carácter de su amor visto en el pasado que Él no puede rechazarnos en el futuro. ¿Qué? ¿Él murió por nosotros y después nos dejará? ¿Derramó la sangre de su corazón por nuestra redención, y permitirá que perezcamos? ¿Él se manifestará a nosotros de la forma como no lo hizo con el mundo, ataviado con vestiduras carmesí de su propia expiación por la muerte y, ¿después de todo, nos dirá: "Apartaos, malditos"? ¡Imposible! Él no cambia. Nuestra esperanza tiene como piedra angular el amor inmutable de Jesucristo, el mismo ayer, hoy y eternamente. El Espíritu Santo derramó tanto el amor de Dios en Cristo Jesús en nuestro corazón que tenemos seguridad de que nadie puede separarnos de Él, y, desde que no estemos separados de Él, nuestra esperanza de gloria es segura como el trono del Eterno.

Una vez más: el apóstol nos recuerda en el versículo 11 que "recibimos ahora la reconciliación". Ya sentimos que estamos en armonía con Dios. Por medio del sacrificio del Señor Jesús, estamos en paz con Dios. Nosotros lo amamos, nuestra desavenencia con Él terminó; nos deleitamos en Él, deseamos glorificarlo. Ahora, ese delicioso sentido de reconciliación es una garantía satisfactoria de gracia y gloria. La esperanza de la gloria arde en la lámpara de oro de un corazón reconciliado con Dios por Jesucristo. En la medida en que estamos ahora en perfecto acuerdo con Dios, deseando solo ser y hacer exactamente lo que le agrada que seamos y hagamos, tenemos el comienzo del cielo dentro de nosotros, el amanecer del día perfecto. La gracia es el embrión de la gloria. El acuerdo con Dios es la semilla de la perfecta santidad y felicidad. Si estamos bajo el dominio de la santidad, si no hay deseo en nuestra alma, a no ser lo que no desearíamos si supiéramos que es contrario a la mente de nuestro santo Señor, tenemos la seguridad de que Él nos aceptó y que tenemos su vida en nosotros, y finalmente vendrá su gloria. Aquel que trajo a sus enemigos para ser sus amigos afectuosos no permitirá que esa graciosa obra sea deshecha o que su santo propósito falle. En nuestro presente placer en Dios, tenemos en Él la seriedad de nuestra alegría sin fin. Por eso, no tenemos vergüenza de nuestra esperanza.

Una palabra más sobre este punto: observemos bien que el apóstol no solo menciona el amor de Dios y su ser derramado en nuestro corazón; también menciona "la Persona divina a través de quien esto fue hecho". Este derramamiento del amor de Dios en el corazón fue obrado por el Espíritu Santo que nos fue dado. Solamente por el Espíritu Santo esto podría ser hecho. ¿Alguna vez te has encantado con el amor de Dios a través de la influencia del diablo? ¿Alguna vez fuiste subyugado y lleno de alegría excesiva en el amor de Dios a través del poder de tu propia naturaleza humana caída? ¡Juzguen ustedes! Aquellos que odian sentirán el amor de Dios derramado en su corazón y podrán decir sin duda: "Este es el dedo de Dios; el Espíritu Santo hizo eso en mí". Solamente el Espíritu Santo puede afectar el corazón. "Gracias a Dios", dice uno de ellos, "yo me establecí bajo un ministerio sincero". Entonces puedes sentir, y aun así nunca haber sentido el amor de Dios en tu corazón. Podemos derramar ese amor predicando, pero no podemos derramarlo en el corazón. Una influencia más alta que la oratoria humana debe lidiar con la naturaleza interior. Tal vez tú estés solo en tu cuarto, o andando en la orilla del camino, cuando el dulce sabor del amor invada tu alma. ¡Oh, el amor de Dios! ¡Sorprendente, inmensurable, incomprensible amor del Padre! ¡Oh, sentir esto hasta que nuestra alma esté inflamada con este amor y nuestra naturaleza sin amor esté en llamas con amor al gran Amante del alma de los hombres! ¿Quién puede hacer esto a no ser el Espíritu Santo? ¿Y cómo podemos tener el Espíritu Santo, a no ser por el don gratuito de Dios, cuyos *dones y llamamiento son irrevocables*? Dios no da y quita; más bien, sus dones son nuestros para siempre. Si el Espíritu Santo les fue dado, ¿no es Él la garantía del amor de Dios? ¿El Nuevo Testamento no lo describe como la garantía de la herencia? ¿No es una garantía de seguridad para todo el resto? ¿El Espíritu Santo pone su sello en un documento que, al final, es tan defectuoso que no tiene validez? Nunca. Si el Espíritu Santo habita en ti, Él es la garantía de la alegría eterna. Donde la gracia es dada por habitación divina, la gloria debe seguirla. El Espíritu Santo, al entrar en el alma, viene para ocupar su morada; y allí permanecerá hasta que seamos arrebatados para los reinos más elevados, para contemplar el rostro de nuestro Señor para siempre.

III. Finalmente, sugerimos EL RESULTADO DE ESA ESPERANZA CONFIADA. Dejemos que el contexto nos instruya.

Primero, esa esperanza confiada genera *alegría interior*. El hombre que sabe que su esperanza de gloria nunca fallará por causa del gran amor de Dios, del cual probó, oirá música a media noche; las montañas y las colinas irrumpirán frente a él, cantando donde sea que vaya. Especialmente en tiempos de tribulación, se encontrará gloriándose *en la esperanza de la gloria de Dios*. Su consuelo más profundo será frecuentemente disfrutado en su más profunda aflicción, porque entonces el amor de Dios será especialmente revelado en su corazón por el Espíritu Santo, cuyo nombre es "Consolador". Entonces él percibirá que la vara está bañada en misericordia, que sus pérdidas son enviadas en el amor paternal, y que todos sus dolores y sufrimiento son medidos con designio gracioso. En nuestra aflicción, Dios no está haciendo nada que no debamos desear para nosotros mismos si fuéramos tan sabios y amables como Dios. ¡Oh, amigos! Ustedes no necesitan oro para ser felices; ni siquiera necesitan salud para estar alegres; solo conozcan y sientan el amor divino, y las fuentes de delicias no estarán cerradas para ustedes, que están invitados al banquete de la felicidad.

Eso trae consigo la gracia de la *santa valentía* en la confesión de nuestra esperanza. El pueblo cristiano no siempre muestra a los mundanos la alegría de su esperanza. No vestimos nuestras mejores ropas, no hablamos lo suficiente de la alegría de estar al servicio del Señor, ni hablamos lo bastante de los salarios que nuestro Señor pagará al final del día. Nos quedamos tan callados como si tuviéramos vergüenza de nuestra esperanza. Hasta nos lamentamos, aunque tengamos motivos para ser los seres más felices en la tierra de Dios. Dudo que no tengamos experiencia suficiente del amor divino derramado en nuestro corazón. Si el perfume estuviera allí dentro, sería percibido por aquellos que están a nuestro alrededor. Tú pasas por una fábrica de perfumes y sientes inmediatamente que la fragancia se esparce en el exterior. Hagamos que los mundanos conozcan la fragancia de nuestra alegre esperanza, especialmente los que parecen más propensos a reírse de nosotros; pues hemos aprendido por experiencia que es probable que algunos de ellos sean impresionados. Muchas veces, un nuevo convertido escribe a un amigo mundano para contarle su gran cambio y su nueva alegría, y ese amigo mundano deja la carta de lado con un escarnio o con una broma; pero después de un tiempo piensa nuevamente y se dice a sí mismo: "Debe haber algo en esto. Es extraña para mí esa alegría de la cual mi amigo habla, y ciertamente necesito de toda la alegría que pueda conseguir, pues soy muy tonto". Déjenme decirles que todos los mundanos no son tan tontos como algunos creen; están conscientes de una inquietud en sí y ansían algo mejor de lo que este mundo vanidoso les ofrece. Y frecuentemente sucede que, tan pronto aprenden donde está el Bien, lo aceptan. Aunque no tengan hambre, no conozco nada mejor que puedas hacer para que alguien ansíe la comida. El espectador siente el agua en la boca; un apetito llega de repente. En la parábola del hijo pródigo, los siervos recibieron la orden de traer la mejor túnica y ponérsela, y ponerle un anillo en la mano y zapatos en los pies; pero el padre no les dijo que tomaran al hijo y lo hicieran comer. Lo que dijo fue: *comamos y alegrémonos*. Él sabía que, al ver a los otros que festejaban, su hijo hambriento comería. Cuando tú, que perteneces a la familia divina, comes y bebes en feliz comunión y te diviertes con el Señor al banquetear con el amor divino, el pobre y hambriento deseará juntarse a ti, y será incentivado a hacerlo.

Ven, entonces, tú, que tienes una esperanza de gloria; deja que todos vean en ti que no te avergüenzas. ¡Actúa como un pájaro señuelo para los demás; deja que las notas dulces de tu vida feliz les encanten para Jesús! ¡Que el Señor haga que tú esparzas hacia fuera lo que Él derramó ricamente, y que aquello que perfuma tu corazón también perfume tu casa, tus negocios, tu conversación y toda tu vida! ¡Que podamos gozar de verdadera piedad para que nunca la avergoncemos ni nos sintamos avergonzados!

Su opinión es importante para nosotros. Por favor, envíe sus comentarios al correo electrónico **editorial@hagnos.com.br**

Visite nuestra página web:
www.mundohagnos.com

Esta obra fue compuesta en la fuente Cambria 11/18,85 e impresa en *Imprensa da Fé*. San Pablo, Brasil. Otoño de 2021.